Fränkisches Panorama

Franken – gibt es das überhaupt? mag sich mancher fragen. Kein Bundesland Franken zeigt Flagge auf der Landkarte Deutschlands. Nur wer das nördliche Bayern einmal genauer betrachtet, findet Landschaftsbezeichnungen wie Frankenwald, Fränkische Schweiz oder Frankenhöhe. Darüber hinaus tauchen die drei Regierungsbezirke mit den Namen Unter-, Mittel- und Oberfranken auf. Es gibt dieses Franken also doch. Es will entdeckt werden, es drängt sich nicht auf, biedert sich nicht an. Wer sich auf eine Entdeckungstour begibt, wird reich belohnt, denn Karl Immermanns Vergleich Frankens mit einem Zauberschrank, dessen Schubladen immer neue Überraschungen bereithielten, hat nichts von seiner Gültigkeit verloren. Die Füllung dieser Schubladen besorgte Frankens reiche Geschichte, die von der Bestimmung des fränkischen Landes als Brücke zwischen dem deutschen Norden und Süden, als Durchzugsland zwischen West und Ost erzählt. Für den Reisenden von der Küste gibt das sonnige Mainfranken einen ersten Vorgeschmack des Südens, während Bayern und Österreichern das mitunter auch einst protestantische Franken als Kostprobe norddeutschen Wesens erscheinen mag. Der sinnlich-jubilierende Barock Süddeutschlands ist hier ebenso zu Hause wie das grafisch-kontrastreiche Erscheinungsbild der alten Fachwerkstädte rheinisch-hessischer Prägung. Ohne allzu große Übertreibung darf man in Franken ein verkleinertes Abbild Deutschlands sehen, nicht zuletzt auch in der Vielfalt, die sicher das angenehmste Erbe jahrhundertelanger deutscher Kleinstaaterei darstellt. Es ist aber nicht nur dieses Erbe, das Franken so entdeckenswert macht. Die Landschaften Frankens dürfen dieses Etikett der Vielfalt mit ebensolcher Berechtigung führen. Sieht man einmal von Hochgebirge

Franken *erleben*

Fotografie: Elmar Hahn u. a.
Text: Thomas Huth

elmar hahn verlag

und Küste ab, überrascht Franken mit kontrastreichen Landschaftserlebnissen auf kurzen Strecken. Wer romantische, felsenreiche Flusstäler schätzt, wird in der Fränkischen Schweiz ebenso auf seine Kosten kommen wie Kletterer und Paddler. Deutlich melancholischer wirken die Waldgebirge Frankenwald und Fichtelgebirge, zu denen die Weingegenden am Main ein freundliches, fast schon mediterranes Komplementär abgeben. Ein echtes Bergerlebnis mit weiten Blicken bieten die Kuppen und Hochflächen der Rhön, endlos scheinen die Mischwälder in Spessart und Odenwald und wer es sanfter mag, findet in Steigerwald, Haßbergen und dem Rangau bis zur Altmühl landschaftliche Szenerien von große Harmonie.

Der Fotograf Elmar Hahn hat für Sie die reich bestückten Schubladen des „fränkischen Zauberschranks" aufgezogen und laden mit ihren teils einfühlsam poetischen, teils repräsentativ dokumentarischen Fotos zu einer visuellen Rundreise durch das opulente kulturelle und historische Erbe Frankens inmitten seiner abwechslungsreichen Landschaft. Getreu dem treffenden Satz, „man sieht nur, was man weiß", versucht der Text, der eng den Bildmotiven folgt, Zusammenhänge und Werdegänge aufzudecken und nachzuzeichnen. Möge das Buch Einheimischen wie Gästen Frankens angenehme Erinnerung an die Attraktionen und den Charakter eines schönen Landes sein!

Rothenburgs türmereiche Silhouette über dem tief eingeschnittenen Taubertal

Inhaltsverzeichnis

Franken in Bayern

„Es wäre schade, wenn das schöne Wort Franken im Worte Bayern unterginge!" fürchtete 1826 der satirische Schriftsteller Karl Julius Weber aus Hohenlohe. Anlass zu solchen Bedenken war durchaus gegeben, denn, was wir heute als Unter-, Mittel- und Oberfranken kennen, hieß zu Webers Zeit Untermain-, Obermain- und Rezatkreis. Der Name Franken drohte damals unter der neuen bayerischen Herrschaft aus dem Bewusstsein und von der Landkarte zu verschwinden. Erst die Verwaltungsreform von 1837 führte die Bezeichnungen für Bayerns Bezirke ein, die historisch Gewachsenes im Namen fortleben ließen. Die Franken an Main, Regnitz und Altmühl durften damit behördlich genehmigt Franken bleiben, wenn auch mitdoppelter Identität als bayerische Staatsbürgerund fränkische Landsleute.
Viel wurde seither gewitzelt und polemisiert über das Verhältnis zwischen Stammesbayern und fränkischen Neubayern. Eine harte

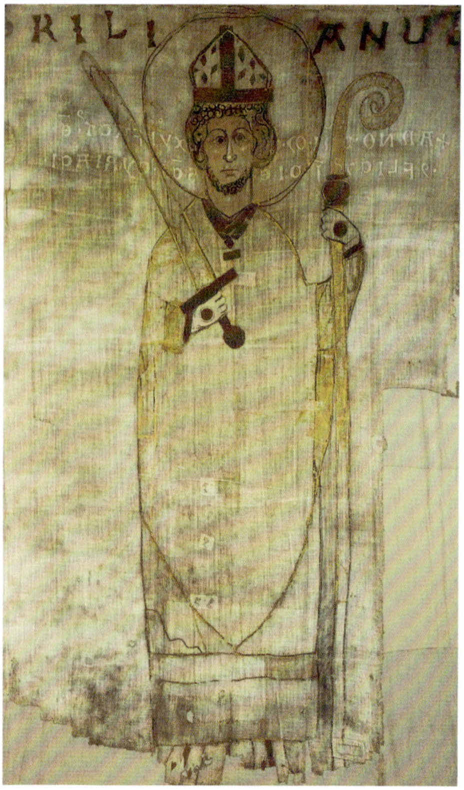

Nuss sei dieses Franken im Maul des bayerischen Löwen, sagt man. Bayern würde von lauter Franken regiert, ist ein beliebtes Klischee bei überfremdungsgeängstigten „Altbayern". Manches klingt auch weniger nett, wie der Spruch „Man muss Gott für alles danken, sogar für einen Unterfranken". Aber die Franken sind schlagfertig genug zu kontern, hat doch ein fränkischstämmiger Staatssekretär einmal den Unterschied zwischen den Weiß- und Bratwurstlernkurzerhand so definiert: „Die Bayern haben die Berge, die Franken den Horizont!"

Frank und frei

So viel zum Thema „was sich liebt, das neckt sich". Interessanter ist dagegen die Frage, woher die eigene Identität Frankens rührt, was dieses Land in seiner Geschichte geprägt hat. Am besten beginnt die Ursachenforschung bei den Namensgebern, den Franken. Die kennt man aus der Geschichte als staatstragendes Volk des großen Frankenreiches der Merowinger und Karolinger. Unser großer westlicher Nachbar Frankreich erinnert mit seinem Namen an Volk und Reich der Franken. Diese Franken waren ein germanischer Stamm, dessen Heimat am Niederrhein lag. Von dort breiteten sie sich mit dem Zerfall des Römischen Reiches nach Süden und Südosten aus. Und nach Siegen über die konkurrierenden Alemannen und Thüringer im 5. und 6. Jahrhundert war der Weg ins Maingebiet frei geworden. Natürlich traf manhier auf Bewohner wie eben diese Alemannen und Thüringer, aber auch auf Kelten und Slawen. Die Einwanderer konnten sich durchsetzen und prägten das Gebiet nach ihren Vorstellungen, es wurde fränkisch. Unterordnung war ohnehin nicht ihre Sache, schließlich bedeutete ihr Stammesname soviel wie freier Mann. Frank und frei hat als verdoppelnde Redewendung diesen Sinn bis heute weiter getragen! Franken teilte von da an das Schicksal zunächst des Frankenreiches und später des Deutschen Reiches. Vor allem für das mittelalterliche Reich war das Herzogtum Franken ein wichtiges Kernland. Allerdings war das Franken der Ottonen und Salier

noch ein wenig größer als das gegenwärtige Franken, weite Teile der heutigen Länder Hessen und Rheinland-Pfalz zählten dazu.

Die drei Frankenapostel bringen den Glauben

Früh schon fasste das Christentum Fuß im Maingebiet. Die neuen fränkischen Herren brachten es mit, und zahlreiche Missionswellen machten aus weiten Teilen Franken seine christliche Region, so dass der Angelsachse Bonifatius 742 die Bistümer Würzburg und Eichstätt gründen konnte. Zuvor hatten drei andere Missionare von den britischen Inseln in Würzburg für Aufsehen gesorgt, als sie die dort residierende fränkisch-thüringische Herzogsfamilie zum Christentum bekehrten. Kilian, Kolonat und Totnan hießen diese drei Iren, die schließlich im Jahre 689 enthauptet wurden. Nach ihrer baldigen Heiligsprechung hatte Mainfranken seine ersten „eigenen" Heiligen. Die Erinnerung an sie hält bis heute eines der größten Volksfeste Frankens wach, das Kiliani-Fest in Würzburg. Der Kirche fiel im Fränkischen früh eine bestimmende Rolle zu. Der Würzburger Bischof zum Beispiel konnte nach dem Aussterben der dortigen Herzogsfamilie das entstandene Machtvakuum zum Aufbau einer eigenen starken Machtposition nutzen. Auch dem Eichstätter Bischof gelang es, im Laufe des Mittelalters einen weltlichen Staat aufzubauen. Und mit der Gründung des Bistums Bamberg durch Kaiser Heinrich II. und seine Gattin Kunigunde im Jahre 1007 war dann die geistliche Trias in Franken komplett. Sehr früh also war in Franken der Grundstein zur Zersplitterung in vielfältige Territorien, zur Kleinstaaterei, gelegt worden. Keine Familie konnte sich in Franken als herrschende Dynastie etablieren und keiner der im Laufe des Mittelalters entstehenden kleinen Staaten konnte ein bestimmendes Übergewicht gewinnen. Im Gegensatz zu Stammesherzogtümern wie etwa Sachsen oder Bayern schwand in Franken das Zusammengehörigkeitsgefühl recht früh.

Oben: *Kaiser Heinrich II. und seine Gattin Kunigunde präsentieren den Bamberger Dom als Symbol ihrer Bistumsgründung 1007.*

Links: *Das Kiliansbanner war 1266 die Heerfahne des Würzburger Bischofs.*

Von Minnesang und Stadtluft, die frei macht

Unter den Stauferkaisern im 12. und 13. Jahrhundert wuchsen auch in Franken die Städte. Sie wurden zu echten Konkurrenten des Adels und der Kirche. Einigen fränkischen Städten gelang es sogar, sich die Reichsfreiheit zu erkämpfen. Rothenburg, Schweinfurt, Windsheim, Weißenburg, Dinkelsbühl und Nürnberg konnten sichaus ihren Herrschaftsverhältnissen lösen und selbstbestimmte Stadtrepubliken werden. Andere, nicht minder aufstrebende Städte wie Würzburg und Bamberg, kämpften zwar engagiert, und nicht immer mit ganz „sauberen" Mitteln, gegen ihre geistlichen Herren, aber der Erfolg blieb ihnen versagt. Neben den Städten und der Kirche wussten aber auch die Adeligen den Machtverfall der kaiserlichen Zentralgewalt für ihre Ziele zu nutzen. Der größte Karrieresprung gelang dabei einem Adelsgeschlecht aus der Schwäbischen Alb, den Zollern, denen ihr Amt als Burggrafen der Nürnberger Kaiserburg als Ausgangspunkt für den Erwerb eines eigenen Herrschaftsgebietes diente. Aus der Burggrafschaft Nürnberg entwickeltensich die beiden größten weltlichen Fürstentümer Frankens, die Markgrafschaften Ansbach und Bayreuth. Zur Vervollständigung des fränkischen Mosaiks bedurfte es dann nur noch der „kleinen Steinchen". Das waren die Grafen von Wertheim, Rieneck, Hohenlohe, Henneberg, Castell und Pappenheim, die große Schar der fränkischen Reichsritterfamilien und der Deutsche Orden, dessen Ballei Franken zu den reichsten zählte.

Je bunter sich Frankens Landkarte färbte, desto bunter wurde auch das kulturelle und künstlerische Leben. Die vielen kleinen und größeren Herren nutzten gerne die Kunst zur Darstellung ihrer gewachsenen Bedeutung. Ein erster großer Höhepunkt in dieser Entwicklung ist die Zeit der Minnesänger. Franken glänzt durch eine erstaunlich hohe Dichterdichte! So stammt der Parzifal-Dichter Wolfram aus dem mittelfränkischen Eschenbach, aus dem Tal der Fränkischen Saale meldet sich Otto von Bodenlauben zu Wort und kein Geringerer als Walther von der Vogelweide verbrachte im Mainfränkischen seinen Lebensabend. Den würdigen Rahmen für die Auftritte der fahrenden Dichter bildeten die unzähligen Burgen, die um 1200 in der Blütezeit des Burgenbaus in neuen Techniken und mit größerer Ausschmückung entstanden. Die Henneburg über Stadtprozelten und die Salzburg bei Bad Neustadt beispielsweise lassen heute noch die Prachtentfaltung an den Höfender

einstigen Bauherren erahnen. Den schönsten Beleg aber für die Eleganz, zu der die mitunter auch recht ruppige und kriegerische Zeit fähig war, birgt bis heute der Bamberger Dom mit seinem herausragenden Skulpturenschmuck. Allem voran sei nur an den Bamberger Reiter erinnert, der für uns Heutigen ein Idealbild des „Ritterlichen" verkörpert.

Dürer, Riemenschneider und das Ende des Mittelalters

Zum wichtigsten Kunstzentrum Frankens wurde im Verlauf des späten Mittelaltersaber eine Stadt: Nürnberg. Die Freie Reichsstadt, die noch im 11. Jahrhundert kaum jemand kannte, „boomte" bis ins 16. Jahrhundert als Handwerks- und Handelsmetropole von europäischem Rang. Den Bürgern war der Lebensstil des Adels und des Klerus bestens vertraut, zählten diese Schichten doch zu den wichtigsten Käufern der Nürnberger Luxusgüter- und Präzisionsgeräteherstellung. An diesen Beispielen geschult, wuchsen die führenden Familien Nürnbergs bald auch zu bedeutenden Kunstauftraggebern heran. Gegen 1500 war die Noris nicht nur Frankens reichste Stadt, sie zählte auch mit Künstlern wie Albrecht Dürer, Veit Stoß und Adam Krafft zu den großen deutschen Kunstzentren. Betrachtet man die Künstlerbiografien jener Zeit, ist man immer wieder erstaunt, wie mobil der spätmittelalterliche Mensch war und welch ungeheure Dynamik die Städte zu entwickeln vermochten. Viele große Nürnberger Künstler sind Zuwanderer, die Familie Dürer kam eine Generation zuvor aus Ungarn in die Stadt, Veit Stoß stammte aus dem Neckarraum. Die Stadt bot selbst denjenigen Chancen zum sozialen Aufstieg, die von Geburt nicht zu den Privilegierten zählten. Auch darin lag ein Erfolgsrezept der mittelalterlichen „Boomtown" Nürnberg. Aber auch andernorts konnten Ortsfremde erstaunliche Karrieren machen. Würzburgund Tilman Riemenschneider könnte man eine solche Erfolgsgeschichte überschreiben. Viele halten den Bildschnitzer aus der Franziskanergasse für einen typischen Franken, aber auch er ist ein zugewanderter „Selfmademan" aus dem thüringischen Eichsfeld. Dennoch hat kein Künstler vor oder nach ihm so einfühlsam das sanfte Wesen Mainfrankens in Werke höchster Schnitzkunst übersetzen können. Überhaupt war die Zeit um 1500 eine für Franken außerordentlich wichtige. Das Land erfreute sich in vielen Teilen eines beachtlichen wirtschaftlichen Wohlstandes. Die Kunst blühte, nicht nur durch die eben genannten Künstler. Lucas Cranach und Matthias Grünewald dürfen als gebürtige Franken in einer solchen Aufzählung nicht fehlen, auch wenn sich ihr Ruhm auf Werke außerhalb Frankens gründet. Außerdem ist das Jahr 1500 für Frankens späteres Selbstverständnis von nicht zu unterschätzender Bedeutung.

Oben: *In der Beweinung Christi des Maidbronner Altars (vor 1525) hat Tilman Riemenschneider sich selbst porträtiert.*

Links: *1492 porträtierte Hartman Schedel in seiner Weltchronik Nürnberg, damals eine Wirtschaftsmetropole von europäischem Rang.*

Zwecks besserer Organisation des Heiligen Römischen Reiches Deutscher Nation ließ damals Kaiser Maximilian I. das Reich in Reichskreise einteilen. Franken wurde einer der kleinsten Reichskreise mit dem Namen Frankonia Orientalis, zu deutsch Ostfranken. Der Reichskreis deckt sich, außer im Westen, recht gut mit den heutigen drei fränkischen Regierungsbezirken. Auf diese Weise blieb dem Gebiet der Name Franken erhalten, während in der fränkischen Stammesheimat an Nieder- und Mittelrhein die Erinnerung an die fränkische Wurzel verloren ging. Dort gehörte man nun zum Nieder-, Ober- oder Kurrheinischen Kreis – der Begriff Franken verschwand aus dem Sprachgebrauch. Niemand fühlt sich mit dem Wort „Franke" in Köln, Koblenz oder Frankfurt heutzutage angesprochen. In Bamberg, Ansbach und Schweinfurt dagegen blieb durch die Einrichtung des fränkischen Reichskreises die Erinnerung an Franken wach! Mit Reformation und Bauernkrieg brachte diese Zeit aber auch das Ende des mittelalterlichen Lebensgefühls und Gesellschaftsbildes. Während der Bauernkrieg das jahrhunderte lang gültige Standesgefüge in Frage stellte, führte die Reformationzur unwiderruflichen Spaltung der west- und mitteleuropäischen Christenheit. Auch Franken war Schauplatz dieser Entwicklungen. Im Würzburgischen richtete das Heer des Adels und des Bischofs ein Blutbad unter den Bauern an, die es gewagt hatten des Bischofs Festung, den Marienberg, zu belagern und dreiste Forderungen zu stellen. Nürnberg führte bereits 1524/25 die Reformation ein und wurde damit zum Vorreiter für andere fränkische Reichsstädte. Auch viele Fürsten folgten diesem Beispiel, so dass in Franken letztlich nur die Fürstbischöfe von Würzburg, Bamberg und Eichstätt sowie der Deutsche Orden an der alten Kirche festhielten. Zur territorialen Zersplitterung war eine religiöse gekommen, wieder einmal war Franken getreues Abbild der deutschen Verhältnisse im Kleinen.

Franken leidet hart im Dreißigjährigen Krieg

So blieb Franken als Herzland des Reiches auch von der Katastrophe des Dreißigjährigen Kriegs nicht verschont. Anfangs spielte sich dieser Krieg weit entfernt ab, aber mit dem Eingreifen der Schweden in den 1630er Jahren kamen Tod und Zerstörung auch nach Franken. Die Frontlinien gingen mitten durch das konfessionell gespaltene Land und die dauernden Durchzüge von Freund und Feind wirkten sich gleichermaßen verheerend aus. Franken verlor bis zu einem Drittel seiner Bevölkerung, sei es durch den Krieg selbst oder, was häufiger der Fall war, durch die Seuchen, die im Schlepptau der Heere das Land überzogen. In nicht wenigen Orten hat sich dieser Krieg als Schockerlebnis so tief ins Gedächtnis eingegraben, dass an ihn heute noch Historische Spiele erinnern wie der Rothenburger Meistertrunk oder die Kinderzeche in Dinkelsbühl. Nach dem Frieden von 1648 begann das Aufbauen. Die Nürnberger feierten das mit einem großen Friedensmahl, wohl in der Hoffnung an die großen Zeiten anknüpfen zu können. Aber zumindest einen dauerhaften Verlierer

Oben Links: *Mit feingliedrigen Händen und forschend fixierendem Blick porträtierte sich Albrecht Dürer im Jahre 1500.*

hatte der Krieg hinterlassen: die Reichsstädte. Sie konnten sich nicht mehr erholen, ihre Territorien waren zu klein, um sich gegen die modernen Fürstenstaaten mit ihren größeren Wirtschaftsräumen behaupten zu können. Selbst das einst mächtige und reiche Nürnberg war nur noch ein Schatten seiner selbst und bat sogar Ende des 18. Jahrhunderts darum, inden preußischen Staatsverband aufgenommen zu werden!

Der Barok erobert Franken

Während die Reichsstädte stagnierten blühten die Residenzstädte auf. Der frische, oft mitsamt den Architekten aus Italien importierte Stil des Barocks verwandelte mittelalterliche Städte in moderne Residenzen. Würzburg, Bamberg, Bayreuth und Ansbach ließen sich moderne barocke Gewänder schneidern – wobei der Körper darunter meist noch der alte blieb. In glücklichen Fällen entstand dabei Weltkunst. Würzburgs fürstbischöfliche Residenz ist so ein Glücksfall. Die Familie Schönborn, die guinessbuchverdächtige Rekorde im Besetzen von Bischofsstühlen aufstellte, setzte hier ein ehrgeiziges Projekt durch, das uns dank Balthasar Neumanns Planungs- und Organisationskunst eines der bedeutendsten europäischen Schlossbauwerke des 18. Jahrhunderts einbrachte. Aber auch in Bamberg, Pommersfelden, Wiesentheid, Seehof, Werneck und Vierzehnheiligen bewirkte der schönbornsche Kunstsinn bedeutende Leistungen barocker Gestaltungsfreude. Auf protestantischer Seite zeigten sich in Sachen Barock die Höfe in Bayreuth und Ansbach besonders innovationsfreudig.

Bedeutendes gelang trotz knapper Kasse vor allem der oft so unglücklichen Markgräfin Wilhelmine von Bayreuth mit ihren empfindsamen Schöpfungen wie dem Garten von Sanspareil oder der Ausstattung des Neuen Schlosses. Selbst die „Kleinen" strebten nach ihrem „Versailles", wie das Beispiel der Fürsten Löwenstein in Kleinheubach am Main trefflich illustriert. Und es waren nicht nur die spektakulären Bauten, die mit dem Namen der Familie und ihrem Lieblingsbaumeister Neumann verbunden werden können. Balthasar Neumann war sich als echtes Allroundgenie auch nicht zu schade Befestigungsanlagen, Gärten, Pfarrhäuser und sogar Brücken zu entwerfen. Er überließ bei seinen Planungen nichts dem Zufall, entwarf sogar Innenausstattungen bis hin zu Schlüssellochmasken, und fertigte in der eigenen Manufaktur Spiegel für seine Projekte und den Export an.

***Oben:** Sie gaben dem katholischen Franken ein barockes Gesicht: die Familie Schönborn aufdem Hochaltarbild der Dorfkirche in Gaibach.*

***Oben:** 1727 hielt der Maler Kleinert den Augenblick fest, in dem Balthasar Neumann voller Stolz auf sein Hauptwerk, die Residenz, weist.*

Das Ende des alten Reiches oder Franken wird bayerisch

Kurzum: Franken ging es alles in allem zwischen dem Friedensschluss 1648 und dem Ende des alten Reiches 1803 nicht schlecht. In Würzburg waren die „Schönbornzeiten" sogar ein geflügeltes Wort geworden, welches die fetten Jahre beschrieb. Es war die Wirtschaftswunderzeit von Barock und Rokoko. Franken hatte bis dahin eine Vielfaltentwickelt wie kaum ein anderer deutscher Landstrich. Was aber Franken fehlte war eine eigenstaatliche Tradition. Das machte sich bei der großen „staatlichen Flurbereinigung" durch Napoleon unangenehm bemerkbar. Schon 1791 hatte der letzte Markgraf von Ansbach sein Fürstentum an seine preußischen Verwandten verkauft. Damit waren nur noch die drei Fürstbistümer als „größere Staatsgebilde" in Franken übrig geblieben. Und auch die verschwanden als Konkursmasse des Heiligen Römischen Reiches durch Beschluss des Reichstages in Regensburg 1802/03 von der Landkarte. Franken war fast vollständig als Entschädigungsmasse verteilt worden. Bayern war der größte Gewinner, aber auch Baden, Württemberg und Hessen konnten an den Rändern des mittlerweile aufgelösten fränkischen Reichskreises ihren Appetit befriedigen. Mit dem Wiener Kongress war Franken dann endgültig bayerische Provinz geworden. Die Zeiten, in denen man in Bamberg, Nürnberg, Pappenheim oder Schweinfurt über sich selbst bestimmte waren vorbei. Franken musste sich nun auch wirtschaftlich neu orientieren. Lebte man vielerorts von den Aufträgen der einstigen Höfe und Staatsverwaltungen, war man nun auf sich selbst gestellt. Das neue Zentrum München lag viel zu weit entfernt und war zudem ein Ort, zu dem es keine alten Beziehungen gab.

Die erste deutsche Eisenbahn

Diese unfreiwillige Neuorientierung war aber auch eine Chance zum Neuanfang, denn die Zugehörigkeit zum Königreich Bayern hatte durchaus einige positive Veränderungen mit sich gebracht. Zum Beispielwaren die Bekenntnisse nun offiziell gleichgestellt und die Aufhebung der Zünfte hatte Gewerbefreiheit gebracht. Vielerorts nutzte man das, um die Industrialisierung auf den Weg zu bringen. So erwachte Nürnberg aus seinem Dornröschenschlaf und erinnerte sich an alte Tugenden. Innerhalb weniger Jahrzehnte entwickelte sich die zuvor verschlafene Patrizierstadt zur wichtigsten Industriestadt Bayerns. Sichtbares Zeichen dieses Schritts in die Moderne war Deutschlands erste Eisenbahn-von Nürnberg nach Fürth. 1835 verkehrte sie erstmals zwischen den beiden aufstrebenden Industrieorten. Aber auch andernorts erwachte industrielle Regsamkeit. Schon ab 1817 produzierte die Druckmaschinenfabrik Koenig & Bauer in Würzburg für den europäischen Markt. Im Osten Oberfrankens sorgten die Textil- und Porzellanindustrie für neue Arbeitsplätze, Schweinfurt mauserte sich vom allgemeinen Manufakturenstandort zum Weltzentrum der Kugellagerherstellung.
Das ländliche Franken dagegen wurde mehr

Oben: *Markgräfin Wilhelmine von Bayreuth, die Mäzenin des Bayreuther Rokoko, porträtiert von Antoine Pesne, 1750.*

Rechts: *Johann Baptist Homann, Blick aus der Vogelschau auf das barock befestigte Würzburg von Norden, kolorierter Kupferstich von 1723.*

und mehr zum Verlierer dieser Entwicklung. Durch die so genannte fränkische Realteilung, das Aufteilen des Besitzes unter allen Söhnen, waren die Höfe im Laufe der Zeit so klein geworden, dass ihre Bewirtschaftung keine Familie mehr über Wasser halten konnte. Wer konnte, verließ sein Dorf und suchte in den Städten oder sogar in Übersee sein Glück. Die Liste der Auswanderer nach Amerika ist lang und nicht wenigen gelang der große Aufstieg. Erinnert sei nur an Loeb Strauß aus Buttenheim bei Forchheim, der in den Vereinigten Staaten als Jeans-Fabrikant namens Levi Strauss die weltweit bis heute erfolgreichste Hose kreierte! Es waren aber nicht nur die rechtlichen oder sozialen Verhältnisse auf dem Lande, die viele aus dem Dorf trieben. Auch die Natur tat oft ein Übriges dazu. Im 19. Jahrhundert begann der Kahlfraß der Reblaus. Ihr ungezügelter Appetit brachte den fränkischen Weinbau im 20. Jahrhundert beinahe zum Erliegen. Noch zu Goethes Zeiten war das Zehnfacheder heutigen Fläche in Franken mit Reben bestockt, Franken war die wichtigste Weinexportregion im Reich. Die Reblaus sorgte für einen Schrumpfungsprozess ohnegleichen. Zum Vorteil der heutigen Weintrinker übrigens, denn im Gegensatz zu früheren Zeiten wird in Franken nur noch da Wein angebaut, wo es dafür beste klimatische und geologische Voraussetzungen gibt! Alles in allem hatte man in Franken unter neuer bayerischer Herrschaft Anlass vielem nachzutrauern, aber die Chancen, die daraus erwuchsen, waren auch nicht von der Hand zu weisen. Anpassungsfähig, wie die Franken nun einmal sind, machten sie das Beste daraus und es gelang in diesem gesegneten Landstrich besonders gut, sich dem Neuen zu öffnen ohne sich dabei selbst zu verlieren. Gerade die Zeit nach dem 2. Weltkrieg, in dessen Bombenhageln die wunderbaren Altstädte von Würzburg und Nürnberg zugrunde gingen, brachte eine stürmische wirtschaftliche Aufwärtsentwicklung, ausgelöst nicht zuletzt

durch die vielen Heimatvertriebenen, die sich eine neue Existenz schaffen mussten und die heute in der zweiten und dritten Generation waschechte Franken geworden sind.

Deutschlands 17. Bundesland?

Davon gibt es heute immerhin mehr als 4 Millionen – als eigenes Bundesland läge es damit ungefähr auf gleicher Höhe mit Rheinland-Pfalz und wäre sicher durchaus lebensfähig. Ein Bundesland Franken! - ein Traum, von vielen fränkischen Patriotensicher nicht selten geträumt, aber auch einer, der besser keine Wirklichkeit wird. Nicht umsonst reime sich zänkisch auf fränkisch, sagt ein altes Sprichwort und man kann sich leicht vorstellen, wie innerhalb Frankens die Debatten beginnen, was denn nun eigentlich dazu gehören solle und was nicht. Und vor allem, welche Stadt sich mit dem Titel einer Hauptstadt schmücken dürfe: Nürnberg, Würzburg oder vielleicht Bamberg? Oder schafft man nach brasilianischem Vorbild ein „fränkisches Brasilia", ein „Frankonia", in Frankens Mitte, irgendwo im Steigerwald als Kompromissmetropole? Aber es kann gleich Entwarnung gegeben werden: es werden Träume, mitunter vielleicht auch Albträume, bleiben. Franken ist in Bayern nicht schlecht aufgehoben und die Franken genießen als „Staatsbayern" zumindest einen enormen Vorteil: schimpft man in der Fremde über Bayern, deklariert man sich selbstverständlich als Franke, wird Bayern gelobt ist man natürlich auch einer!

Bytes und Bocksbeutel

Wichtig ist für die Region lediglich, dass sie ihre Identität wahren kann, dass sie bei allem Standortgerangel in Wirtschafts- und Zukunftsfragen nicht zu kurz kommt und das Frankens Stimme sich in München laut genug Gehör verschafft. In dieser Hinsicht ist Franken sicher auf einem guten Weg. Um die Bekanntheit Frankens in deutschen Landen ist es nicht schlecht bestellt. Dem Frankenwein als Werbe- und Sympathieträger gelingt es in seiner stimmungshebenden Allianz aus Wohlgeschmack und Promille der Region viele Freunde zu gewinnen und zu erhalten. Fastnacht in Frankenaus Veitshöchheim ist mittlerweile bundesweit ein Begriff geworden und präsentiert die Menschen zwischen Spessart und Fichtelgebirge von ihrer schlagfertig heiteren Seite. Als Kulturreiseziel erfreut sich Franken, dank seines reichen kulturellen und historischen Erbes ohnehin seit Generationen großer Beliebtheit. Und wer dächte in der Vorweihnachtszeit nicht an die Mutter aller Weihnachtsmärkte, den Nürnberger

Christkindlesmarkt? Um die Außenwirkung ist es also nicht schlecht bestellt, auch wenn das offizielle Bayern meist krachledern und maßkrugschwingend auftritt und der Weiß- in der Regel den Vorzug vor der Bratwurst gibt. „Laptop und Lederhose" kann Franken getrost mit „Bytes und Bocksbeutel" toppen! Denn Franken ist, das darf bei aller Traditionsbegeisterung nicht übersehen werden, auch ein zukunftsfähiger Wirtschafts- und Wissenschaftsstandort. Allein an den beiden traditionsreichen Universitäten Würzburg und Erlangen forschten und lehrten insgesamt achtzehn Nobelpreisträger. Unter ihnen ist sicher Wilhelm Conrad Röntgen der bekannteste, denn jeder ist sicher schon einmal mit seiner Entdeckung, den volkstümlich nach ihm benannten Röntgenstrahlen, in Berührung gekommen. Es ist aber nicht bei diesen beiden alten Universitäten geblieben. In den letzten Jahrzehnten haben zahlreiche Neu- oder Wiedergründungen von Hochschulen wie in Bayreuth, Bamberg oder Aschaffenburg die Bildungslandschaft eindeutig bereichert. Wer hier ausgebildet wird, hat keine schlechten Chancen auch in der gleichen Region einen Arbeitsplatzzu finden. Die Bandbreite der fränkischen Wirtschaft ist in den letzten Jahren enorm gewachsen. Zum Glück, denn auch hierzulande geht es mit der traditionellen Industrie bergab – es sei da nur an den Niedergang der Textil- und Porzellanindustrie erinnert. Firmen wie die GfK in Nürnberg, Adidas, HUK Coburg, S. Oliver oder der Newcomer Bionade stehen für den neuen fränkischen „Branchenmix", der durch seine Vielfalt weniger krisenanfällig ist als alte Monostrukturen. Im Verein mit einer exzellenten Verkehrsinfrastruktur, einer zentralen Lage in der erweiterten Europäischen Gemeinschaft und nicht zuletzt einem hohen Freizeitwert kann Franken so optimistisch in die Zukunft blicken wie es auch voller Optimismus sein kulturelles Erbe für die Zukunft pflegt. „Alte" und „neue" Franken leben gerne in ihrem Land zwischen Spessart und Fichtelgebirge, wissen die hohe Lebens- und Erlebensqualität zu nutzen und genießen den kulturellen Reichtum, den einstige Kleinstaaterei hinterließ. Allen anderen sei der entschiedene Vorsatz des Dichters Viktor von Scheffel als dringende Empfehlung ans Herz gelegt:

„Ich will zu guter Sommerszeit
Ins Land der Franken fahren!"

Nur zu – nicht nur im Sommer ...

Oben: *Wilhelm Conrad Röntgen entdeckte 1895 die später nach ihm benannten Strahlen und erhielt dafür den ersten Nobelpreis für Physik.*
Links: *1835 eröffnete der „Adler" mit seiner Fahrt von Nürnberg nach Fürth das Eisenbahnzeitalter in Deutschland*

Marksteine im Gang der Geschichte

Zur Zeit der Geburt Christi	Franken ist weitgehend von den Kelten besiedelt, woran noch heute zahlreiche Ringwälle und Viereckschanzen erinnern.
1. - 3. Jh.	Die Gebiete links des Untermains und das südliche Mittelfranken gehören zum Römischen Reich.
6. Jh.	Vom Rhein her vollzieht sich die Landnahme durch den germanischen Stamm der Franken.
689	Die drei irischen Missionare Kilian, Kolonat und Totnan erleiden in Würzburg den Märtyrertod.
704	Würzburg wird erstmals in einer Urkunde genannt.
1007	Kaiser Heinrich II. gründet mit seiner Gattin Kunigunde das Bistum Bamberg.
1168	Kaiser Friedrich I. verleiht dem Würzburger Bischof den Titel eines Herzogs in Franken.
1192	Friedrich von Zollern wird durch Heirat Burggraf von Nürnberg, damit beginnt die Karriere der Hohenzollern in Franken.
Um 1200	In Franken haben Minnesänger Hochkonjunktur – um 1230 wird Walther von der Vogelweide im Neumünsterstift beigesetzt.
1219	Stellt Kaiser Friedrich II. den Nürnberger Bürgern den so genannten „Freiheitsbrief" aus – ein wichtiger Meilenstein auf dem Weg zur Reichsfreiheit.
1356	Kaiser Karl IV. regelt mit der in Nürnberg erlassenen „Goldenen Bulle" die Königswahlen und bestimmt Nürnberg zu der Stadt, in der jeder neu gewählte König seinen ersten Reichstag abhalten muss.
1402	Zum ersten Mal wird in Franken eine Universität gegründet. Sie hat ihren Sitz in Würzburg, muss aber nach wenigen Jahren wieder geschlossen werden, da der Rektor ermordet wird.
Um 1500	Künstler wie Riemenschneider, Stoß, Dürer, Krafft, Grünewald oder die Gießerfamilie Vischer machen mit ihren Werken Franken zu einer der reichsten Kunstlandschaften Deutschlands.
1500	Im Zuge einer Reichsreform wird der ostfränkische Reichskreis ins Leben gerufen; er legt den Grundstein für das Bewahren des regionalen Eigenbewusstseins der drei heutigen fränkischen Regierungsbezirke.
1525	Im Bauernkrieg lehnen sich viele Bauern in Franken gegen ihre Herrschaft auf, besonders im Land des Fürstbischofs von Würzburg.Dort wird der Aufstand blutig niedergeschlagen.
1525	Die Reichsstadt Nürnberg führt die Reformation ein. Die meisten anderen fränkischen Reichsstädte und Territorien folgen diesem Beispiel. Franken ist seither überwiegend protestantisch.
1617 - 1633	In den beiden Hochstiften Würzburg und Bamberg brennen mehr Frauen und Männer als angebliche Hexen auf den Scheiterhaufen als in irgendeiner anderen Gegend Deutschlands.
1618 - 1648	Franken leidet im Dreißigjährigen Krieg. Die Frontlinie verläuft immer wieder mitten durch das konfessionell gespaltene Land.

1650 - 1750	Der Aufbau nach dem großen Krieg verwandelt weite Teile Frankens in eine barocke Kunstlandschaft. Besonders die geistlichen Herren und die Markgrafen aus dem Hause Hohenzollern sind große Mäzene dieser Kunstblüte. Italiener wie Petrini, Gabrieli, Carlone leisten erste künstlerische „Entwicklungshilfe“.
1802 - 1803	Erstmals fallen mit dem Reichsdeputationshauptschluss weite Teile Frankens an Bayern.
1815	Mit dem Wiener Kongress wird die Zugehörigkeit Frankens zum Königreich Bayern endgültig.
1835	Von Nürnberg nach Fürth verkehrt die 1. Deutsche Eisenbahn. Im Raum Nürnberg, später auch in Aschaffenburg, Schweinfurt und Hof setzt die Industrialisierung ein.
1846	Der 173 km lange Ludwig-Donau-Main-Kanal verbindet erstmals die Flusssysteme von Rhein, Main und Donau für den Schiffsverkehr. Bereits zwanzig Jahre später ist dieses Wunderwerk der Ingenieurskunst nicht mehr profitabel.
1852	Das Germanische Nationalmuseum in Nürnberg wird gegründet. Es hat sich bis heute zum größten deutschen Kunst- und Kulturmuseum entwickelt.
1920	Der Coburger Teil des ehemaligen wettinischen Herzogtums Sachsen-Coburg und Gotha wird bayerisch und damit Teil des Bezirks Oberfranken.
1933 - 1945	Während der nationalsozialistischen Herrschaft ist Nürnberg als Schauplatz der Reichsparteitage Kulisse für die Selbstinszenierung der braunen Machthaber. In den letzten Jahren des 2. Weltkriegeslegen alliierte Bombardements vor allem die historischen Zentrenvon Nürnberg und Würzburg in Schutt und Asche.
1992	Die Eröffnung des letzten Teilstücks des Main-Donau-Kanals ermöglicht den Schiffsverkehr zwischen Nordsee und Schwarzem Meer.
1999	Mit der Flutung des Großen Brombachsees ist die Seenplatte des „Neuen Fränkischen Seenlandes“ komplett.
2005	Die Metropolregion Nürnberg wird gegründet. Der Region, in der 3,5 Millionen Menschen leben, wird von der Europäischen Union eine wichtige Brückenfunktion zwischen Ost und West bescheinigt.
2006	In Nürnberg wird erstmals der „Tag der Franken“ gefeiert. Das Landesfest zur Stärkung fränkischer Identität feiert man seither abwechselnd in einem der drei fränkischen Regierungsbezirke.
2017	Auch in Franken gibt es zahlreiche Gedenkveranstaltungen und Ausstellungen zum fünfhundertsten Jahrestag der Reformation. Coburg war ein wichtiger Wirkungsort Luthers und Nürnberg war die erste Stadt, die offiziell die Reformation einführten.
2018	In den drei fränkischen Regierungsbezirken leben auf etwas mehr als 23.000 Quadratkilometern über 4.155.000 Menschen.
2021	Nürnberg mit seiner Metropolregion bewirbt sich um den Titel der Europäischen Kulturhauptstadt 2025.

Erlangen
Hohenstein
Schloss Neunhof
Lauf
Hersbruck
Fürth
Nürnberg
Schwabach
3
9
B8
B8
9
3
6
73
B14
B2
6

Nürnberg und sein Umland

Seit mindestens sechshundert Jahren ist Nürnberg Frankens volkreichste Stadt. Anders als in den älteren Bischofsstädte Bamberg und Würzburg bestimmten in der Noris die Bürger die Geschicke der Stadt, die im Laufe des späten Mittelalters zu einem der wichtigsten Handels- und Gewerbezentren Deutschlands wurde. Die stolze Stadtrepublik musste 1806 zwar den Anschluss an Bayern akzeptieren, konnte dann aber rasch zur wichtigsten Industriestadt des Königreichs aufsteigen. Aber Nürnberg hat sich im ausgehenden 20. Jahrhundert noch einmal neu erfinden müssen und mittlerweile den Wandel zur Dienstleistungsmetropole erfolgreich gemeistert. Das Umland der Stadt zeigt ein facettenreiches Gesicht. Einerseits leisten nicht minder gewerbeorientierte Städte wie Schwabach und Fürth der Metropole Gesellschaft, andererseits beginnt unmittelbar vor den Toren der Großstadt das ländlich geprägte Knoblauchsland, der Gemüsegarten Nürnbergs, und das landschaftlich höchst reizvolle Pegnitztal mit der felsenreichen Hersbrucker Schweiz - für einen bedeutenden Wirtschaftsstandort ein nicht zu unterschätzendes Plus als „weicher Standortfaktor". Als solches lässt sich auch die Nachbarschaft Erlangens mit Frankens größter Universität verbuchen. Wo sich einst Hugenotten in einer barocken Planstadt niederließen planen heute Universität und der Großkonzern Siemens mit seinem brandneuen Campus an unserer digitalen Zukunft. Zeugen der Geschichte und Branchen der Zukunft, quirrlige Großstadt und beschauliches Fachwerkidyll, moderne Verkehrsdrehscheibe und romantische Felsentäler auf engstem Raum – wer wollte da noch nach München?

Nürnberg

„Schatzkästlein" im Schutz der Burg

Nürnbergs greifbare Geschichte beginnt mit der Burg. Sie wurde auf einem nackten Felsen errichtet und gab der Siedlung zu ihren Füßen den Namen. „Norin" oder „nuorin" bedeutet felsig, also kann man den Namen von Stadt und Burg mit Felsberg übersetzen. 1050 schenkte Kaiser Heinrich III. einer Leibeigenen namens Sigena aus „Norenberc" die Freiheit. Das ist in einer Urkunde überliefert, die zum ersten Mal die Siedlung an der Pegnitz erwähnt. Die Nürnberger mögen es als ein Omen betrachtet haben, dass ihre Stadt in der ersten Erwähnung mit der Freiheit in Verbindung gebracht wird, war ihre Stadt schließlich für viele Jahrhunderte eine freie Stadt des Reiches und musste keinem Fürsten gehorchen. Heinrich III. hatte ein besonderes Interesse an Nürnberg als strategischem Ort, schon allein deswegen, weil ihm daran gelegen war, das aufstrebende junge Bistum Bamberg nicht zu mächtig werden zu lassen. Daher verfügte er, dass Markt-, Münz- und

Zollrecht von der älteren Nachbarsiedlung Fürth auf Nürnberg übertragen werden – vielleicht der Startschuss der bis heute gepflegten Nürnberg-Fürther-Städterivalität. Um die Reichsburg auf dem Felsen dem Reich dauerhaft zu erhalten, wurde Anfang des 12. Jahrhunderts der österreichische Graf Gottfried von Raabs als kaiserlicher Stellvertreter eingesetzt, worin die Anfänge des Burggrafenamts zu sehen sind. Unter den Stauferkönigen Konrad III. und Friedrich Barbarossa erfuhren Burg und Siedlung erhebliche Förderung, unter anderem wurde die Lorenzer Stadthälfte als Stadterweiterung nach Süden begonnen. 1192 starben die Grafen von Raabs aus und das Burggrafenamt ging an die schwäbischen Hohenzollern, ein Adelsgeschlecht, dass sich für

Die Kaiserburg ist von April bis September täglich von 9 bis 18 Uhr und von Oktober bis März täglich von 10 bis 16 Uhr geöffnet. Letzter Einlass ist jeweils 30 Minuten vor dem Ende der Öffnungszeit.

Unten: *Hinter dem quadratischen Heidenturm erhebt sich der Palas der Nürnberger Kaiserburg, höchster Turm der Burganlage aber ist der Sinwellturm.*

dieses Amt lediglich durch die Heirat der letzten Tochter der Raabser Grafen durch Friedrich III. empfohlen hatte. Allerdings hatten die Staufer schon länger auch auf die aufblühenden Städte als Stützen für ihre Politik gesetzt, deswegen trennten sie die Verwaltung von Siedlung und Burg Nürnberg, was de facto den Beginn der Reichsstadtkarriere Nürnbergs darstellt. Stadt und Burg gehen nun getrennte Wege und mit den ehrgeizigen Burggrafen aus dem Hause Hohenzollern erwächst der Reichsstadt eine echte Bedrohung ihrer Souveränität. Also investierten die Bürger in die Absicherung ihrer Rechte und Freiheiten, was man wörtlich nehmen darf, denn es ist kaum anzunehmen, dass Kaiser Friedrich II. den Nürnbergern den

berühmten Großen Freiheitsbrief von 1219 ohne finanzielle Gegenleistung ausgestellt hat. Die Burg verblieb natürlich in Reichsbesitz und erfreute sich mit dem raschen wirtschaftlichen Aufstieg der kaisertreuen Stadt immer größerer Beliebtheit bei den Kaisern. Ludwig der Bayer und vor allem Karl IV. besuchten die Burg häufig und mit der Verkündung der Goldenen Bulle 1356 wurde Nürnbergs herausragende Stellung für das Reich endgültig festgeschrieben. In ihr wurde festgelegt, dass jede erste Reichsversammlung nach der Kaiserwahl in Frankfurt und der Krönung in Aachen in Nürnberg stattzufinden hat. All das führte allerdings nicht zu einer architektonischen Aufwertung der Burg oder gar zur Prachtentfaltung. Heutige Besucher der Kaiserburg sind oft ob ihres kargen Inneren nicht selten enttäuscht. Man darf aber nicht vergessen, dass das alte Reich keine Hauptstadt kannte und eine Reichsburg keine dauerhafte Residenz des Kaisers darstellte. Dementsprechend besaß die Nürnberger Burg auch nie prächtige Möbel oder dergleichen. Rückte der Kaiser samt Gefolge an, mussten die Bürger mal nachsehen, welche Möbelstücke sie gerade entbehren konnten, damit die Burg einen einigermaßen wohnlichen Eindruck machen konnte. Die Burggrafen, die eigentlich für die Pflege der Burg im Auftrag des Reiches zuständig waren, investierten den größten Teil ihrer Energie in Machtproben mit Nürnbergs Bürgerschaft. Zu gerne wären sie nicht nur Verwalter der Burg, sondern auch Herren der Stadt geworden. Der Gegner war aber dank seiner enormen wirtschaftlichen Potenz und dank seiner geschickten Erwerbspolitik für die Hohenzollern eine Nummer zu groß. 1417 erhielten die Hohenzollern die Kurwürde in Brandenburg und als dann noch die Burggrafenburg 1420 zerstört wurde, gaben sie entnervt auf. Friedrich VI. verkaufte das Burggrafenamt samt Ruine seiner Burg für 120.000 Gulden an den Rat der Stadt. Damit waren die Bürger unangefochten Herr im eigenen Haus und fortan die Kaiser Gäste in der reichen und vornehmen Stadt Nürnberg. Von der Burg der Burggrafen verblieb der Fünfeckturm, das Vestnertor, das Burgamtmannhaus und ein großer grasbewachsener Trümmerhaufen. Nürnbergs Aufstieg dagegen setzte sich weiter fort und erreichte gerade

Links: *Vom Fünfeckturm erschließt sich die ganze Weite von Vor- und Hauptburg der Nürnberger Burg.*

im 16. Jahrhundert mit den großen Handelsfamilien, den zahlreichen Werkstätten der Metallbranche und der künstlerischen Blüte mit Dürer, Krafft, Stoß, Vischer und vielen anderen seinen Höhepunkt. Die Stadt hatte bis dahin durch klugen Zukauf und durch die Parteinahme im Landshuter Erbfolgekrieg auf der Siegerseite das größte Landgebiet einer Reichsstadt erworben und war damit zu einer ernstzunehmenden regionalen Macht aufgestiegen. Nürnberg wandte sich als erste der Reformation zu und zählte von da an zu den verlässlichen Unterstützern der protestantischen Sache. Und damit begann der langsame Abstieg. 1543 wurde letztmals ein Reichstag nach Nürnberg einberufen, die Kaiser des Heiligen Römischen Reiches Deutscher Nation waren katholisch geblieben und mieden Nürnberg. Der Zweite Markgrafenkrieg Mitte des 16. Jahrhunderts riss ein Loch von vier Millionen Gulden Kriegskosten in die Stadtkasse und der Dreißigjährige Krieg versetzte dem städtischen Etat schließlich den Todesstoß. 1632–35 spielten sich vor den Toren der Stadt und im Landgebiet der Reichsstadt heftige Kämpfe ab – sie lähmten das Wirtschaftsleben. Nürnberg fiel in ein Schuldenloch, aus dem es erst der

Anschluss an Bayern 1806 befreit. Knapp 10 Millionen Kapitalschulden plus 2,3 Millionen Gulden ausstehende Zinsen ließen die einst mächtige Stadt zu einem Zombie unter den deutschen Reichsstädten werden. Hinzu kam eine unfähige Politik des Rates, in dem nach wie vor die Patrizier die alleinige Macht hatten. Sie zeigten sich völlig unfähig, die Probleme der Zeit zu lösen, und sie behinderten mit kleinlichsten Vorschriften, den Zuzug auswärtiger Kaufleute und Handwerker, die sicher eine Belebung gebracht hätte, wie man es unter anderem durch die Zuwanderung von Hugenotten in den Nachbarstädten Erlangen, Schwabach und Fürth beobachten konnte. Die über der Stadt thronende, mittlerweile vergammelte Burg war ein

Öffnungszeiten: Kaiserburg, täglich geöffnet
29. März - September 9–18 Uhr
Oktober - März 10–16 Uhr
www.kaiserburg-nuernberg.de
Besichtigung der Burgräume nur mit Führung.

Unten: *Der Heidenturm bewacht nicht nur den Hauptzugang zum Kern der Nürnberger Kaiserburg, sondern auch die hinter ihm liegende romanische Doppelkapelle, die einstige Kirche des Kaisers und seines Gefolges.*

Doppelkapelle

Sinnbild dieses Abstiegs. Mit der Zugehörigkeit zu Bayern aber scheint das Dornröschen Nürnberg wachgeküsst worden zu sein. Innerhalb von wenigen Jahrzehnten entwickelte sich die Stadt zum wichtigsten Industriestandort des Königreichs, Deutschlands erste Eisenbahn verkehrte hier und der Ludwig-Donau-Main-Kanal konnte kurzfristig wirtschaftliche Impulse geben. Da die Industrialisierung den historischen Kern kaum berührte, wurde „des Reiches Schatzkästlein“ auch bald von den Romantikern entdeckt und zum Inbegriff altdeutscher Stadtherrlichkeit, was auch sicher bei der Standortwahl für das Germanische Nationalmuseum eine Rolle spielte. Die historische Bedeutung Nürnbergs, der hohe Symbolwert der Kaiserburg und des alten Stadtbildes, trugen

Oben: *Elegante, fast überfordert wirkende Säulen tragen das Gewölbe über dem oberen Geschoss der Doppelkapelle der Nürnberger Burg. Der Kaiser konnte durch einen unmittelbaren Zugang aus dem Palas direkt zur heiligen Messe gelangen.*

Mitte: *Das Untergeschoss der Doppelkapelle gibt sich mit seinen stämmigen Säulen deutlich rustikaler – das musste fürs einfache Volk damals reichen.*

Sinwellturm

der Stadt dann leider aber auch den ungewollten Titel der Stadt der Reichsparteitage ein. Ungewollt, weil Nürnberg als typische Industrie- und Arbeiterstadt traditionell rot gewählt hat. Nürnberg zahlte wie ganz Deutschland letztlich einen hohen Preis für nationalsozialistischen Größenwahn und Menschenverachtung: Es verlor im Bombenhagel des Zweiten Weltkriegs sein so oft gerühmtes Stadtbild fast zur Gänze. Ein maßvoller Wiederaufbau schuf ein lebenswertes Stadtzuhause, das den verbliebenen, immer noch eindrucksvollen Zeugen einer großen Geschichte

Der Tiefe Brunnen kann nur im Rahmen einer Führung von April bis September, von 9.30 bis 17.30 Uhr, und von Oktober bis März, von 10.30 bis 15.30 Uhr täglich zu jeder halben Stunde besichtigt werden.

Unten: *Der Sinwellturm oder Runde Turm aus dem 13. Jahrhundert war Wächter der Vorburg und des Brunnenhauses. Das Brunnenhaus birgt den 50 Meter aus dem Felsen herausgehauenen Brunnenschacht.*

Tiergärtnertorplatz

Es könnte bald schlecht bestellt sein um das Bier-und-Bratwurst-Dolce-Vita auf dem Tiergärtnertorplatz. Ein zugezogener Anwohner beklagt sich über die Lärmentwicklung auf Nürnbergs beliebtestem Platz für sommerliche Abendvergnügungen. Dass der Platz so beliebt ist, wundert angesichts der altfränkischen Fachwerkkulisse um das mittelalterliche Tiergärtnertor, das die wichtige Straße Richtung Bamberg entließ, nicht. Hier entwickelt sich allabendlich, was sich Stadtplaner und Stadtväter schließlich immer für ihre Plätze wünschen: urbanes Leben. Es ist zu hoffen, dass die Nürnberger auch weiterhin ihr Bier vor der ehrwürdigen Kulisse des Dürer- und Pilatushauses trinken können, ohne dabei mit geschriebenen Untertiteln kommunizieren zu müssen.

Dürerhaus

Nürnbergs größter Künstler, Albrecht Dürer, zu seiner Zeit der modernste Maler des deutschen Sprachraums, bewohnte die letzten beiden Lebensjahrzehnte ein erstaunlich altmodisches Haus. Das stattliche Fachwerkhaus gibt keinen Hinweis darauf, dass in ihm ein Genie der heraufdämmernden Renaissance wirkte. Dürer wollte seine Mitbürger offenbar nicht provozieren und störte sich nicht daran, dass die meisten in ihm kaum mehr als einen prominenten Handwerker sahen. Das Haus, ein Altbau des 15. Jahrhunderts, zeigt aber auch, dass Dürer ein äußerst erfolgreicher Künstler war, denn die Immobilie war beim Kauf 1509 mit 275 Gulden kein Schnäppchen. Dürer konnte sich das leisten – er verdiente vor allem mit dem neuen „Massenmedium“ der Druckgrafik sehr gut und zählte bei seinem Tod zu den reichsten Männern Nürnbergs. Nach vierundzwanzig Besitzerwechseln erwarb die Stadt 1826 das Haus, um es zum vierhundertsten Todestag einer musealen Nutzung zuzuführen. Da es den Zweiten Weltkrieg ohne große Schäden überstand, ist es für eine Zeitreise in Dürers Alltagswelt auch heute noch bestens geeignet.

Oben: *Albrecht und Agnes Dürer hatten zwar keine Kinder, aber die zahlreichen Mitarbeiter in der Werkstatt machten eine große Küche nötig, wie der Nachbau anschaulich zeigt.*

Mitte: *So könnte Dürers Wohnstube ausgesehen haben. Die vierundzwanzig Besitzerwechsel des Hauses ließen kein originales Mobiliar übrig.*

Unten: *Die beiden unteren Geschosse aus Stein und darüber zwei Fachwerkgeschosse verkörpern ein für das späte Mittelalter typisches Haus eines wohlhabenden Bürgers.*

Altes Rathaus

Pracht und dunkle Gefängnisse

Obwohl Nürnberg Anfang des 14. Jahrhunderts bereits eine wohlhabende und volkreiche Stadt war, hielt man ein eigenes Haus für den Rat der Stadt nicht für nötig. Der Stadtrat tagte meist im Gewandhaus, dem Zunftgebäude der Tuchmacher. Erst als aus der Sebalder und der Lorenzer Stadthälfte rechtlich eine Stadt geworden war, wollte man der gewachsenen Bedeutung auch durch ein Bauwerk Ausdruck verleihen. 1322 erwarb die Stadt ein Anwesen des Klosters Heilsbronn und ließ bis 1340 einen Rathausbau mit einem großen Saal für Versammlungen und Empfänge errichten. Er bildet bis heute den Kern des Rathauskomplexes. Die Stadt, die sich bald stolz als Republik bezeichnete, konnte in diesem Jahrhundert auch die letzten Rechte, die für eine komplette Selbstregierung nötig waren, an sich ziehen. Vierunddreißig patrizische Ratsherren und acht Vertreter des Handwerks nahmen damals in diesem großen Saal Platz und entschieden über die Geschicke Nürnbergs. Anfang des 16. Jahrhunderts wurde das Rathaus erneuert und erweitert, wobei für den Ratssaal eine Ausmalung bei Albrecht Dürer in Auftrag gegeben wurde. Es entstand das größte Wand- und Deckengemälde Europas. Wiederum hundert Jahre später galt diese Pracht bereits wieder als altmodisch und die Nürnberger wollten ein neues Rathaus in Gestalt eines modernen italienischen Palazzo. 1622 kamen die Bauarbeiten kriegsbedingt zum Erliegen und wurden nach dem Dreißigjährigen Krieg aus Finanznot nicht wiederaufgenommen. So präsentiert sich Nürnbergs Rathaus zumindest in den originalen Außenmauern als Zwitter aus Gotik und Renaissance, aus Demonstration von Reichtum und Symbol des Niedergangs.

Sebalduskirche

Ein Heiliger als Standort-Faktor

Hauptsache, wir haben einen, wird man sich 1425 gedacht haben, als Sebald heiliggesprochen wurde. Irgendwann wollte es dann auch keiner mehr so genau wissen, wer dieser Sebald eigentlich genau war. Die Legende berichtet, er sei ein dänischer Königssohn gewesen, der seine Verlobung mit einer französischen Königstochter gelöst habe, um zu missionieren. Gestorben sei er dann in Poppenreuth, von wo ihn ein führerloses Ochsengespann zur Nürnberger Peterskapelle gebracht habe, also dorthin, wo heute die Sebalduskirche steht. So kann es gewesen sein, freilich aber auch ganz anders. Auf jeden Fall war damit die aufstrebende Stadt auch noch Wallfahrtsziel und profitierte vom Heiligentourismus. Im 13. Jahrhundert errichtete man ihm zu Ehren eine frühgotische Basilika, die im 14. Jahrhundert um einen weiträumigen Hallenchor erweitert wurde. 1508 gab der Rat beim berühmten Gießer Peter Vischer einen neuen Schrein für die Gebeine des Heiligen in Auftrag. Das bestaunenswerte Werk war rechtzeitig zur Reformation vollendet. Man brauchte es nicht mehr. Es ehrt die Nürnberger, dass sie es dennoch bis heute bewahrten.

Oben: *Die massige Architektur des Langhauses lässt die lichte Weite des anschließenden Hallenchores noch eleganter wirken.*

Unten: *Neben dem Chor der Sebalduskirche erhebt sich, was ein Oberbürgermeister als „Mischung aus Erster Hilfe, Letzter Ölung und Barmherziger Bruderschaft" bezeichnete, das Bratwursthäusle.*

Hauptmarkt und Schöner Brunnen

Goldenes Kunstwerk

Man möchte kaum glauben, dass ein so filigranes, kunstvolles Monument wie der Schöne Brunnen einen Platz ziert, der eine äußerst unschöne Entstehungsgeschichte hat. Ursprünglich war das Areal des Hauptmarkts ein von Juden bewohntes Viertel. Man hatte den zugewanderten Juden im 12. Jahrhundert ein sumpfiges Gelände an der Pegnitz als Wohngebiet zugewiesen. Ein damals wertloses Gebiet, das aber mit der großen Stadterweiterung über die Pegnitz hinaus im Mittelpunkt der vergrößerten Stadt lag. Das weckte Begehrlichkeiten. 1349 wurden bei einem zweitägigen Gemetzel 562 Juden umgebracht, der Rest vertrieben und ein Teil ihrer Häuser zusammen mit der Synagoge dem Erdboden gleichgemacht. Dieses Pogrom war kein spontaner Gewaltausbruch, sondern sorgfältig vorbereitet, schließlich hatte der Nürnberger Rat schon acht Monate vor dem Pogrom in einem Deal mit Kaiser Karl IV. die Immobilien und Grundstücke der zu beseitigenden Juden verteilt! Nun hatte man endlich einen Platz für den zentralen Markt, an der Stelle der Synagoge wurde die Frauenkirche errichtet. 1385–96 erhielt der neue Platz seinen bis heute prächtigsten Schmuck, den Schönen Brunnen. Das gut neunzehn Meter hohe gotische

Rechts: *Der sich figurenreich und filigran nach oben verjüngende Schöne Brunnen wirkt beinahe wie die Turmspitze, die der Frauenkirche im Hintergrund fehlt.*
Unten: *Der goldene Ring in seinem Gitter wird von Touristen und Brautpaaren gedreht und soll Glück und Kindersegen bringen.*

Wunderwerk wurde absichtlich nicht im Zentrum des Platzes errichtet, sondern optisch vermittelnd zum Straßenzug, der zum Rathaus, zu Sankt Sebald und zur Burg führt. Außerdem verstellte er so nicht den Blick auf die prächtige Fassade der Frauenkirche. Man ist sich nicht sicher, wer der Urheber des Brunnens ist, möglicherweise war es Heinrich Beheim. Sicher ist dagegen, dass die vierzig Figuren des Brunnens das Idealbild einer Welt- und Gesellschaftssicht des späten Mittelalters zeichnen. Ein in seiner Art einmaliges Monument. Dem tut auch die Tatsache, dass der heutige Brunnen eine Kopie von 1903 ist, keinen Abbruch. Die originalen Teile verwahrt das Germanische Nationalmuseum.

Christkindlesmarkt

Luther ist schuld. Durch die Reformation entfielen klassische Schenktermine wie der Nikolaustag oder das Dreikönigsfest. Damit Protestanten in der Winterzeit nicht ganz leer ausgehen, wurden die Schenktermine auf den Heiligen Abend gebündelt, in dieser Nacht hat Gott schließlich den Menschen das größte Geschenk gemacht, seinen Sohn, die Hoffnung auf Gnade und ein ewiges Leben. Wann in der Reichsstadt Nürnberg, die 1525 die Reformation angenommen hatte, ein Weihnachtsartikelmarkt erstmals stattfand, kann man aus dem vorhandenen Urkundenmaterial nicht ersehen. Das älteste Dokument, das einen solchen Markt erwähnt, ist eine hölzerne Schachtel im Germanischen Nationalmuseum, die im Jahr 1628 zum „Kindles-Marck überschickt" worden war. Vermutlich war es ursprünglich ein normaler Wochenmarkt, der sich durch seinen Termin als günstige Gelegenheit zum Geschenkeinkauf anbot und dessen Sortiment sich im Hinblick auf das Weihnachtsfest wandelte. Im Laufe der Geschichte des Marktes mussten immer mal wieder Auswüchse, wie der Verkauf anzüglicher Schnitzereien, zurückgestutzt werden. Und in der Nazi-Zeit wurde er Gegenstand völkischer Propaganda. Heute ist er mit mindestens zwei Millionen Besuchern einer der meistbesuchten Weihnachtsmärkte und rüstet Gäste aus aller Welt mit Lebkuchen, Früchtebrot, Rauschgoldengeln und Zwetschgenmännla, also mit dem nötigsten Weihnachtsequipment, aus.

Der Christkindlesmarkt ist vom Freitag vor dem 1. Advent bis zum 24.12. täglich von 10 bis 21 Uhr, am 24.12. bis um 14 Uhr geöffnet.

Frauenkirche

Männleinlaufen der Kurfürsten

Angesichts der freundlich eleganten Fassade der 1388 geweihten Frauenkirche fällt es schwer zu glauben, dass erst das Blut Unschuldiger fließen musste, bevor an einen Kirchenbau zu denken war. Hier stand nämlich die Synagoge der bedeutenden Judengemeinde, die bei einem Pogrom 1349 nahezu vollständig ausgelöscht wurde. Wenn nicht gerade das Christkind den Altan ziert, ist das von den Nürnbergern respektlos „Männleinlaufen" genannte Figurenspektakel die größte Attraktion der Fassade. Täglich um 12 Uhr werden die sieben Kurfürsten seit über fünfhundert Jahren dreimal um die Figur Kaiser Karls IV. geschickt und dürfen ihre Referenz erweisen. Eine sinnige und zugleich volkstümliche Erinnerung an die Goldene Bulle von 1356, das einstige „Reichsgrundgesetz", das festschrieb, von wem ein neuer Kaiser zu wählen sei. Die Frauenkirche ist im Ganzen ein Denkmal der Reichsidee, war sie doch in erster Linie zur Aufnahme der Reichskleinodien errichtet worden.

Weißgerbergasse

Die alte Reichsstadt hatte strenge Vorschriften, was das Bauen angeht. Vermutlich wollte man vermeiden, dass sich die reichen Familien beim Versuch, sich gegenseitig mit immer prächtigeren Häusern zu übertrumpfen, ruinierten. Daher war alles vorgeschrieben: Haushöhe, Baumaterial, Zierrat, sogar ein Verbot von Erkern gab es, das aber viele mit den berühmten Nürnberger Chörlein geschickt umgangen haben. Hölzerne Vorbauten waren vom Verbot von Vorkragungen und Türmchen ausgenommen. Fachwerkfassaden waren in Nürnberg eher die Ausnahme, zumindest verrieten sie, dass der Bauherr nicht zu den allerreichsten zählte. Die Wohlhabenden griffen auf das im wahren Wortsinn Naheliegendste zurück, den Sandstein. Ihn gewann man direkt unter der heutigen Stadt und so entstand ab dem späten 14. Jahrhundert ein mehrstöckiges Labyrinth unterirdischer Räume und Gänge, die sich dann praktischerweise auch gleich noch als Bierkeller verwenden ließen. Man kann diese fremdartige unterirdische Welt heute unter dem Motto „Komm in die Gänge" besichtigen. Der Krieg ließ von der oberirdischen Pracht leider nur wenige altnürnbergische Ensembles übrig, die Weißgerbergasse, das einstige Viertel der Hersteller feinen Leders, ist das am besten Erhaltene. Der gute Zustand ist auch ein Verdienst der rührigen „Altstadtfreunde Nürnberg", die sich mit vielen Projekten um das historische Erbe der Stadt kümmern und dabei für jedes alte Haus gekämpft haben.

Oben: *Auch am Abend ist die autofreie Weißgerbergasse einen Besuch wert.*

Fronveste und Kettensteg

Nürnbergs Stadtmauer ist wohl die bedeutendste mittelalterliche Stadtmauer, die sich in einer europäischen Großstadt erhalten hat. Um 1400 war das Parallelogramm der Sebalder und Lorenzer Stadthälfte komplett durch eine mächtige Mauer umschlossen. Gut 130 Graben- und Mauertürme sorgen für zusätzlichen Schutz der fünf Kilometer langen Mauer. Ein so beeindruckendes Bild, dass Nürnberg nur selten belagert wurde – man rechnete sich kaum Chancen aus. Dennoch musste dieser Mauerring nach nicht einmal hundert Jahren schon wieder auf den verteidigungstechnisch neuesten Stand gebracht werden. Durch Ummantelung vorhandener Türme entstanden die für Nürnberg typischen „dicken Türme", heute Wahrzeichen der Altstadt. Man musste den alten Mauern an besonders empfindlichen Stellen moderne Bastionen vorbauen, um die Stadtwehr gegen schweres Geschütz zu ertüchtigen. Besonders gefährdet waren zum Beispiel Ein- und Auslauf der Pegnitz. Beim Kettensteg kann man heute noch die sogenannte Fronveste sehen. Sie wurde 1490 als brückenartiges Gebäude über dem Fluss errichtet und beherbergte ein Waffenarsenal. Später nutzte man es als Gefängnis, wodurch sich der heute noch verwendete Name erklärt. Vor der Fronveste schwingt sich ungemein elegant der Kettensteg aus dem Jahr 1824 über den Fluss und bildet einen fast tänzerischen Kontrapunkt zur wuchtigen Fronvestenarchitektur. Im 19. Jahrhundert stand immer mal wieder der Abriss des ganzen Mauerpanzers zu Diskussion, aber man konnte sich nur zur Beseitigung der verkehrshemmenden Tortürme durchringen. Verluste durch Weltkriegsbomben wurden ausgeglichen und so glänzt Nürnberg heute mit einer immer noch fast fünf Kilometer langen Stadtmauer, die zudem noch 71 Mauertürme aufweist.

Unten: *Der Kettensteg war 1824 die erste frei schwebende Flussbrücke Deutschlands.*

Heilig-Geist-Spital

Vielfotografiert überbrückt ein Trakt des Heilig-Geist-Spitals einen Arm der Pegnitz. Eine kühne Bauplatzwahl, die eine aufwendige Konstruktion nach sich zog! Der große Vorteil aber war, dass man so das Spital von der wichtigsten Verkehrsachse der Stadt, von der Museumsbrücke aus sehen konnte. Schließlich sollte auch jeder sehen können, dass da einer viel Gutes getan hat. Dieser eine war der um 1330 reichste Bürger der Stadt, Konrad Groß, der mit dieser Spitalsgründung etwas für den sozialen Frieden in der Stadt und den eigenen Frieden im Jenseits tat. Die mildtätige Stiftung wird nämlich ausdrücklich als „Seelgerät" bezeichnet, wobei mit „Gerät" in der alten Bedeutung Ausrüstung gemeint ist. Eine Kapitalanlage, die der Himmel verzinst! Tue Gutes und rede darüber. Die erbenden Söhne hätten sich übrigens auch eine weniger kostspielige Seelenrettung vorstellen können. Anfangs bot das Spital Platz für 128 Sieche, wir würden heute von Kranken sprechen, und 72 Pfründner. Der elegante Brückenbau des Spitals wurde 1511–27 zugefügt und machte aus dem Spital eine kleine Stadt in der Stadt. Da das Spital durch Zustiftungen finanziell immer potenter geworden war, blieb es bis ins 19. Jahr-

hundert die wichtigste Versorgungseinrichtung für Kranke, Alte und Arme in der Stadt. Darüber hinaus war es aber auch eine so vertrauenswürdige Institution, dass man dem Spital für fast vierhundert Jahre die sogenannten Reichskleinodien, also Kaiserkrone, Zepter, Reichsapfel und vieles mehr, anvertraute. Die Bomben des Zweiten Weltkriegs unterschieden unter ihren Zielen nicht zwischen Gut und Böse und vernichteten den Komplex fast ganz. Der Wiederaufbau hat in vielen Teilen die alte Form wiederhergestellt, nur die Kirche Sankt Elisabeth, in der Konrad Groß auf den Lohn seiner guten Tat wartet, ist für immer verloren. Es zieht sich halt doch ganz schön bis zum Jüngsten Gericht.

Fleischbrücke

Schaut man auf den eleganten Schwung der 1598 vollendeten Fleischbrücke, wundert es nicht, dass man unter den Aufzeichnungen des Bauleiters Wolf Jacob Stromer eine Zeichnung der Rialtobrücke in Venedig fand. Das benachbarte Ochsenportal wurde kurz darauf als Eingang zum neuen Fleischhaus errichtet. Was es uns sagen möchte? Die Inschrift verkündet Folgendes: „Alles hat seinen Ursprung und Anfang, doch siehe, der Ochse, den du hier erblickst, ist nie ein Kalb gewesen“. Alles klar?

Oben: *Auf der Fleischbrücke zeigt ein steinerner Ochse mit echten Watussi-Hörnern fränkisch-stoische Gelassenheit.*

Links: *Das Heilig-Geist-Spital, von der Museumsbrücke oder auch von einer italienischen Gondel aus zu sehen, ist beim Bardentreffen ein lauschiger Spielort.*

Weinstadel und Henkersteg

Irgendwie sind sie ein seltsames Quartett und ein höchst malerisches Ensemble zugleich: Henkersteg, Henkerturm, Wasserturm und Weinstadel. Diese Einladung zum Selfie war keine pittoreske Stadtbildverschönerung des Mittelalters, sondern eine nüchterne Gruppe von Zweckbauten. Ursprünglich entließ hier die erste Stadtmauer aus den Jahren um 1320 die Pegnitz aus der Stadt. Man musste solch empfindliche Stellen besonders schützen, deswegen gab man dem Pegnitzausfluss mit dem massigen Wasserturm und dem zierlichen Henkerturm zusätzliche Deckung. Als dann gegen 1400 die erweiterte Stadtbefestigung vollendet war, verloren die beiden ihren Job und wurden mit neuen Aufgaben betraut. Im Wasserturm mit seinen ausbruchssicheren Mauern richtete man ein Gefängnis ein und der Henkerturm diente fortan dem Henker als Zugang zu seiner Behausung. Man würde heute vielleicht von besonderer Kundennähe sprechen. 1446-48 komplettierte dann der Weinstadel neben dem Wasserturm das Ensemble. Allerdings diente der Bau damals einem anderen Zweck. Hier brachte man die Leprakranken in der Karwoche unter. Hier wurden sie drei Tage lang verköstigt, womit man seiner Christenpflicht diesen bedauernswerten Ausgestoßenen der mittelalterlichen Gesellschaft gegenüber nachgekommen war. In den 1570er Jahren verlegte man das Sondersiechenhaus nach Sankt Johannis und damit war der Weg frei für die namensgebende Nutzung: Der Bau diente von da an im Erdgeschoss als städtisches Weinlager.

Im Rest des achtundvierzig Meter langen Fachwerkbaus, der zu den längsten seiner Bauweise in Deutschland zählt, fanden dann Handwerker, arme Familien und ein Frauenspinnhaus ein neues Domizil. Die Reichsstadt wusste ihre Bauten auszulasten. Und so ist es heute noch. Nachdem 1950 die Schäden des letzten Krieges behoben worden waren, zogen in den Weinstadel und den baulich mit ihm verbundenen Wasserturm 74 Studenten ein. Auch der Henkerturm fand eine neue Bestimmung. Über ihn erreicht man die ehemalige Dienstwohnung des Henkers und damit ein 2007 eingerichtetes rechtshistorisches Museum. Hier kann man Bekanntschaft mit Franz Schmidt machen. Sein erhaltenes Tagebuch gibt einzigartige Einblicke in das abwechslungsreiche Tätigkeitsfeld eines Henkers der frühen Neuzeit. Von 1573 bis 1617 vollzog er 361 Hinrichtungen und 345 Leibstrafen, worunter unter anderem Ohrenabschneiden, Auspeitschen oder Fingerabschlagen zu verstehen ist.

Oben: *Abends wie tagsüber Hingucker, die lohnen: Maxbrücke und Lorenzkirche.*
Links: *Weinstadel, Wasserturm und Henkersteg bilden eines der wenigen Ensembles, in denen das mittelalterliche Nürnberg noch erlebbar ist.*

Lorenzkirche

Ohne Übertreibung kann man die Lorenzkirche eine Bürgerkathedrale nennen. Nürnbergs Bürger errichteten sich mit der Pfarrkirche für die Stadthälfte auf dem linken Ufer der Pegnitz ein Bauwerk, das einem Bischof als Domkirche durchaus würdig gewesen wäre. Vielleicht motivierte die Tatsache, dass die reiche und große Stadt nie Bischofssitz war, die Bürger zu besonderem architektonischem Ehrgeiz. Hinter einer Doppelturmfassade mit prachtvoller gotischer Fensterrose erstreckt sich eine über neunzig Meter lange Basilika mit einem 1477 vollendeten spätgotischen Hallenchor als krönendem Abschluss des imponierenden Raumbildes. Damit war auch genügend Platz für patrizische Stiftungen, die das Seelenheil der durchaus eigennützigen Stifter befördern sollten, geschaffen. Die Fülle der Altäre aus vorreformatorischer Zeit bezeugt die Angst vor Seelenpein ebenso wie den Kunstsinn der Nürnberger High Society. Unter den Stiftungen ragt im wahren Wortsinn das gut zwanzig Meter hohe Sakramentshaus heraus. Das 1496 eingeweihte Wunderwerk aus Vacher Sandstein ist ein virtuoses Werk des Bildhauers Adam Krafft, in Auftrag gegeben von der ratsfähigen Familie Imhoff, die in mehreren Generationen ein europäisches Handelsimperium aufgebaut hatte. Das andere herausragende Kunstwerk ist der über dem Altar scheinbar schwebende „Englische Gruß" des Bildschnitzers Veit Stoß. Mit ihm setzte sich die nicht minder reiche Familie Tucher 1517 ein Denkmal. Gut, dass es Nürnbergs Oberschicht in der Reformationszeit ums ausgegebene Geld reute und sie einen Bildersturm nicht zuließ!

Oben und unten: *Der lichte Chor gibt mit Veit Stoß´ Schnitzwerk des „Englischen Grußes" einen Vorgeschmack auf des Himmels Herrlichkeit.*

Rechts: *Die doppeltürmige Fassade mit der großen Fensterrose gereichte jeder Kathedrale zur Ehre, schmückt aber „nur" eine städtische Pfarrkirche.*

Die Lorenzkirche ist montags bis samstags von 9 bis 17.30 Uhr geöffnet, am Donnerstag sogar bis 19 Uhr, sonntags von 10 bis 15.30 Uhr.

Germanisches Nationalmuseum

Bedenkt man, dass das Germanische Nationalmuseum mit etwa 1,3 Millionen Objekten das größte kulturgeschichtliche Museum des deutschsprachigen Raumes ist, wundert man sich schon ein wenig, dass Nürnberg so wenig mit diesem auch touristischen Pfund wuchert. Natürlich klingt auch das „germanisch" im Institutionsnamen für moderne Ohren ein wenig großsprecherisch und weckt unschöne Erinnerungen an Zeiten, in denen das „Germanische" inflationär in propagandistischem Gebrauch war. Das konnten natürlich die Museumsgründer nicht vorausahnen, als sie 1852 die Gründung eines Germanischen Museums in Nürnberg beschlossen. Es war eine Zeit, in der es keinen deutschen Nationalstaat gab, und Absicht der Gründer war es daher, eine Einrichtung zu schaffen, die wertvolle Zeugnisse eines sprachlich und kulturell, nicht politisch definierten Deutschlands sammelt. Man darf des Weiteren nicht vergessen, dass sich in der Mitte des 19. Jahrhunderts abzuzeichnen begann, dass die industrielle Revolution mit dem Heraufdämmern der modernen Massengesellschaft das Ende vieler Traditionen einläutete. Man schuf eine Art „kulturelle Arche Noah", die dem Verlust der kulturellen Wurzeln etwas entgegensetzen sollte. 1857 überließen das Königreich Bayern

und die Stadt Nürnberg das schon lange profan genutzte Kartäuserkloster als Museumsstandort. Seither ist das Museum zahlreiche Male erweitert worden. Der Zweite Weltkrieg fügte dem Bauensemble schwere Bombenschäden zu, die Sammlungen aber waren ausgelagert und es ist eigentlich nur der Verlust der fest eingebauten „Stilräume“ zu beklagen. Mittlerweile um einige Neubauten erweitert ist das Museum ein wichtiger Ausstellungsort und ein noch wichtigerer Forschungsort geworden. Träger dieses Schatzhauses deutscher Kultur mit seinen etwa 25.000 ausgestellten Objekten sind heute anteilig die Bundesrepublik Deutschland, der Freistaat Bayern und die Stadt Nürnberg.

Die Dauer- und Sonderausstellungen sind von Dienstag bis Sonntag von 10 bis 18 Uhr, mittwochs sogar bis 21 Uhr geöffnet.

Oben: *Martin Behaims Erdapfel aus dem späten 15. Jahrhundert ist der älteste erhaltene Erdglobus der Welt.*

Mitte: *Eine früher Peter Henlein zugeschriebene Dosenuhr aus dem 16. Jahrhundert.*

Unten: *Im Kreuzgang des einstigen Kartäuserklosters finden sich heute sakrale Kunstwerke.*

Seite 46: *Eine gotische Halle präsentiert edle Fayencen und Porzellane.*

Straße der Menschenrechte

Mit der weiträumigen Außenskulptur „Straße der Menschenrechte“ zieht Nürnberg Konsequenzen aus seiner jüngeren Geschichte. In der Stadt, in der auf den Reichsparteitagen der NSDAP und mit den Nürnberger Rassegesetzen die Menschenrechte mit Füßen getreten wurden, beschwört dieses Kunstwerk nun die universelle Gültigkeit dieser Rechte in 30 Sprachen. Zu lesen sind Auszüge aus den 30 Artikeln der Allgemeinen Erklärung der Menschenrechte, wie sie von den Vereinten Nationen verabschiedet wurden. Die vom international renommierten israelischen Künstler Dani Karavan entworfene Straße der Menschenrechte wurde bis 1993 zusammen mit einer Erweiterung des Germanischen Nationalmuseums realisiert. Mit der Eröffnung der Straße wurde erstmals der „Menschenrechtspreis der Stadt Nürnberg“ verliehen und damit auch ein Zeichen für die Zukunft gesetzt.

Oben und unten: *Die Betonsäulen der Straße der Menschenrechte verkünden Artikel der UN-Menschenrechtskonvention in dreißig verschiedenen Sprachen. Die Straße überdeckt einen unterirdischen Verbindungsbau des Germanischen Nationalmuseums.*

Schwurgerichtssaal des Justizpalastes

Wenn sich heute vor dem Internationalen Strafgerichtshof in Den Haag Kriegsverbrecher für ihre Taten verantworten müssen, ist das ohne die Nürnberger Prozesse kaum denkbar, stellen sie doch eine wichtige Etappe auf dem Weg zu einer internationalen Völkergerichtsbarkeit dar. Im Saal 600 des Nürnberger Justizpalastes mussten sich von 1945 bis 1946 zunächst Nazi-Größen wie Göring, Streicher und Bormann verantworten. Später folgten bis 1949 zwölf Nachfolgeprozesse mit 185 Angeklagten, von denen 12 hingerichtet und 35 freigesprochen wurden. Die Alliierten wählten den Nürnberger Justizpalast für diese Prozessserie, weil er durch seine Größe und das benachbarte Gefängnis bestens für diese Zwecke geeignet war. Dass Nürnberg die Stadt der Reichsparteitage und der Nürnberger Rassegesetze war, erhöhte natürlich den Symbolwert dieser Prozesse, war aber für die Wahl des Prozessortes nicht ausschlaggebend. Für die Prozesse mussten erhebliche Umbauten im Schwurgerichtssaal vorgenommen werden, weil man technische Einbauten für die Simultanübersetzungen und eine erweiterte Sitzkapazität für Pressevertreter und Zuschauer brauchte. Saal 600 wurde damit zu einer öffentlichen Bühne für das Bemühen, die verbrecherischen Ungeheuerlichkeiten des Nazi-Regimes mit Mitteln der Rechtsstaatlichkeit aufzuarbeiten. Nach den Prozessen erfolgte ein Rückbau, denn hier wird durch das Landgericht Nürnberg-Fürth nach wie vor Recht gesprochen.

Das Memorium Nürnberger Prozesse ist von April bis Oktober montags und mittwochs bis freitags von 9 bis 18 Uhr geöffnet und samstags und sonntags von 10 bis 18 Uhr. Von November bis März wird außer dienstags von 10 bis 18 Uhr geöffnet. Der Schwurgerichtssaal kann dabei nur an verhandlungsfreien Tagen besichtigt werden.

Kongresshalle

Die Süddeutsche Zeitung nannte den Kongresshallentorso unlängst ein „Monument menschenverachtenden Größenwahns". Eine treffende Charakterisierung angesichts der Dimensionen, der Bedingungen, unter denen der Bau stattfand, und des Geistes, den die Kongresshalle für immer materialisieren sollte. Das gesamte Reichsparteitagsgelände mit Großer Straße, Deutschem Stadion, Märzfeld, Zeppelinfeld und natürlich der Kongresshalle sollte als „immerwährender Reichsparteitag" Macht und Größe der nationalsozialistischen Bewegung verkörpern. Allein das Deutsche Stadion war für unvorstellbare 405.000 Zuschauer konzipiert! Der beklemmend grobschlächtige Riesenbau der Kongresshalle, deren Formen sich am antiken Marcellustheater in Rom orientieren, hätte einmal 50.000 Menschen aufnehmen sollen. Der Mensch spielte bei diesen Inszenierungen nationalsozialistischer Ideologie als Individuum keine Rolle mehr. Der Einzelne ist nichts, die Masse alles und die wiederum ist austauschbar. Es ist gut, dass der Kongresshallentorso nicht abgetragen wurde, dass er heute weitgehend zu sehr profanen Zwecken genutzt wird, und dass das Dokumentationszentrum Reichsparteitagsgelände das Bauwerk und den Ungeist, aus dem es entstand, kommentiert. Sowieso für die Ewigkeit geplant darf es ruhig ewig an das Scheitern des menschenverachtenden Regimes erinnern.

__Rechts:__ Größe sollte überwältigen, so auch im Umgang der Kongresshalle.
__Unten:__ Annähernd doppelt so groß wie das Kolosseum in Rom, das eine der Inspirationsquellen für die Architektur war, hätte die Kongresshalle rund 50.000 Menschen Platz geboten. Kriegsgefangene und KZ-Häftlinge mussten für den Bau und seine Granitplattenverkleidung bluten und ihr Leben lassen.

Dokumentationszentrum Reichsparteitagsgelände

Der Neubau des „Dokumentationszentrums Reichsparteitagsgelände“ sollte wie ein Pfahl im Fleisch des Nazibaus Kongresshalle stecken, sie verletzen. Das war die Idee des österreichischen Architekten Georg Domenig. Seine explizit moderne Architektur, vollendet im Jahr 2001, hat dieses symbolische Aufbrechen vorbildlich in Szene gesetzt. Ebenso bricht die dort präsentierte Dauerausstellung zur Geschichte Nürnbergs und der NSDAP viele Klischees der Nazivergangenheit auf. Mit dem Titel „Faszination und Gewalt“ sind zwei zentrale Aspekte der Naziherrschaft benannt – das eine ist ohne das andere kaum vorstellbar. Die Faszination, die von der Selbstinszenierung der Partei vor der Kulisse der ehrwürdigen Reichs- und Kaiserstadt ausging, mag viele in einem solchen Maße mitgerissen haben, dass das Tor zur Gewalt leicht aufzustoßen war. Die Ästhetik dieser Veranstaltungen hat sicher viele dazu verführt, nicht mehr genau hinzuschauen, wie die eigentlichen Ziele dieser „Bewegung“ beschaffen sind. Zeitzeugen werden immer seltener und so ist es besonders wichtig, die Erinnerung an die perfiden Mittel der NSDAP auf ihrem Weg zur Macht wachzuhalten. Die Ausstellung ist damit aber nicht nur ein historisches Museum, sie soll natürlich auch die Sinne schärfen, ähnliche Entwicklungen in der Gegenwart leichter zu erkennen. Daher ist es wichtig, dass dem Museum ein Studienforum, das vor allem Programme für junge Menschen zu verschiedenen Themenkomplexen bis hin zur Menschenrechtsarbeit anbietet, angeschlossen ist. Man kann den Anfängen nicht früh genug wehren.

Das Zentrum ist ganzjährig von Montag bis Freitag von 9 bis 18 Uhr und samstags und sonntags von 10 bis 18 Uhr geöffnet.
Letzter Einlass ist um 17 Uhr.

Fürth

Diener dreier Herren

Das dreiblättrige Kleeblatt des Fürther Stadtwappens scheint es auszudrücken: Die Stadt stand mehrere Jahrhunderte unter der Herrschaft dreier Herren. Der Bamberger Bischof, die markgräflichen Hohenzollern und die Reichsstadt Nürnberg teilten sich in den Besitz des Marktortes am Zusammenfluss von Pegnitz und Rednitz zur Regnitz. Ob es einen direkten Zusammenhang zwischen dieser eigenartigen Dreiherrschaft und dem Kleeblattwappen gibt, ist allerdings ungeklärt. Klar ist dagegen, dass Fürth von der Uneinigkeit seiner drei Herren durchaus profitiert hat. Jeder der Herren musste auf die anderen Rücksicht nehmen und so genossen die Fürther mehr Freiräume als die Bewohner anderer Marktorte. Das kam zum Beispiel der Gewerbeansiedlung zugute, hier profitierte man von oft kleinlichen Nürnberger Verboten, die Handwerker dann ins offenere Fürth vertrieben. Auch viele aus Nürnberg vertriebenen Juden fanden in den beiden nicht zur Reichsstadt gehörigen Dritteln Fürths ein neues Zuhause, woraus bis ins 19. Jahrhundert die größte jüdische Gemeinde Frankens erwuchs. Um 1800 ist fast jeder fünfte Fürther Jude und bis zur weitgehenden Ermordung in den Konzentrationslagern des Dritten Reichs waren die Juden prägend für das Wirtschafts- und Kulturleben der Stadt. Beides blühte so richtig nach dem Anschluss an Bayern im Jahr 1806 auf. Deutschlands erste Eisenbahn fuhr von Nürnberg nach Fürth und der Anschluss an den Ludwig-Donau-Main-Kanal brachte ebenfalls wirtschaftliche Impulse. 1807 verzeichnet ein Adressbuch schon 97 Fabrikanten und gut siebzig Jahre später beschreibt der Fürther Dichter Jakob Wassermann seine Heimatstadt als „Stadt des Rußes, der tausend Schlöte, des Maschinen- und Hammergestampfes, der Bierwirtschaften, der verbissenen Erwerbsgier“. Wer Fürth heute besucht, erfährt eine zur Dienstleistungsmetropole gewandelte Stadt, die mit einem wohlerhaltenden sehr gepflegten Stadtbild des 19. Jahrhunderts erfreut.

Unten: *Am Ufer der Rednitz stehen vier Häuserzeilen, die der Baumeister Kißkalt 1898 - 99 als vorbildliche Arbeiterwohnsiedlung aus Sichtziegelmauerwerk errichten ließ.*

Rathaus

Einerseits sollte das Rathaus der erst 1818 zur Stadt erhobenen Gemeinde Fürth dem gestiegenen Anspruch des aufstrebenden Gewerbestandorts angemessen Ausdruck verleihen. Andererseits sollten die städtischen Finanzen nicht zu sehr strapaziert werden. Deswegen entschied man sich schließlich für einen Entwurf von Friedrich Bürklein, der aber beim Architektenwettbewerb geschummelt und den Entwurf unter dem Namen seines Bruders Eduard ins Rennen geschickt hatte. Aber gemäß der Devise „Gutes muss nicht billig sein" beliefen sich die Kosten dann doch auf 220.000 Gulden, was zusammen mit der viel zu langen Bauzeit von zehn Jahren für beträchtlichen Unmut unter den Fürthern sorgte. Dafür hatte man nun aber auch einen Bau, mit dem man dem großen Nachbarn Nürnberg signalisierte, dass man auch wer war, zumal die Nürnberger nur ein unfertiges Rathausensemble vorweisen konnten. Und so steht heute an markanter Stelle in der Königstraße ein Bau in eigenwilliger Mischung aus Palazzo Vecchio in Florenz und Münchner Ludwigstraßenstil.

Hornschuchpromenade

Möchten Sie gerne an einer Bahnlinie wohnen? Sicher nicht. Im 19. Jahrhundert haben vor allem die Wohlhabenderen diese Frage begeistert mit ja beantwortet. Die Hornschuchpromenade ist ein eindrucksvoller Beleg dafür, denn die schmucken Häuser säumten die erste deutsche Eisenbahntrasse und gönnten ihren Bewohnern einen exklusiven Blick auf das qualmende Verkehrsgeschehen. Vor der aufwendigen Renovierung der abwechslungsreichen Gründerzeit- und Jugendstilhäuser war ihnen das auch an ihren mittlerweile rußgeschwärzten Gesichtern abzulesen. Die 1883–1904 errichteten Häuser sind Fürths schönstes Ensemble der „Belle Époque“ und zugleich wohl auch der stolze Gruß der

selbstbewussten Bürgerschaft ins größere Nürnberg. Ursprünglich hieß die Straße Obere Weinstraße, dann Promenadenstraße und nach dem Tod des Industriellen Christian Heinrich Hornschuch wurde sie ihm zu Ehren umbenannt. Geheimrat Hornschuch stammte aus einer Abtswinder Winzerfamilie, absolvierte eine Lehre als Kaufmann und brachte es dank Fleiß, Können und zwei glücklichen Heiraten mit zwei Damen der Familie Ott zum stolzen Inhaber der Firma Weber & Ott, einer Textil- und Baumwollspinnerei-Firma, die beim Tod Hornschuchs gut 5.000 Beschäftigte zählte. Was ihn aber würdig werden ließ, eine Straße gewidmet zu bekommen, war sein großes soziales Engagement in einer ganzen Reihe von Stiftungen.

Oben: *Das Haus mit den beiden Erkertürmen ließen sich die Brüder Löwensohn, Inhaber der Bilderbuchfabrik Löwensohn, 1889-90 als Doppelwohnhaus errichten.*

Seite 54/55: *Das Haus Königswarterstraße 74 ist ein typischer Vertreter des „Neu-Nürnberger-Stils".*

Logenhaus

Oft hängt den Freimaurern heute noch der Ruf des Geheimbündlerischen, Undurchschaubaren an. Erwachsen aus der Tradition der freien mittelalterlichen Bauhütten, vertreten die Freimaurer in erster Linie Werte, die sich aus der Aufklärung herleiten: Freiheit, Gleichheit, Brüderlichkeit, Toleranz und Humanität. Die Statuten der einzelnen Logen sind öffentlich einsehbar, ihre Mitgliederlisten kein Geheimnis. Wer es genauer wissen möchte, kann sich im Deutschen Freimaurer Museum in Bayreuth informieren. Fürths Freimaurer waren ursprünglich Mitglieder in Nürnberger Logen, aber politische Umstände zwangen 1803 zur Gründung einer eigenen Loge „Zur Wahrheit und Freundschaft", heute übrigens die drittgrößte Bayerns. Für die Zusammenkünfte und die Initiationsrituale braucht man eine ganz spezielle Art von Räumen, weswegen sich die Loge 1890–91 das heutige Logenhaus nach Plänen von Leonhard Bürger, einem Nürnberger Freimaurer, errichten ließ. Da man das Grundstück von einem Brauereibesitzer geschenkt bekommen hatte, konnte man deutlich mehr Geld in die Prachtentfaltung des Gebäudes investieren. Das Ergebnis kann sich sehen lassen, das Logenhaus mit seinen vielen auf die Freimaurerei hinweisenden Ausschmückungen ist einer der prächtigsten Bauten des Historismus nicht nur in Fürth geworden.

Das Logenhaus kann im Rahmen von Führungen besichtigt werden.
Info: *www.tourismus-fuerth.de*

Stadttheater

Wenn es eine „gute Stube" in Fürth gibt, dann ist es das Stadttheater. Das aufstrebende, zu Wohlstand gelangte Fürther Bürgertum sehnte sich wie in den meisten größeren Städten Deutschlands nach einem repräsentativen Rahmen für gesellschaftliche Auftritte. Für den Adel gab es dazu Schlösser, das Bürgertum schuf sich dazu prächtige Theater, Opernhäuser, Konzertsäle und Museen. Im Grunde müsste ein Theater eigentlich keine sonderlich aufwendige Dekoration haben, geht es doch um die Figuren auf der Bühne, nicht um die aus Stuck an der Wand. Wenn man aber einen Ort braucht, an dem man seine schicke und auch teure Garderobe mal den richtigen Adressaten präsentieren möchte, dann darf ein Theaterbau innen schon mal so üppig dekoriert sein wie ein Schloss. Also engagierte man für den Fürther Musentempel Europas berühmteste Theaterarchitekten, die Herren Fellner und Helmer aus Wien, die Baumeister von insgesamt 48 Theaterbauten auf dem ganzen Kontinent. 1902 war das reich im Stil eines neuen Rokokos dekorierte Haus vollendet und mit einer der beliebtesten „Einweihungsopern", mit Beethovens Fidelio, eingeweiht. Vielleicht haben die Fürther ein wenig Rabatt bekommen, denn ihr Theater war eigentlich ein Entwurf für das weit im Osten der Donaumonarchie gelegene Czernowitz. Dort zerschlug sich zunächst das Theaterprojekt, um dann aber doch noch verwirklicht zu werden, weswegen Fürth und Czernowitz sich zumindest in den Theatern gleichen. Ebenso wie die Bühne in Czernowitz war die Fürther für nicht wenige ein ideales Karrieresprungbrett: Werner Krauss und Emil Jannings erwarben sich frühe Meriten um die Schauspielkunst, die Komponisten Eduard Künneke und Paul Lincke schwangen hier den Taktstock. Heute zählt das Fürther Theater regelmäßig zu den deutschen Häusern mit der besten Sitzauslastung. Es gibt eben auch eine Abstimmung mit den Gesäßen.

Die Altstadt

Der alte Marktort Fürth hatte mit der Straße von Frankfurt nach Nürnberg, der König- und der Gustavstraße seine zentrale Achse. Zusammen mit der Furt durch die Rednitz, von der die Stadt ihren Namen hat, war die Straße ein wichtiger Grundstein für Fürths Aufstieg als Wirtschaftsstandort. Neben ihr etablierte sich ein typisch fränkischer Marktort, dessen Geschichte 1634 fast schon zu Ende geschrieben schien. Damals brannten Kroaten in Diensten des kaiserlichen Heeres den Ort bis auf wenige Häuser nieder. Wenn man also in Fürth von Altstadt spricht, meint man, was nach dieser Katastrophe errichtet worden ist. Die einzige Ausnahme bildet die Michaeliskirche, deren Bausubstanz weitgehend mittelalterlichen Ursprungs ist. Möglicherweise war sie ursprünglich dem heiligen Martin geweiht, weil der Orientierungspunkt der Kirchenachse haargenau auf den Sonnenaufgang am Martinstag ausgerichtet ist. Um diese Kirche baute man Fürth nach der verheerenden Zerstörung auf dem alten Gassenraster wieder auf, was der Altstadt das für fränkische Kleinstädte typische kleinteilige Erscheinungsbild verlieh. Die schon im 18. Jahrhundert einsetzende Industrialisierung hat die Altstadt im Kern kaum angetastet. Ein größerer Feind

der alten Bausubstanz war da ein oft zu beobachtender Modernisierungsstau der alten Bauten seit dem Ersten Weltkrieg. Außerdem entsprach die Altstadt in keiner Weise dem Ideal der autogerechten Stadt. Damit standen Fürths älteste Viertel in den 1960er Jahren auf der Todesliste moderner Stadtplanung. Die damals geplante Totalsanierung hätte vom alten Fürth wohl außer der Michaeliskirche und ein paar Alibi-Fachwerkhäusern kaum etwas übriggelassen, wie der einzige ausgeführte Abschnitt dieses Programms im Gänsbergviertel heute noch abschreckend belegt. Diesem Viertel bescheinigte eine Expertise 1958 einen Anteil von 88,7 % „mangelhafter bis abbruchreifer Substanz". Der Zeitgeist hat sich zum Glück gewandelt – eine Abrissbirne sehnt in der gut restaurierten Fürther Altstadt niemand mehr herbei.

Oben und rechts unten: *Das Haus Pfarrgasse 5 ist ein schönes Beispiel für die liebevollen Restaurierungen der letzten Jahrzehnte. Besonders bemerkenswert ist die gut erhaltene, kunstvolle Schieferverkleidung des Fachwerkhauses aus den 1830er Jahren.Schieferverkleidung des Fachwerkhauses aus den 1830er Jahren.*

Seite 58: *Die Neugestaltung bis 2004 hat dem Grünen Markt fast südländisches Leben beschert, passend illustriert durch den Gauklerbrunnen des fränkischen Bildhauers Harro Frey.*

Schwabach

Gold für die Welt

Was haben der Buckingham-Palast, die Spielbank Donald Trumps in Atlantic City, der Invalidendom in Paris und der Palast des Sultans von Brunei gemein? Die Antwort lautet Schwabach! Hier begann vor einem halben Jahrtausend die Tradition der Goldschlägerei. Eigentlich hätte dieses Metier in der Metallverarbeitungsmetropole Nürnberg zuhause sein sollen, aber die dortige strenge Zunftordnung führte zur Übersiedlung des Gewerbes in das gewerbefreudige Schwabach. Abgesehen davon bot die Stadt mit ihrem trockenen Klima und dem sandigen Untergrund beste Voraussetzungen für die Herstellung von Blattgold. In den Jahrzehnten um 1900 erreichte die Goldschlägerei ihre größte wirtschaftliche Bedeutung und beschäftigte in rund 130 Betrieben an die 1200 Menschen. Heute sind es nur noch fünf Betriebe, aber deren Produktion reicht aus, dass Schwabach immer noch das Weltzentrum der Blattgoldherstellung ist. Eine Schauwerkstatt macht mit dem Handwerk bekannt und das Goldene Dach des Rathauserkers zeigt an, wie stolz man auf diese lange Tradition ist. Aber Schwabach ist mehr als Goldschlägerei. Die kleine Stadt am gleichnamigen Flüsschen war ab dem 14. Jahrhundert im Besitz der Hohenzollern, die Schwabach wegen seiner verkehrsgünstigen Lage

an den Fernhandelsstraßen nach Nürnberg, Ulm, Straßburg und Augsburg zu ihrem bedeutendsten Wirtschaftsstandort ausbauten. Einen weiteren Schub in der Entwicklung brachte die Aufnahme von Glaubensflüchtlingen aus Frankreich unter Markgraf Johann Friedrich ab 1685. Bis 1716 ließen sich etwa fünfhundert Hugenotten in Schwabach nieder und etablierten unter anderem die Strumpfwirkerei, die Handschuhmacherei und das Weben von großen Wirkteppichen im eigens dafür eingerichteten „großen Tapetenhaus". Außerdem schätzte man das vorbildliche Arbeitsethos der calvinistischen Zuwanderer als probates Mittel gegen fränkisches Phlegma. Wieder hundert Jahre später brachte die Kontinentalsperre zu Zeiten Napoleons mit dem Wegfall der billigeren englischen Industriewaren der Schwabacher Wirtschaft einen gewaltigen Aufschwung. 1810 trugen 99 Fabriken Schwabach den Ehrentitel „Stadt der hundert Schlote" ein. 3555 Arbeiter waren in den Fabriken beschäftigt, fast die Hälfte davon in Nadelfabriken. Schwabach als eine Wiege der Industrie in Franken zu bezeichnen ist alles andere als eine Übertreibung. Und welche Überraschung ist angesichts dieser Vorgeschichte Schwabachs Stadtbild! Schwabach ist alles andere als eine graue Industriestadt. Es erfreut durch eine vorzüglich erhaltene Altstadt, für deren Sanierung man 1979 sogar die Europa-Nostra-Medaille, eine europäische Würdigung für herausragende Leistungen bei der Erhaltung des Kulturerbes, verliehen bekam. Der geschlossen erhaltene Marktplatz mit seinen behäbigen Fachwerkbauten und dem Markgrafenbrunnen ist allein schon einen Ausflug wert. Und der großartige Schnitzaltar aus der Werkstatt des Dürer-Lehrers Michael Wolgemut in der Stadtkirche illustriert, dass die Schwabacher ihren Wohlstand durchaus auch in Kunst ummünzten.

Seite 60: *Das goldene Dach auf dem Rathauserker erinnert an die wahrhaft glanzvolle Tradition der Goldschlägerei.*

Unten: *Schwabachs „gute Stube", der Marktplatz, erfreut durch den Dreiklang von Stadtkirche, Rathaus und Schönem Brunnen mit Hohenzlollern-Adler.*

Erlangen

Der Glaube hat geholfen

Die vorhugenottische Geschichte Erlangens lässt sich kurz zusammenfassen: Entweder wurde es verpfändet oder es wurde von Krieg und Brand heimgesucht. Dass unter diesen Umständen ein Ort, auch wenn er durchaus verkehrsgünstig liegt, nicht sonderlich aufblühen kann, braucht nicht erklärt zu werden. Erlangen wurden zwar 1398 Stadtrechte verliehen, aber Anfang des 17. Jahrhunderts zählte die Stadt kaum mehr als fünfhundert Einwohner. Da waren manche Dörfer der Umgebung größer. 1685 sorgte Frankreichs Sonnenkönig Ludwig XIV. für schlagartige Besserung der Erlanger Situation: Er widerrief die den Calvinisten zugestandene Glaubensfreiheit und löste eine Flüchtlingswelle von rund 180.000 Menschen aus. Hier griff der Bayreuther Markgraf Christian beherzt zu. Mit der Aufnahme von Glaubensflüchtlingen ließ sich etwas für das eigene Ansehen, für die Wirtschaftsförderung und für den Ruhm als Stadtgründer tun. Am 14. Juli 1686 begannen die Bauarbeiten für eine Neustadt vor den Toren des alten Erlangen. Es entstand eine barocke Planstadt mit geraden Straßen und weiten Plätzen. 1700 wurde diese neue Stadt noch durch einen Schlossbau zu einer Nebenresidenz der Markgrafen und erhielt dadurch weitere Impulse. Aber es kam aus Sicht barocker Stadtplaner sogar noch besser: 1706 vernichtete ein Großbrand die Altstadt und man konnte im Rahmen des Wiederaufbaus auch diese in eine moderne Planstadt verwandeln. Erlangen ist damit die einzige barocke Neustadtgründung, deren Bausubstanz älter ist als die der Altstadt! Und als dann noch 1743 die frischgegründete Universität von Bayreuth, von den dortigen Bürgern weggemobbt, nach Erlangen umzog, war die Grundlage für die Entwicklung zur heutigen Wissenschaftsstadt gelegt. Die hätte beinahe ein abruptes Ende genommen, als Erlangen 1810 bayerisch wurde, aber ein zweites Mal erwies sich eine Glaubensfrage als Glücksfall. In Bayern gab es damals keine Universität mit lutherischer theologischer Fakultät, aber mittlerweile viele neue protestantische Untertanen. So rettete die Theologie der nur von etwa achtzig Studenten besuchten Universität das Leben! Heute ist die Friedrich-Alexander-Universität mit gut 39.000 Studenten zusammen mit der Firma Siemens der wichtigste Wirtschaftsfaktor und im Zusammenwirken von Universität und Wirtschaft auch der wichtigste Innovationsstandort in Franken.

Orangerie Erlangen: Im Festsaal finden Konzerte, Lesungen und u.a. Trauungen statt.
www.erlangen.de

Seite 63 oben: *Hinter der strengen Fassade des Schlosses wird heute die Universität verwaltet.*
Rechts: *Vor der Orangerie im Schlossgarten ließen Hugenotten dem Markgrafen von Brandenburg-Bayreuth 1706 eine wahre Pyramide der Dankbarkeit errichten.*

Knoblauchsland

Gemüse und High Society

Jede größere Stadt des Mittelalters brauchte in nicht allzu großer Entfernung fruchtbares Land. In Zeiten ohne schnelle Verkehrsmittel, Bofrost und Konserven war die Versorgung größerer Menschenmengen nur durch den Nahbereich möglich. Für Nürnberg erfüllte das Knoblauchsland nordwestlich der Stadt diese Funktion. Es ist noch heute eines der größten Gemüseanbaugebiete Deutschlands. Wenn man nicht gerade den Rücken auf der Furche krümmen muss, ist solch ein bukolischer Landstrich ein wunderbares Areal zum Entspannen. So sahen das wohl viele Nürnberger Patrizier, denn fast jedes Dorf im Knoblauchsland schart sich um einen Herrensitz. Oft haben sich diese kleinen Schlösser aus sogenannten Weiherhäusern entwickelt und glichen kleinen Turmburgen. Anfangs dienten sie inmitten ihrer Wasserflächen auch als Vorverteidigungswerke der Stadt. Dann aber baute man sie komfortabel aus und nutzte sie als Sommer- oder Jagdhaus. Einen guten Einblick in ein typisches Wochenendhaus-Ambiente der Nürnberger Renaissance-High Society bietet noch heute das um 1525 von der Familie Kress errichtete Schloss Neunhof. Als Zugabe winkt ein schmucker geometrischer Barockgarten.

Das Schloss Neunhof ist eine Außenstelle des Germanischen Nationalmuseums.

Unten: *Auch Neunhof, der Patriziersitz der Familie Kress, verkörpert den ausgebauten Typ des Weiherhauses.*

Die Schwarzach

Felsenschlucht mit Unken

Wer an der Autobahnraststätte Feucht seine Fahrt unterbricht, ahnt wohl kaum, dass ganz in der Nähe die Schwarzach eines der romantischsten Flusstäler Frankens aus dem Sandstein herausgewaschen hat. Den Durchbruch des nur 56 Kilometer langen Flusses durch den Burgsandstein flankieren höchst malerische Felsgruppen und kleinere Höhlen. Seit 1936 steht die Schlucht unter Naturschutz und man registriert mit Freude, dass der Talabschnitt unterhalb von Schwarzenbruck einen sehr naturnahen Eindruck macht. Selbst das bedeutendste technische Denkmal in der Schlucht, die Trogbrücke des Ludwig-Donau-Main-Kanals, verschmilzt mit seiner felsigen Umgebung zu einem harmonischen Ganzen. Der Schwarzach-Brückkanal überspannt in siebzehneinhalb Metern Höhe auf rund neunzig Metern Länge die Schwarzach und folgt den Vorbildern römischer Aquädukte. Die heutige, 1844 fertiggestellte Brücke trug ziemlich genau hundert Jahre später eine ihrer letzten Nutzungen, die Überführungsfahrten einiger Schnellboote gen Schwarzes Meer. Unter ihr tummeln sich bisweilen Gelbbauchunken, die Froschlurche des Jahres 2014.

Unten: *Die Schwarzachklamm bei Schwarzenbruck gehört zu den idyllischen Orten des Nürnberger Landes.*

Festungsruine Rothenberg

Bayerischer Pfahl in Frankens Fleisch

Unter Deutschlands Festungen ist die Festung Rothenberg hoch über Schnaittach ein weitgehend unbekanntes Juwel. Sie macht nicht durch ragende Türme aus der Ferne auf sich aufmerksam, man muss schon recht genau hinschauen, um die wuchtigen, schmucklosen Mauern im Waldesgrün auszumachen. Der heutige Zustand ist beim Neubau der Anlage 1729–41 entstanden. Ein gutes Vierteljahrhundert zuvor zwangen schwindende Vorräte die Vorgängerfestung im Spanischen Erbfolgekrieg zur Aufgabe und wurde kurz danach auf Betreiben Nürnbergs geschleift. Bayerns Kurfürst Max Emanuel wollte aber diese „bayerische Insel" im Territorium Nürnbergs nicht aufgeben – mit ihr ließ sich auch immer ein wenig Erpressungspolitik gegen Nürnberg betreiben. An der neuen Festung war kaum die Farbe getrocknet, als sie auch schon die erste große Bewährungsprobe gegen ein großes habsburgisches Heer erfolgreich bestand. Es blieb der einzige Tauglichkeitstest, die neue Form des „Bewegungskriegs" degradierte Festungen zum steinernen Ballast.

Die Festungsruine ist von April bis Oktober täglich außer montags und dienstags von 10 bis 17 Uhr geöffnet.

Kaiserburg Lauf

Wo Franken böhmisch war

Auf einer Insel in der Pegnitz unweit der Stromschnellen, die der Stadt Lauf zu ihrem Namen verholfen haben, spiegelt sich beinahe wie ein verankertes Schiff die Laufer Kaiserburg, die man lange Zeit nur Wenzelschloss nannte, in den klaren Wassern des Flusses. 1353 kaufte der böhmische König und spätere Kaiser Karl IV. mit Gebieten an der Pegnitz auch die demolierte Vorgängerburg. Ziel seiner Erwerbspolitik war es, Böhmens Territorium mit den Stammlanden in Luxemburg durch eigene Besitzungen zu verbinden. Außerdem konnte ein kaiserliches Refugium nur eine Tagesreise von Nürnberg, einer der wichtigsten Städte des Reiches, nichts schaden. 1357–60 ließ also Kaiser Karl in seiner Eigenschaft als böhmischer König die ungewöhnliche Anlage, die sich zum Wasser hin sehr abweisend, im Inneren aber höfisch-elegant gibt, errichten. Der Bau ist in vielerlei Hinsicht der Prager Hofkunst verpflichtet und weist mit dem Wappensaal eine einzigartige Raumschöpfung auf. Hier klären zahlreiche Wappen darüber auf, dass man sich in Böhmen befindet, und die Darstellung des Landespatrons Wenzel erinnert darüber hinaus daran, dass der Taufname Karls IV. Wenzel lautete.

> Die Kaiserburg kann dienstags bis freitags von 14 bis 17 Uhr und samstags und sonntags von 11 bis 17 Uhr besichtigt werden.

Rechts: *Wappen des böhmischen Adels schmücken den berühmten Wappensaal.*
Unten: *Laufs Kaiserburg gewinnt ihren malerischen Reiz durch die Verschachtelung der Baukörper.*

Burg Hohenstein

Bollwerk der „Pfeffersäcke“

Hohensteins erste Bauherren waren die Bamberger Bischöfe, die mit dem Burgenbau auf steilem Dolomitfels ihre Besitzungen im Grenzgebiet zur bairischen Nordmark sichern wollten. Ein machtvolles Zeichen in 634 Metern Höhe war damit zwar gesetzt, aber weder für die ersten Bauherren dieser Burg noch für die nachfolgenden Staufer oder Wittelsbacher brachte die optische Herrschaft über die wellige Albhochfläche einen nennenswerten Vorteil. 1505 kaufte schließlich die Reichsstadt Nürnberg die Burg, sie konnte damit ihren Gebietsgewinn in dieser Gegend abrunden und verhindern, dass der strategisch interessante Platz von potentiellen Gegnern erworben wird. Hohenstein war also nie eine Burg, die von ihren Bauherren oder einer Ritterfamilie bewohnt wurde, es war immer nur Machtsymbol und Verwaltungssitz. Markgraf Albrecht Alcibiades mag vielleicht gerade dieser Umstand besonders angestachelt haben, waren ihm doch sowohl die „Pfaffen“, die fränkischen Fürstbischöfe, als auch die reichen „Nürnberger Pfeffersäcke“ verhasst. Seine Horden erstürmten 1553 den Hohenstein und brannten alles nieder. Genutzt hat es ihm nicht, denn die Zeit der Burgen war vorbei und die Zerstörung dieses Symbols

Die Burg ist von März bis November an Sonn- und Feiertagen von 11 bis 17 Uhr geöffnet. Mittwochs und samstags kann man sich von 11 bis 17 Uhr den Schlüssel für die Burg bei Herrn Maul, Hohenstein 36, holen.

Nürnberger Macht schmälerte die Bedeutung der Reichsstadt nicht im Geringsten. Seither aber hielten sich die Investitionen in die Wehrtauglichkeit der Burg in engen Grenzen und der einst stolze Hohenstein mutierte langsam zur einsturzgefährdeten Teilruine. Erst das Engagement des bayerischen Königs Ludwig I. sorgte ab 1840 dafür, dass man die Burg als Denkmal sah und sicherte. So wurde damals der ruinöse Palas nicht abgetragen, sondern saniert und erfreut heute noch weithin das Auge durch sein kraftvolles Buckelquadermauerwerk. Heute ist Burg Hohenstein in gewissem Sinne wieder eine Art Bollwerk, ein Bollwerk romantischer Sehnsüchte gegen den nüchternen Alltag der modernen, oft poesiearmen Welt des 21. Jahrhunderts.

Seite 68: *Im wehrhaften Baukörper des dreistöckigen Palas mit seinem zierlichen Türmchen stecken noch Teile aus dem 12. Jahrhundert.*
Unten: *Der Glockenstuhl auf Burg Hohenstein krönt einen Turm, dessen Baumeister die Natur selbst war.*

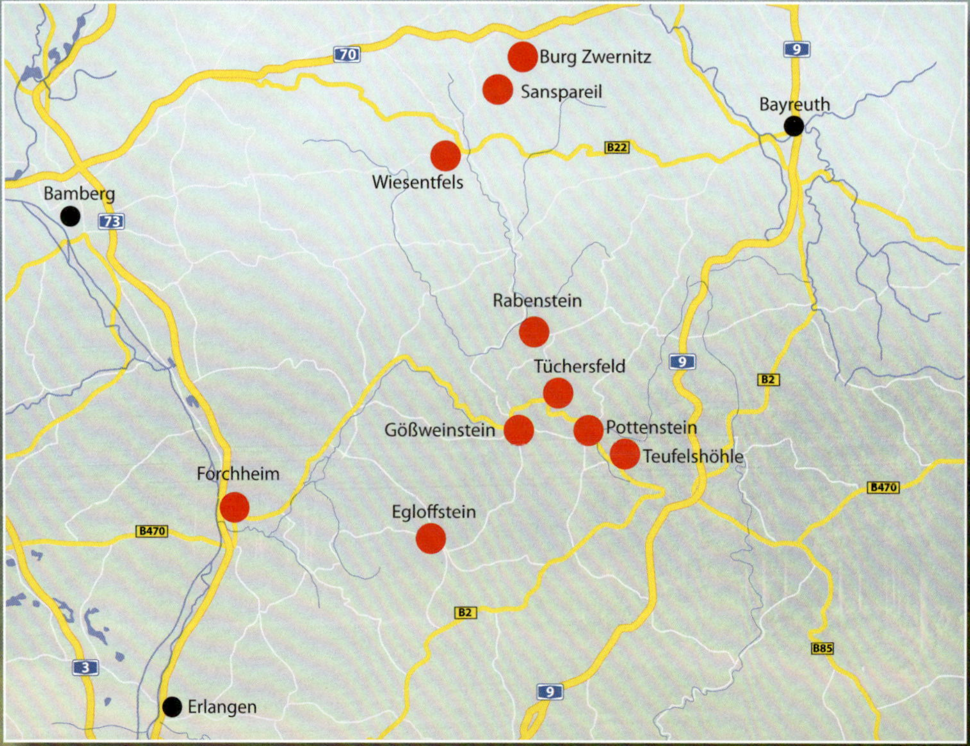

70
9
Burg Zwernitz
Sanspareil
Bayreuth
B22
Wiesentfels
Bamberg
73
Rabenstein
9
Tüchersfeld
B2
Gößweinstein
Pottenstein
Teufelshöhle
Forchheim
B470
Egloffstein
B470
B2
B85
3
9
Erlangen

Fränkische Schweiz

„Hier laufe der Weg von einem Paradies ins andere" befand der Bestsellerautor der Goethe-Zeit, Jean Paul, über die Landschaft, die wir heute Fränkische Schweiz nennen. Das war zu einer Zeit, in der die Entdeckung der landschaftlichen Reize des zuvor einfach nur „Muggendorfer Gebirg" genannten, von der Wiesent durchflossenen Gebiets, gerade begann. Die beiden Urväter der Romantik, Ludwig Tieck und Heinrich Wackenroder, hatten zu Pfingsten 1793 eine Wanderung von Erlangen nach Bayreuth unternommen und waren in „tausend Schwärmereien" verfallen. Die beiden Studenten hatten gut schwärmen, sie mussten sich nicht mit den schwierigen Lebensverhältnissen dieser bergigen Landschaft mit häufigem Wassermangel auf der Höhe und wenig fruchtbaren, steinigen Ackerböden herumschlagen. Sie hatten, wie wir heutzutage, nur Augen für die landschaftlichen Schönheiten der felsenreichen Täler, für die malerischen Dörfer und die pittoresken Burgruinen, kurzum, sie waren die ersten, die eine Gegend nach ihrem Freizeitwert beurteilten. Sie haben freilich noch keine modernen Trendsportarten betrieben, wie sie heute in Form von Paragliding, Extremklettern und Canoeing im Städtedreieck Bamberg, Nürnberg, Bayreuth gang und gäbe sind. Aber die Sehnsucht nach dem Ursprünglichen, Unverdorbenen, nach dem Natur- und Geschichtserlebnis haben sie uns modernen Touristen vorgegeben. Und weil es an den Ufern der Wiesent und ihrer Nebenflüsse gar so schön ist, hat man sie schon 1812 nach dem Inbegriff schöner Landschaft in romantischem Sinne, nach der Schweiz, benannt.

Forchheim

Festung und Fachwerk

Es war einmal eine Grenze, die Grenze zwischen dem deutschen Sprachraum und unseren slawischen Nachbarn. Dieser Grenze verdankt Forchheim seine erste urkundliche Erwähnung, denn die Siedlung zwischen Regnitz und Wiesent war zur Zeit Karls des Großen Grenzposten zu den slawischen Nachbarn. Der Kaiser hatte 805 festgelegt, was in ausgesuchten Orten an die Slawen verkauft werden darf und was nicht, worunter besonders „moderne" Waffen fielen. Man wollte den möglichen Gegner nicht auch noch aufrüsten. Es sollte in Forchheims Geschichte auch in den nachfolgenden Jahrhunderten recht häufig um Waffen gehen. Als strategisch wichtiger Besitz der Bamberger Bischöfe wurde die Siedlung schon früh befestigt, wurde eine Stadt mit Befestigung. Mit dem Ausbau zur Landesfestung ab dem 16. Jahrhundert kehrte sich das Verhältnis beinahe um, Forchheim wurde eine Befestigung mit Stadt. Damit waren dem städtischen Wachstum enge Grenzen gezogen. Erst mit der Niederlegung der Festungswälle, dem Bau des Ludwig-Donau-Main-Kanals und der Eisenbahn begann Forchheim wieder zu wachsen und wandelte sich zu einem der frühen Industriestandorte Frankens. Vor allem florierte die Textilindustrie, denn die Fränkische Schweiz war damals noch ein über weite Strecken waldfreies Weideland für Schafe, deren Wolle dank der Energie aus dem Wasser der Wiesent hier hervorragend verarbeitet werden konnte. Da sich die Betriebe, zu denen auch Unternehmen der Papier- und Folienbranche zählten, meist vor den Toren der alten Stadt niederließen, ist der Stadtkern rund um Rathaus, Stadtkirche und Pfalz in seiner alten Form hervorragend erhalten geblieben. Die Industriebetriebe der Gründerphase sind mittlerweile auch schon Geschichte und zum Teil selbst zu Denkmälern geworden.

Oben: *Das türmchenbekrönte Rathaus und der Magistratsbau sind hervorragende Leistungen der Zimmermannskunst aus den Jahrzehnten um 1500.*

Heute profitiert Forchheim von der Nähe zur Universitätsstadt Erlangen und hat sich zu einem wichtigen Standort des „Clusters Medical Valley", wie es heute im welttauglichen Business-Sprech heißt, entwickelt. Gut, dass man nur die Sprache modernisiert hat, nicht aber die Altstadt. Sie genießt seit einigen Jahrzehnten liebevolle Pflege und zählt dank ihrer Geschlossenheit zu den besonders sehenswerten. Da ist nicht nur die eindrucksvolle Gruppe der Rathausbauten in schönstem fränkischem Fachwerk. Auch das zum Teil über der Wiesent errichtete Katharinenspital ist eine Besonderheit unter Frankens historischen Bauten. Das Spital gibt es schon seit dem frühen 14. Jahrhundert und nahm einst nur „würdige und bedürftige Forchheimer Bürgersfrauen katholischen Bekenntnisses" auf. Nach nur wenigen Schritten die Wiesent aufwärts taucht man in eine ganz andere Welt ein. Hier lagen Mühlen, Gerbereien und hier gibt es auch noch Fischkästen im rasch fließenden Flüsschen. Sie dienen wie vor Jahrhunderten zur Aufbewahrung der Fische. Kein Wunder also, dass Forchheims Stadtwappen zwei silberne Forellen zeigt. Das die beiden konsequent nach links schauen, ist sicher nicht politisch zu verstehen.

Mitte: *Beim Bau des Katharinenspitals 1611 setzte man die westliche Wand auf Stützen in die Wiesent und gewann ein paar Quadratmeter kostenlosen Baugrund.*
Unten: *Macht und Pracht verkörpert das Nürnberger Tor von 1698, einziges erhaltenes Tor der Barockfestung Forchheim.*

Die Pfalz

Kaiserpfalz oder doch nicht?

Streng genommen handelt es sich bei dem in Forchheim Kaiserpfalz genannten Bauwerk nicht um eine so9lche. Pfalzen waren im Mittelalter, in einer Epoche ohne Hauptstadt und ohne feste Residenz, Bauten, die von den Kaisern, die damals als „Reisekaiser“ vom Sattel aus herrschten, für ihre zeitweiligen Aufenthalte genutzt wurden. Nun hat Forchheim in der Reichsgeschichte durchaus eine gewisse Bedeutung gehabt, immerhin wurden hier zwei Könige gewählt und mit Heinrich IV. sogar ein Kaiser abgewählt. Und für das frühmittelalterliche Forchheim sind ein Königshof und eine Pfalz urkundlich überliefert, aber die gründlichen Bauuntersuchungen der letzten Jahrzehnte konnten keine Spuren dieser frühen Zeit entdecken. Erst im späten 14. Jahrhundert ließen Bambergs Bischöfe diese einst vom Wasser umgebene Stadtburg errichten und prächtig ausmalen. Der Zyklus von Wandmalereien mit teils skurrilen Szenen, teils mysteriösen Inhalten ist der größte Schatz des Bauwerks, das heute ein sehenswertes Museum für Archäologie, Stadtgeschichte und Trachten beherbergt und für diesen Zweck einen modernen, nicht von jedem geschätzten Aufzugs- und Treppenturm angefügt bekam.

> **Öffnungszeiten Pfalzmuseum:**
> 7.1.–31.3. und 1.11.–30.11., Mi und Do 13-16 Uhr, So 13- 17 Uhr; 1.4. – 31.10. täglich außer Mo 10-17 Uhr; 1. Samstag im Advent - 6.1., Mo-Fr 15–18.30 Uhr, Sa, So, Feiertage 13–18.30. Sonderöffnungszeiten beachten.

Mitte: *Ein mysteriöser reitender Vogelkönig ist Teil des bemerkenswerten Freskenzyklus' aus dem späten 14. Jahrhundert.*

Unten: *Eher freundlich als abweisend wirkt die sogenannte Kaiserpfalz, die einstige Wasserburg des Bamberger Bischofs.*

Das Walberla

Ein Berg, zwei Gipfel

Was kann ein Ortsfremder mit dem Namen Walberla anfangen? Wahrscheinlich nichts. Möglicherweise vermutet er unter diesem Namen etwas Essbares, etwas Deftiges. Es handelt sich dabei aber um die volkstümliche Bezeichnung des freistehenden Berges, der in ordentlichem Schriftdeutsch Ehrenbürg heißt. Genau genommen ist mit Walberla nur der nördliche Gipfel der zweigipfeligen Ehrenbürg gemeint, denn dort steht eine Wallfahrtskirche zu Ehren der heiligen Walburga, was den eigenwilligen Namen leicht erklärt. Zur Walburga ziehen an jedem ersten Sonntag im Mai viele tausend Menschen auf den Berg. Die fromme Verehrung der Heiligen weicht dabei rasch einem feuchtfröhlichen Volksfest, das zu den ältesten Frühlingsfesten Deutschlands zählt und das vielleicht in einem heidnischen Opferfest zu Ehren Wodans einen rätselhaften Vorgänger hatte. Jedenfalls ist der markante Juraberg einer der ältesten Siedlungsplätze Frankens, trug er doch schon vor mehr als dreitausend Jahren eine schützende Steinmauer für eine spätbronzezeitliche Siedlung. Als befestigter Fluchtplatz eignete sich der freistehende Berg mit seiner Felskrone vorzüglich. Gleich aus welcher Himmelsrichtung der Feind sich näherte, von diesem mächtigen Wächter am Ausgang des Wiesenttals war er rasch entdeckt. Natürlich genießen die Überreste dieser frühen Epochen Denkmalschutz, so wie das Plateau der Ehrenbürg als Standort seltener Pflanzen, darunter einige Orchideenarten, unter Naturschutz steht. Trotzdem tummeln sich neben den Wanderern hier oben auch Drachenflieger und sogar Kletterer an den Felspartien. Letzteres ist nicht ohne Gefahr: „Zur Ewigkeit ist's net amol so weit. Um Neune bin i fort, um Elfe war i dort", verkündet eine Inschrift an einer Felsgruppe auf dem Weg nach Schlaifhausen.

Unten: *Die Abendsonne beleuchtet die Felsenkrone der Ehrenbürg mit der „Wiesenthauer Nadel".*

Die Wiesent

Mäander mit Forellen

Gänzlich unspektakulär entspringt die Wiesent in einer stark schüttenden Karstquelle umgeben von Kuhställen, Bauerhäusern und Scheunen in Steinfeld auf der Jurahochfläche.

Es braucht ein paar Kilometer bis der Bach genug Kraft hat, sich in die Jurafelsen einzutiefen, aber spätesten ab Wiesentfels weist das Tal alles auf, was man an malerischen Momenten in der Fränkischen Schweiz erwartet: wilde Felspartien wechseln sich mit sanften Wiesen- und Waldhängen ab, auf Stromschnellen folgen weit ausholende Mäander in breiten Wiesengründen. Abgesehen von seinen landschaftlichen Reizen war der Fluss auch von großer wirtschaftlicher Bedeutung, die zahlreichen Mühlen an seinen Ufern sprechen eine deutliche Sprache. Außerdem ist er der große Wassersammler der Region – die Wiesent entwässert auf ihrem 78 Kilometer langen Lauf ein Gebiet von mehr als 1000 Quadratkilometern – auch ein exzellentes Forellenwasser. Viktor von Scheffel hat das ganze Flusserlebnis wie kein Zweiter reimend auf den Punkt gebracht:

„Wiesent, Bergströmlein frisch und gut,
In enger Taleswildnis,
Wie spiegelst du in klarer Flut
Der weißen Felswand Bildnis,
Strömst tiefgrün wie ein Alpensee,
Durchsichtig bis zum Grunde,
Forellen schnalzen in die Höh'
Gern prüft ich sie im Munde."

Seit Scheffels Zeiten hat sich das Bild des Wiesenttales gewandelt. So sind die meisten Talhänge heute bewaldet, damals dehnten sich dort noch Wiesen, auf denen die bizarren Felspartien noch stärker landschaftsprägend wirkten als heute. Mit dem Beginn des Baumwollimports

Weite Teile der Burgruine sind frei zugänglich.

für die Textilindustrie war die Schafwolle wirtschaftlich nicht mehr konkurrenzfähig und wo keine Schafe mehr grasen, macht sich bald Wald breit. Zum Glück unserer heutigen Freizeitgesellschaft aber war das Wiesenttal weder für überregionale Verkehrswege noch für die Industrialisierung interessant, was ihm Zersiedlung und Entstellung ersparte.

Oben: *Die Wiesent ist bei Paddlern und Kanuten ein sehr beliebtes Gewässer – die immer häufigeren Niedrigwasser könnten die Paddelfreude bald empfindlich dämpfen.*

Mitte: *Der Winter hat eines der charakteristischen Wasserschöpfräder zur Wiesenbewässerung fest im eisigen Griff.*

Links: *Heute nur noch eine malerische Ruine war Burg Neideck einst die Herrscherin über den großen Wiesentbogen zwischen Muggendorf und Streitberg.*

Ruine Neideck

Stuhlgang kann tödlich sein

Konrad von Schlüsselberg hatte die famose Idee, zur Macht- und Einkommensvermehrung, das Wiesenttal durch seine Burg Neideck abzuriegeln, um Zoll zu kassieren. Als Konrad trotz mehrfacher Ermahnung nicht von diesem Vorhaben abließ, beschossen Truppen der Bischöfe von Würzburg und Bamberg und des Nürnberger Burggrafen Neideck. Den Burgherrn traf man dabei am 14. September 1347 tödlich. Man sagt, ein Verräter habe den Belagerern mitgeteilt, wann Konrad das aus der Mauer vorkragende Plumpsklo aufsucht und diese hätten den Moment größter Wehrlosigkeit zu einem todbringenden Schuss aufs blaublütige Gesäß genutzt. Damit erlosch die Familie im Mannesstamm und die folgenden Besitzer maßen der Burg keine große Bedeutung mehr zu. Als dann ab 1737 auf dem Burggelände auch noch Marmor zur Ausschmückung der Würzburger Residenz abgebaut wurde, blieb nur noch die Ruine des ehemaligen Wohnturms als Wahrzeichen des Wiesenttals.

Oben: *Der kühn auf dem Felsen balancierende Wohnturm der Ruine Neideck wurde nach der Zerstörung der Burg 1347 auf älteren Fundamenten errichtet.*

Unten: *Bäume und Sträucher haben die Kalkfelsen entlang der Wiesent erobert und mit einem herbstlichen Farbenspiel versehen.*

Burg Egloffstein

Wenig Neigung zum Wohnungswechsel

Die Egloffsteiner gehören nicht nur zu den ältesten Adelsfamilien Frankens, sie sind auch ein der umzugsunwilligsten. Mit „Henricus de Hegelofuesten“ begann die nachweisbare Familiengeschichte 1180 und seit mindestens 1358 lebt die Familie in den wehrhaften Mauern hoch über dem Trubachtal und hat dort viele Höhen und Tiefen durchlebt. Zerstörungen im Landshuter Erbfolgekrieg, dem Bauernkrieg, dem Dreißigjährigen Krieg und durch Truppen des Bamberger Bischofs folgte immer wieder ein Aufbau an gleicher Stelle. Da man aus Kostengründen dafür immer so viel stehengebliebene Mauern wie möglich verwendete, macht die vielgestaltige Baugruppe der Burg immer noch einen sehr altertümlichen Eindruck. Das große Ziel, souveräner Herr auf der eigenen Scholle zu werden, haben die Egloffsteiner aber nicht erreicht – finanzielle Engpässe zwangen die Familie, ihren Stammsitz dem Bamberger Bischof zu übergeben, um diesen dann als Lehen zurückzubekommen. Trotz allem blieb die Familie standhaft wie ihr Burgfelsen. Auch mit der neuen bayerischen Herrschaft ab 1806 kam die Familie bestens klar und stellte erfolgreiche Offiziere und Beamte für das Königreich. Und es blieb Gelegenheit zur eigenen Profilierung: ein Familienmitglied war Mitbegründer des Roten Kreuzes und die Gründung des ersten Kindergartens in Bayern geht auch auf das egloffstein'sche Verdienstkonto.

Die Burg ist Privatbesitz – „interessierte Gäste können die Burg auf Anmeldung besichtigen“.

Unten: *Pfarrkirche und Burg Egloffstein bilden architektonisch und symbolisch eine Einheit.*

Gößweinstein

Heilige Dreifaltigkeit und Parsifal

Gößweinstein ist gleich ein dreifaches Pilgerziel. Fromme Katholiken pilgern dutzende von Kilometer zum Gnadenbild der Maria krönenden Heiligen Dreifaltigkeit in der Wallfahrtskirche. Kunstfreunde haben das gleiche Ziel, ihnen geht es aber um die „Hülle“ des Gnadenbildes, um Balthasar Neumanns großartige barocke Architektur der Wallfahrtskirche. Und die Freunde des Mittelalters und der Burgenromantik steigen natürlich zur Burg auf steilem Fels hoch über dem Ort. Graf „Goswin“, was in etwa „Freund Gottes“ bedeutet, war Namensgeber der Burg. Sein Kriegszug in das Gebiet des Würzburger Bischofs endete 1065 mit seiner Tötung – so recht ernst scheint er den Sinn seines Namens nicht genommen zu haben. Später fiel die Burg an die Bamberger Bischöfe und diente als Verwaltungssitz, aber auch als Jägerwohnung und Getreidelager. Zu neu-

em Leben erwachte die Burg 1875 mit dem Kauf durch Edgar Freiherr von Sohlern, einem Opfer der damals grassierenden Burgenbegeisterung, denn der Erwerb dieses unwohnlichen Gemäuers kann kaum mit rationalen Motiven erklärt werden. Man musste schon eine gehörige Portion Masochismus in sich tragen, um sich zum Sklaven eines renovierungsbedürftigen Baus in schlechtester Verkehrslage und ohne jede wirtschaftliche Verwertbarkeit zu machen. Die Burg wurde in der Folge durchgreifend restauriert und neugotisch aufgehübscht. Mittelalter reloaded – so erlebt man die Burg, die angeblich Richard Wagner für die Gralsburg in seinem Parsifal Pate gestanden haben soll, heute als schön gelegene Melange aus sieben Jahrhunderten.

Von Ostern bis Oktober täglich von 10 bis 18 Uhr geöffnet.

Oben: *Über dem Herbstdunst und dem Marktort Gößweinstein thront Burg Gößweinstein.*
Links: *Die Burgkapelle entstand erst nach 1890 durch Umbau aus dem einstigen Registrierbau.*
Ganz Links: *So wie dieses „Burgfrauenzimmer" könnte ein spätmittelalterlicher Wohn- und Schlafraum ausgesehen haben.*

Burg Rabenstein

Was Krieg nicht schafft, gelingt den Blattern

Hoch über dem pittoresken Ailsbachtal thront der Stammsitz der Rabensteiner, die sich schon für das 12. Jahrhundert in der Burg nachweisen lassen. Die Familie hat keine übertriebenen Ambitionen entwickelt und begnügte sich über viele Generationen mit „Beamtenjobs" bei den größeren Herren der Nachbarschaft. Sie konnten nicht einmal ihre Stammburg dauerhaft behaupten und mussten sie 1557 zurückkaufen. Immerhin gelang Daniel von Rabenstein 1570 die Verschmelzung von Vor- und Hauptburg zu einem großzügigen Baukomplex, womit der Umriss des heutigen Erscheinungsbildes entstand. 1742 verstarb der fürstlich-brandenburgische Ritterhauptmann des Kantons Gebürg, Peter Johann Albrecht von und zum Rabenstein. Mit ihm erlosch das Geschlecht, denn die Blattern hatten bereits acht Jahre zuvor in ein und derselben Woche seine beiden einzigen Söhne dahingerafft. Neue Besitzer wurden die Grafen von Schönborn-Wiesentheid, die im Zuge der romantischen Burgenbegeisterung den Burggarten in der damaligen Teilruine anlegen und einige Bauteile wiedererrichten ließen. König Ludwig I., der romantische Zeichner und Maler Ludwig Richter und der patriotische Dichter Ernst Moritz Arndt zählten bald darauf zu den prominenten Besuchern der Burg. Heute kann sich jeder auf Rabenstein selbst zum Gast machen. Die Burg ist für den Hotel- und Seminarbetrieb ausgebaut und der neue Besitzer, die Burg Rabenstein Event GmbH, sorgt mit Krimi-, Grusel- und Magicdinnern für ein Esserlebnis wie zuhause, denn dort isst man ja auch meist beim Fernsehen.

> Die Burg kann nur mit Führung besichtigt werden. Vom 27.3.–8.11. finden von Dienstag bis Freitag um 11, 14, und 16.30 Uhr und an Samstagen, Sonn und Feiertagen von 11 bis 17 Uhr durchgehend Führungen statt. Im restlichen November und Dezember nur samstags und sonntags von 11 bis 16 Uhr.

Oben: *Die mit den Felsen verwachsene Burg Rabenstein erhielt ihr heutiges Gesicht bei einer Renovierung für den Besuch König Ludwigs I. 1830.*

Pottenstein

Asyl für eine Heilige

Von weitem präsentiert sich Burg Pottenstein nur als Gruppe unscheinbarer Häuser auf einem mächtigen Felsblock. Großartige Mauern oder hohe Türme brauchte die Burg wegen ihrer exponierten Lage auf schwer zugänglichem Felsplateau nicht, und da es auch keine dort residierende Familie gab, genügten für Verwaltungszwecke schlichte Bauten. Dennoch hebt der unfreiwillige Besuch einer der eindrucksvollsten Persönlichkeiten des 13. Jahrhunderts die Burg aus der Masse der Burgen in der Fränkischen Schweiz heraus. Im Jahr 1228 versteckte sich die thüringische Landgrafenwitwe Elisabeth in der Burg ihres Onkels, des damaligen Bamberger Bichofs. Was Elisabeth von der eleganten Wartburg in die äußerst bescheidene Burg Pottenstein trieb, war ihr konsequent gelebtes Christentum. Die reiche Landgräfin aus königlich ungarischem Geblüt beschenkte die Armen, wo sie nur konnte, und zog mit diesem besitzschmälernden Verhalten den Zorn der Familie auf sich. Mildtätigkeit war Christenpflicht, aber doch bitte keine Mildtätigkeitsexzesse! Solch offensiv gelebte Nächstenliebe brachte die festgefügte mittelalterliche Feudalgesellschaft durchaus in Gefahr, stellte sie doch das angeblich gottgewollte Oben und Unten dieser Gesellschaft ernsthaft in Frage. Elisabeth starb drei Jahre nach ihrem Pottensteiner Aufenthalt im Alter von gerade mal 24 Jahren. Die Nachwelt lohnte es vier Jahre später mit ihrer Heiligsprechung. In den Räumen der über tausendjährigen Burg, einer von den gegenwärtigen Besitzern, der Familie von Witzingerode, liebevoll gepflegten Anlage, wird an diesen prominentesten Gast gerne erinnert.

> Die Burg ist geöffnet vom 1.5. bis zum letzten Sonntag im Oktober von 10 bis 16.30 Uhr (letzter Einlass).

Oben: *Ein gewisser „Botho" war der Namensgeber für die auf einem massiven Felsstock gelegene Burg Pottenstein.*

Teufelshöhle

Eine Papstkrone in des Teufels Wohnstube

Im Hinblick auf die Höhlen hat die Fränkische Schweiz noch etwas mit der echten Schweiz gemeinsam, genauer gesagt mit einem speziellen Schweizer Käse, denn wie dieser Käse aus dem Emmental ist die Fränkische Schweiz voller Löcher. Da sich die ganze Landschaft aus kalkhaltigen Felsen aufbaut, ist sie überall der Auswaschung durch Wasser ausgesetzt. Und das sucht sich seinen Weg mindestens genauso oft unter der Erde wie in den Talgründen. Auf diese Weise spült das Wasser den leicht löslichen Kalk aus dem Gestein und im Lauf der Jahrmillionen entstehen so unterirdische Wasserläufe, die irgendwann einmal trockenfallen, weil sich das Wasser immer wieder neue Klüfte und Spalten sucht. Damit ist die Höhle geboren. Über 1000 solcher Höhlen unterschiedlicher Länge und Größe sind auf dem Gebiet der Fränkischen Schweiz bekannt! Einst dienten sie Tieren wie den berühmten Höhlenbären als Behausung. In späteren Zeiten boten sie oft Bauern eine Zufluchtsstätte für Leben und

Gut, wenn in den Dörfern wieder einmal die Soldateska wütete. Ansonsten mied man die Höhlen eher und erst die wissenschaftliche Neugier ab dem späten 18. Jahrhundert, als 1784 in Muggendorf sogar das bedeutende Amt eines markgräflichen Höhleninspektors geschaffen wurde, begann die Höhlen zu begehen und zu erforschen. Damit verschwand auch der Aberglaube aus den finsteren Löchern, die man nicht selten für Wohnstätten böser Geister oder gar des Teufels gehalten hatte. Als dann mit den Romantikern der Tourismus Einzug hielt, begann für die ersten Höhlen eine dritte Karriere als touristische Sehenswürdigkeit. Die meisten Höhlen sind für die Öffentlichkeit gesperrt und ohnehin zu eng oder zu gefährlich für den ungeübten Besucher, aber Binghöhle, Sophienhöhle und Schönsteinhöhle sind schon lange erschlossen und ermöglichen wunderbare Ausflüge in die bizarre Welt der Tropfsteine, die meist noch bizarrere Namen tragen. Die eindrucksvollste dieser Höhlen ist die Teufelshöhle im Weihersbachtal bei Pottenstein. Vor ihrer Erschließung als Schauhöhle hieß sie einfach nur Teufelsloch und die Sage wusste zu berichten, dass hier der Satan höchstpersönlich seine Opfer in sein Reich zerre. Ein Ort, den man früher eher mied, vor allem in der Neujahrsnacht, in der die verzweifelten Schreie der Verdammten das Ohr des Wanderers malträtierten. Mittlerweile scheint allerdings der Teufel seine unwirtliche Einliegerwohnung im Jurakalk aufgegeben zu haben, denn die Teufelshöhle ist mit etwa 1,5 Kilometern Länge Deutschlands längste begehbare Schauhöhle und wird alljährlich von gut 140.000 Stalagtitenbewunderern besucht. Und spätestens wenn man staunend vor der „Papstkrone“, der „Orgel“ oder der „Kreuzigungsgruppe“ steht, weiß man, dass der Teufel sein Spiel verloren hat. Zumindest hier!

Aktuelle Öffnungszeiten unter
Tel. 09243 - 208
Führungen täglich von 09.00 Uhr bis 17.00 Uhr - letzter Führungsbeginn: 16.30 Uhr

Links: *„Kaiser Barbarossa“ inmitten seines Hofstaates aus Kerzenstalagmiten.*
Unten: *Vor gut 30.000 Jahren suchten Höhlenbären Schutz in den Tiefen der Höhle. Das Skelett gehörte einem Prachtexemplar von gut 3 Metern Größe und 400 Kilogramm Gewicht.*

Tüchersfeld

Symbiose aus Fels und Architektur

Wenn es ein Wahrzeichen der Fränkischen Schweiz gibt, das alle Besonderheiten dieser Landschaft wie in einem Konzentrat in sich vereint, dann ist es das Felsendorf Tüchersfeld. Der kleine Ort baut sich pittoresk gestaffelt und regelrecht zwischen die Felsen komponiert über den klaren Wassern der Püttlach auf. Das Dorf lebt nicht nur mit seinen Felsen, es wurde einst auch von den Felsen aus beherrscht. Zwei Burgen gab es einst, bis die Wut der Bauern diese Symbole einer verhassten Obrigkeit 1525 in Ruinen verwandelte. Von der oberen Burg existiert fast nichts mehr und auf dem Areal der unteren Burg steht nun der so genannte Judenhof. Vor allem Bamberger Juden siedelten sich hier an. Beinahe die ganze Fränkische Schweiz war bei Juden als Zufluchtsland beliebt, denn es gab hier viele kleine Herren, die Juden zwecks Mehrung der Steuereinnahmen gerne duldeten. Im Rahmen des Fränkische Schweiz-Museums kann man heute nicht nur die schlichte Synagoge besichtigen, sondern auch die für fränkische Landjuden äußerst bescheidenen Verhältnisse von Tagelöhnern, kleinen Handwerkern und Hausierern kennenlernen.

Öffnungszeiten des Fränkische Schweiz-Museums sind von April bis Oktober dienstags bis sonntags 10 bis 17 Uhr. November bis März nur sonntags von 13.30 bis 17 Uhr.

Unten: *Der Judenhof schmiegt sich an bizarre Felstürme.*

Burg Wiesentfels

Aus drei mach eins

Ursprünglich gab es einmal drei Burgsitze in Wiesentfels, einen im Tal und zwei auf den felsigen Höhen über der jungen Wiesent, bis die Hussiten 1430 ganze Zerstörungsarbeit leisteten. Die Herren von Giech konnten nur Burg Unterwiesentfels wiederaufbauen, wozu Burg Oberwiesentfels als Steinbruch diente. Besagten Herren von Giech, seit 1695 sogar Grafen von Giech, gehörte die Burg mit kurzen Unterbrechungen bis zum Tod des letzten Grafen 1938 für ziemlich genau sechshundert Jahre. Das malerisch verschachtelte Gemäuer auf dem gut vierzig Meter die Wiesent überragenden Felsen diente aber nicht immer nur Blaublütigen als Residenz. 1943 zum Beispiel lagerte man die Uniformen der Nürnberger Polizei in den Mauern der Burg und drei Jahre später gaben sie Heimatvertriebenen aus dem Altvatergebirge ein vorläufiges Zuhause. So ist es wenig überraschend, dass sich in den zahlreichen Fluren und Räumen rund um den malerischen Innenhof kaum noch Erinnerungen an feudale Zeiten finden. 2009 erwarb das Laufer Ehepaar Uhlmann, er Siemens-Ingenieur, sie Apothekerin, die Burg. Die beiden werden wohl auch die Erfahrung gemacht haben, dass das Hochgefühl Burgbesitzer zu sein, von Tiefständen auf dem Konto begleitet wird. Eine Burg ist kein Reihenhaus. Und es ist alles andere als einfach, eine wirtschaftlich tragfähige Nutzung für ein Ensemble dieser Größe zu finden, zumal der Denkmalschutz den Eingriffen in die Substanz sehr enge Grenzen setzt. Immerhin ist es nun möglich, in der Burgkapelle den Bund fürs Leben zu schließen und in der warmen Jahreszeit erfüllt der Fränkische Theatersommer der Landesbühne Oberfranken die reizvolle Kulisse des Burghofes mit Leben.

Von Pfingsten bis Ende September kann die Burg sonntags um 14 und 15 Uhr mit einer Führung besichtigt werden. Die Burgkapelle kann für standesamtliche Trauungen gebucht werden.

Oben: *Verschachtelt präsentieren sich die Bauten der Burg Wiesentfels vierzig Meter über der Wiesent.*

Thurnau

Vom Wohnturm zur Kleinresidenz

Weil sie im hohen Mittelalter oft ihren Wohnsitz wechselten, ist es manchmal nicht ganz leicht, eine adelige Familie bis zu ihren Ursprüngen zurückzuverfolgen. Baute man eine Burg an einem neuen Ort, nannte man sich nach dem Umzug oft nach dieser. Eine feste Größe war in der Regel nur der Vorname. 1244 taucht ein Eberhard III. Förtsch auf. Er führt als erster den Zusatz „de Thurnowe“. Woher die Familie kam, wird sich wohl nie klären lassen. Fortan nannte sie sich aber „von Thurnau“ und bestimmte für mehr als dreihundert Jahre das Schicksal des Schlosses, des Ortes und einiger Dörfer. Die älteste, noch erhaltene Baumaßnahme der Förtsch war die Errichtung eines „Hus uf dem Stein“, einer Kemenate, die man sich als Kombination aus Wehr- und Wohnbau denken muss. Der mächtige Bau auf einem Sandsteinfelsen über dem damals noch sumpfigen Talgrund bildet noch heute das Zentrum der Schlossanlage. Dieser „Turm in der Au“ gab der Burg, dem späteren Schloss und dem Ort auch den Namen: Thurnau. Den Wohnturm schützten zwei Wehrtürme im Süden, ein Wassergraben im Westen und ein Trockengraben im Norden und Osten. Zusammen boten sie das typische Bild eines Wohnsitzes des niederen Adels, denn die Thurnau waren keine Landesherren, sondern Lehensnehmer des Bamberger Bischofs. Im 16. Jahrhundert fruchteten die erotischen Anstrengungen zur Zeugung männlichen Nachwuchses nicht mehr und mit dem Erlöschen der Familie fiel das Erbe hauptsächlich an die Herren von Giech. Sie ließen den Wohnturm auf 33 Meter Höhe aufstocken und begannen das alte Gemäuer seines wehrhaften Charakters zu entkleiden. So ist Thurnau ein Paradebeispiel für das Bemühen, einen wehrhaften Rittersitz in eine halbwegs komfortable Residenz im Geschmack der Renaissance zu verwandeln. Im 18. Jahrhundert brachte die Errichtung des Carl-Maximilians-Baus noch die heitereren Formen von Barock und Rokoko in die vielgestaltige Anlage. 1938 gelangte das Schloss in den Besitz der Freiherren Hiller von Gaertringen, diente nach dem Krieg als Flüchtlingsheim und wird heute als Hotel, Forschungsinstitut für Musiktheater und Veranstaltungsort genutzt.

Die Kemenate und andere Teile der Kernburg können mit einem Gästeführer besichtigt werden. Anfragen bitte an das Rathaus Thurnau: *gisela.werner@thurnau.de*

Seite 89 Oben: *Im protestantischen Thurnau war der Schlossherr zugleich Patronatsherr der Kirche – der hölzerne Gang vom Schloss zum Gotteshaus illustriert diese Verbindung von Thron und Altar anschaulich.*

Rechts: *Über dem Schlossweiher bietet die Schlossanlage ein besonders vielgestaltiges Bild.*

Thurnauer Schloßbräu

Burg Zwernitz

Stammsitz der Walpoten

Die um zwei Höfe gruppierte Burg Zwernitz war der Stammsitz der Walpoten, einer Ministerialenfamilie, die zum Umfeld der Könige zählte und im heutigen Oberfranken erhebliches Ansehen genoss. Aber schon im 13. Jahrhundert verließ die bald darauf erloschene Familie die Burg, die schließlich noch im selben Jahrhundert in den Besitz der Hohenzollern gelangte. Als Residenz konnte die abgelegene Anlage nicht genutzt werden und militärisch verlor sie nach den Zerstörungen im Dreißigjährigen Krieg ihre Bedeutung. Wahrscheinlich wäre sie zur Gänze als Steinbruch freigegeben worden, wenn nicht in der Mitte des 18. Jahrhunderts Markgräfin Wilhelmine von Bayreuth den benachbarten Felsenhain zum „Themenpark" umgestaltet hätte. Damit begann die „Zweitkarriere" der Burg als romantische Gartenstaffage – irgendwie empfindet man sie bis heute noch als solche.

Burg Zwernitz ist von April bis September von 9-18 Uhr und vom 1. bis 15. Oktober von 10-16 Uhr geöffnet. Montags geschlossen, außer an Feiertagen.

Sanspareil

Die Natur selbst war die Baumeisterin

Als Markgräfin Wilhelmine zum ersten Mal durch den Felsenhain beim kleinen Dorf Zwernitz mit seinen bizarren Formationen wandelte, erkannte ihr empfindsames Gemüt in den Felspartien die Schauplätze eines der meistgelesenen Romane ihrer Zeit, „Die Abenteuer des Telemach", aus der Feder des französischen Erzbischofs François Fénelon. In diesem Buch beschreibt Fénelon, wie Telemach, angeleitet von seinem Freund Mentor, auf der Suche nach seinem Vater Odysseus zahlreiche Abenteuer besteht. Ob Wilhelmine sich für die eigentliche Botschaft des Buches, die harsche Kritik an der menschenverachtenden absolutistischen Herrschaft Ludwigs XIV. und die deutlich ausgesprochene Hoffnung auf eine klassenlose Gesellschaft ohne individuellen Besitz, interessierte, scheint höchst unwahrscheinlich. Aber die exotischen Schauplätze, die heroischen Kämpfe und die abenteuerlichen Liebeshändel haben ihre Phantasie umso stärker befeuert. Es brauchte wenig menschliche Nachhilfe, um in den Felspartien die Grotte der Kalypso oder die Schmiede des Vulcanus zu sehen. Die Markgräfin musste der Natur nur ein wenig interpretierend nachhelfen. Sie schreibt dazu ihrem Bruder, dem preußischen König Friedrich II., „die Natur selbst war die Baumeisterin“. So entstanden ab 1744 ein Belvedere, der Morgenländische Bau für die sommerlichen Aufenthalte, ein Aeolustempel, ein Dianenhaus und vieles mehr. Unbestrittener Höhepunkt aber ist das noch bestehende Felsentheater, bei dem erstmals sowohl Bühne als auch Zuschauerraum Kulissen waren. Es ist fraglich, ob es im 18. Jahrhundert Aufführungen erlebt hat, obwohl es sogar mit einem Orchestergraben ausgestattet ist. Angesichts der Attraktionen dieses Gartens ist es kein Wunder, dass einer der ersten Gäste der Markgrafenzeit den zauberhaften Platz mit dem Ausruf „sans pareil“, ohnegleichen, charakterisierte, und schon 1746 erhielten Dorf Zwernitz und der Felsenhain den offiziellen Namen Sanspareil.

Der Park ist jederzeit frei zugänglich. Der Morgenländische Bau ist von April bis September 9-18 Uhr und vom 1. bis 15. Oktober von 10-16 Uhr geöffnet. Besichtigung nur mit Führung, diese alle 45 Minuten.
Montags geschlossen, außer an Feiertagen.

Unten: *Der Morgenländische Bau diente dem Aufenthalt der Hofgesellschaft und ist um einen Baum herumgebaut worden.ft und ist um einen Baum herumgebaut worden.*

Ganz Unten: *Von der Höhle aus verfolgten die Zuschauer die Aufführungen auf der Bühne des Felsentheaters.*

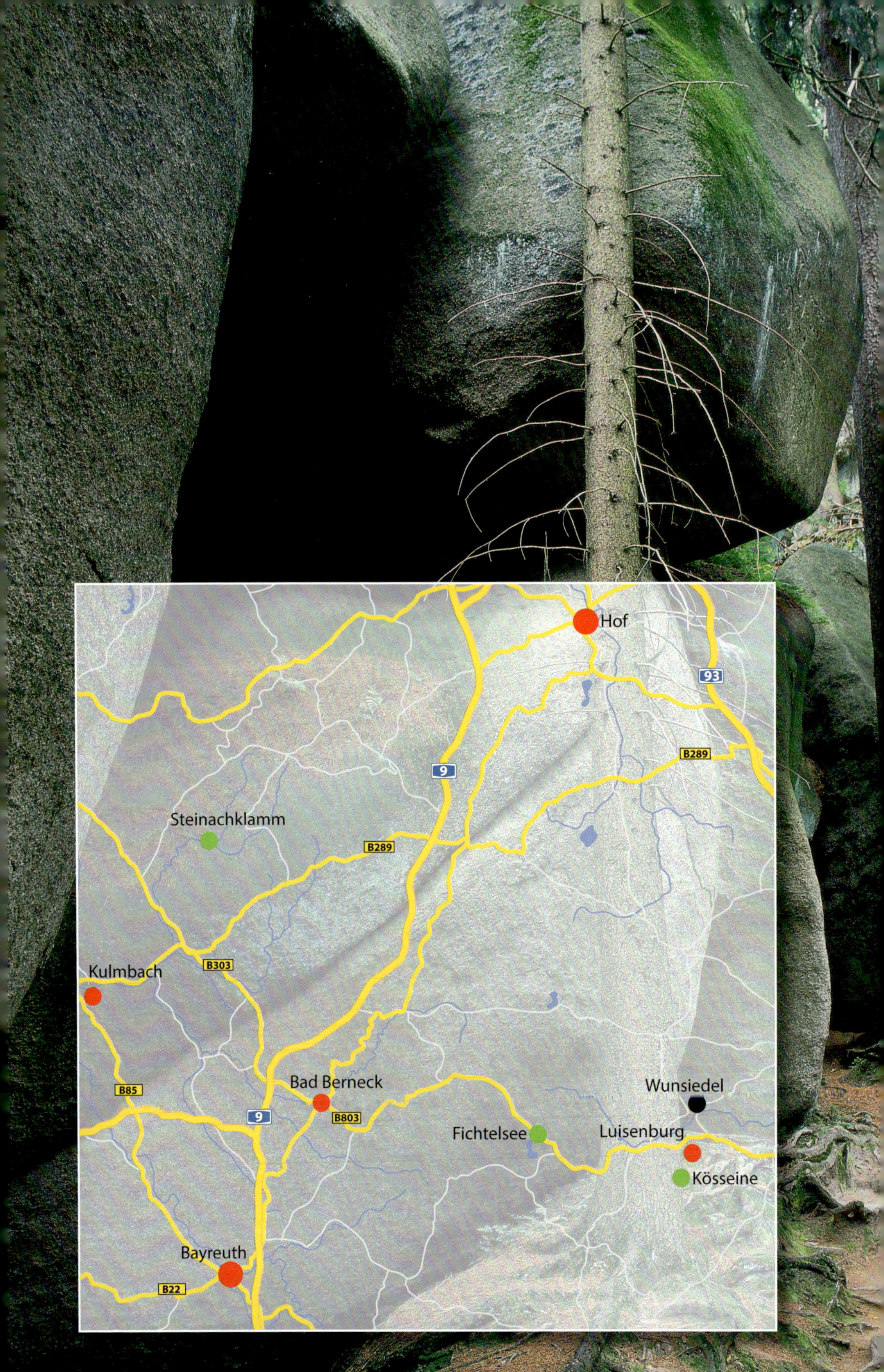
Hof
93
B289
9
Steinachklamm
B289
B303
Kulmbach
B85
Bad Berneck
9
B803
Wunsiedel
Fichtelsee
Luisenburg
Kösseine
Bayreuth
B22

Fichtelgebirge und Bayreuth

Frankenwald und Fichtelgebirge sind in der Charakterpalette der fränkischen Landschaften die Melancholiker. Die dunklen Nadelwälder, die abgeschiedenen Täler und das deutlich rauere Klima stehen einer Liebe auf den ersten Blick im Wege. Man spürt in beiden Regionen, dass der Mensch hier mehr als andernorts Mühe hatte, der Natur das Lebensnotwendige abzuringen. Die Gebirge waren steinreich, die Menschen oft bettelarm. Schiefer und Holz waren des Frankenwalds stolz, verschiedene Bodenschätze bescherten im Fichtelgebirge in guten Perioden ein Auskommen. Umso erstaunlicher ist die beachtliche Kulturdichte dieser Gegend. Die Markgrafen aus dem Haus Hohenzollern sorgten in ihren einstigen Residenzstädten Kulmbach und Bayreuth für höfische Kultur und eindrucksvolle Bauten. Kronach bescherte das Sicherheitsbedürfnis der Bamberger Bischöfe eine der eindrucksvollsten Festungen Deutschlands. Und dazwischen trifft man immer wieder auf charaktervolle alte Herrensitze, sei es in der charmanten Art des Wasserschlosses Mitwitz oder in Form einer Höhenburg wie im Falle Wernsteins. Bürgerstädte hat die Landschaft kaum hervorgebracht, dazu waren die Voraussetzungen zu ungünstig. Nur das handels- und gewerbefleißige Hof, gelegen an einer wichtigen europäischen Verkehrsachse, sorgt für die Ausnahme von der Regel.

Bayreuth

Musenstadt mit hohem BIP

Als Richard Wagners Festspielhaus 1876 eingeweiht wurde, hatte Bayreuth noch keine 20.000 Einwohner, heute sind es rund 75.000. Es hat sich viel entwickelt in der Stadt, deren Stadtbild und Struktur über gut fünfhundert Jahre von den Markgrafen aus dem Haus Hohenzollern geformt worden ist, und der Richard Wagner mit seinem Festspielhaus auf dem Grünen Hügel zum Ruf eines weltweit renommierten Wallfahrtsorts für Opernliebhaber verholfen hat. Die Schöpfungen des Bayreuther Rokoko ziehen viele Kunstfreunde an und ein Spaziergang auf den Spuren des heute nicht mehr allzu häufig gelesenen Dichters Jean Paul ist für Literaturenthusiasten immer noch ein Muss. Bayreuth verleiht all das einen wohlklingenden Namen, aber das Bayreuth der Gegenwart sieht sich in ganz anderen Fakten gespiegelt. In der oberfränkischen Bezirkshauptstadt arbeiten mehr als 66.000 Beschäftigte und erwirtschaften pro Kopf ein Bruttoinlandsprodukt (BIP), das um gut sechzig Prozent über dem Bundesdurchschnitt liegt. Die einstige Dominanz der Baumwollspinnereien ist einer gesunden Mischung verschiedenster Branchen mit einem hohen Dienstleistungsanteil gewichen. Von großer Bedeutung ist mittlerweile auch die 1975 gegründete Universität, die mit ihren bemerkenswerten

interdisziplinären Angeboten gegenwärtig mehr als 13.000 Studierende zählt. All das sind eindrucksvolle Fakten, sie belegen die enorme Vitalität Bayreuths, aber was das besondere Flair einer Stadt ausmacht, lässt sich in Zahlen nicht ausdrücken und es gibt wohl kaum einen Reisenden, der sich Bayreuth wegen seines Bruttoinlandsprodukts zum Ziel wählen würde. Man kommt wegen Markgräfin Wilhelmine und Wagner.

***Rechts:** : Lorbeerbekränzte Büsten schmücken die Erdgeschossfassaden des Alten Schlosses.*

***Unten:** Das Äußere des Alten Schlosses beeindruckt mit seiner kraftvollen hochbarocken Fassadengestaltung. Die Ausstattung dagegen fiel 1753 einem Brand zum Opfer.*

Markgräfliches Opernhaus

Als Richard Wagner nach Bayreuth kam, zählte die Bühne des Markgräflichen Opernhauses noch zu den größten ganz Deutschlands. Für des Meisters menschenreiche Musikspektakel erwies sich aber selbst diese Bühne als zu beschränkt, außerdem fand Wagner ein Logentheater für seine Idee der „demokratischen Versammlung" vor dem Kunstwerk völlig ungeeignet, heißt es. Es darf hinzugefügt werden, dass ihm wohl auch die Prachtentfaltung als zu ablenkend von seiner Musik erschienen sein wird. Dennoch ist das Markgräfliche Opernhaus aufgrund seines hervorragenden Erhaltungszustandes, seiner künstlerischen Disposition und seines Schmuckreichtums einer der bedeutendsten Theaterbauten des 18. Jahrhunderts in Europa, und daher zu Recht UNESCO-Weltkulturerbe. Zwischen 1744 und 1748 baute man nach Plänen des Hofarchitekten Joseph Saint-Pierre das Gebäude und stattete es nach Entwürfen des berühmten Theaterspezialisten Giuseppe Galli da Bibiena aus. Man darf über den Planern vom Fach aber keinesfalls die eigentliche Auftraggeberin, Markgräfin Wilhelmine, vergessen. Die musisch hoch begabte, dichtende und komponierende Gattin Markgraf Friedrichs, schuf sich mit dem Bau ihr wahres Zuhause. So zeigt das Deckengemälde über dem Zuschauerraum Apoll und die neun Musen, als deren Statthalterin Wilhelmine sich empfand.

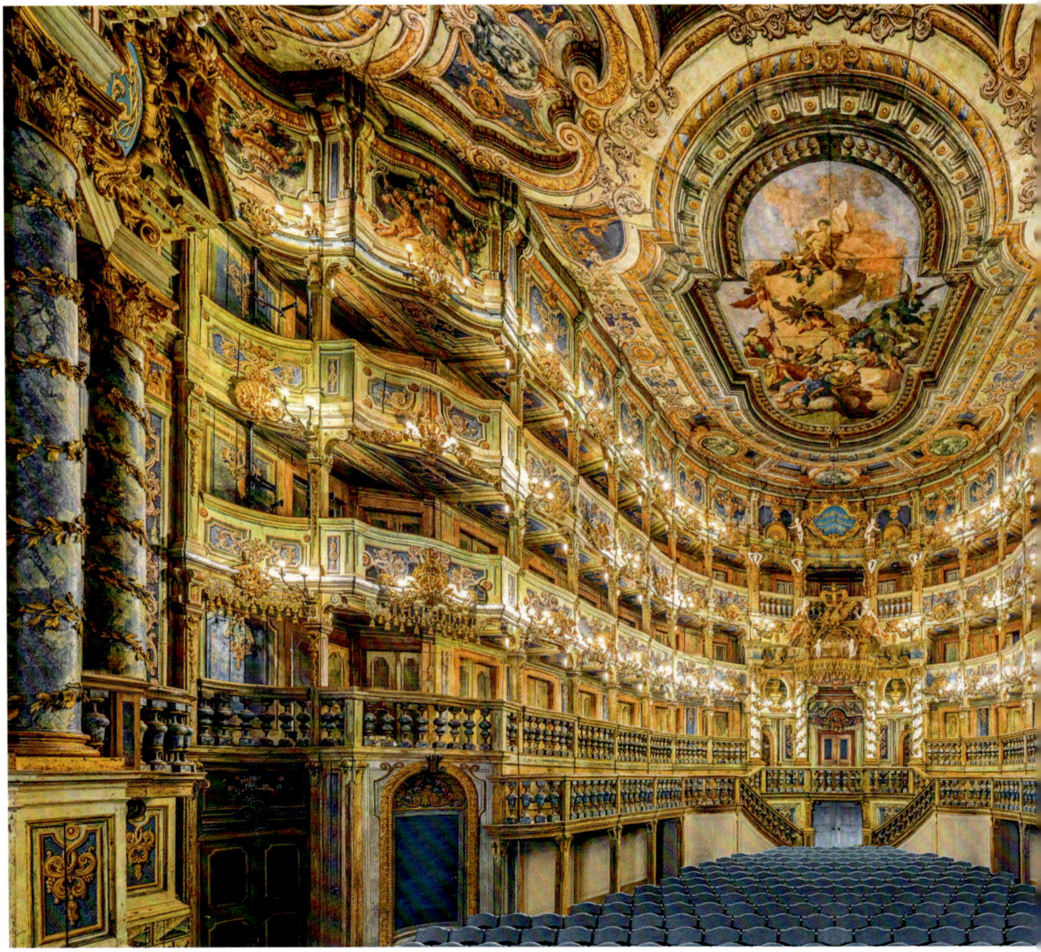

Das Opernhaus als Weihetempel, der den Beginn eines neuen Zeitalters der Weisheit, des Friedens und der Kunst feiert! Fromme Wünsche in der Provinz und nicht sonderlich realistisch, zumal der eigene Bruder, der damals noch leidlich junge Fritz, den Kanonendonner zum Leitmotiv seiner politischen Musik machte. So hehr die Intentionen des Markgrafenpaares gewesen sein mögen, für die Untertanen entwickelten sie sich zum finanziellen Albtraum. Zusammen mit den anderen Projekten des Hofes, wie dem Bau des Neuen Schlosses, dem Ausbau der Eremitage, der Anlage des Felsengartens Sanspareil und des Schloss- und Gartenensembles Fantaisie häuften Friedrich und Wilhelmine einen Schuldenberg von 2,4 Millionen Reichstalern an, den das kleine, wirtschaftlich ohnehin schwache Fürstentum bis zum Anschluss an Preußen 1791 nicht mehr abtragen konnte. Doch zurück ins Opernhaus: Eröffnet wurde das Haus im September 1748 mit zwei italienischen Opern des europaweit berühmten Komponisten Johann Adolph Hasse. Eine der Opern war „Ezio", in der es um bei Opern handelsübliche Inhalte wie Krieg, Frieden, Verrat, Treue, Liebe und Hass geht. Am Ende besingen alle (!) den endlich zurückgekehrten Frieden. Da ist wieder Wilhelmines Leitmotiv. Aber der Anlass zur Aufführung war nicht die Eröffnung des Opernhauses, sondern die Vermählung der Tochter Elisabeth Friederike Sophie mit Herzog Karl Eugen von Württemberg. Casanova bezeichnete die Braut als Deutschlands schönste Prinzessin, was die arme Friederike nicht davor bewahrte, dass ihr Mann sich schon bald nach der Hochzeit erotische Zweitmeinungen einholte. Ein Stoff für die nächste Oper.

Das Opernhaus kann täglich von April bis September von 9 bis 17.45 Uhr und von Oktober bis März von 10 bis 15.15 Uhr besichtigt werden. Der Einlass erfolgt beginnend mit der Öffnung alle 45 Minuten.

Oben: *Festlich-nobel lädt Joseph Saint-Pierres Fassade zum Operngenuss.*

Links: *Musengott Apoll herrscht von der Decke über das erlauchte Publikum des Opernhauses.*

Neues Schloss

Mit der Fertigstellung des Opernhauses 1748 hatte der ambitionierte Bayreuther Hof endlich einen repräsentativen Rahmen zur Selbstinszenierung, den das Alte Schloss nicht bieten konnte. Im Gegenteil: Die Möbel stammten oft noch aus der vorletzten Stilepoche, Spinnweben stellten inmitten der altmodischen Gestaltung das modernste Dekor dar und alles, was es an Textilien gab, war nicht mehr als ein verschlissenes Mottenbiotop. „Sie wäre solche Pracht nicht gewohnt“, kommentiert Markgräfin Wilhelmine mit beißender Ironie nach dem ersten Besuch ihres künftigen Zuhauses. Was konnte also Besseres passieren als ein zünftiger Brand? Der stellte sich dann glücklich 1753 ein. Man hielt sich erst gar nicht lange mit Wiederherstellungsplänen auf und gab gleich ein Neues Schloss beim Hofbaumeister Joseph Saint-Pierre in Auftrag. Im Regelfall freuen sich Architekten über so voluminöse Aufträge, aber bei Saint-Pierre wird sich die Begeisterung in Grenzen gehalten haben. Begrenzt war nämlich auch der Finanzierungsspielraum dieses Projekts. Hätte man nach den vorhandenen Mitteln gebaut, hätte man gar nichts gebaut, also verschuldete sich die Markgrafschaft nach hohen Ausgaben für das Opernhaus

und die Eremitage weiter. Saint-Pierre muss man daher das große Kompliment machen, aus wenig sehr viel gemacht zu haben. Er integrierte neben vier bereits bestehenden Bauten auch die gerade einmal halbfertige reformierte Kirche in den langgestreckten Baukörper. Im Inneren haben sich die bescheidenen Finanzen überraschend wohltuend auf die künstlerische Qualität ausgewirkt.
Die eleganten Dekorationen, die sicher unter direktem Einfluss der Markgräfin entstanden sind, gehören mit ihren originellen Einfällen und ihrer wohlüberlegten Positionierung zum Feinsten, was das deutsche Rokoko hervorgebracht hat. Das Alte Schloss hat wenigstens nicht ganz umsonst gebrannt...

Das Neue Schloss ist mit den Museen „Das Bayreuth der Markgräfin Wilhelmine" und „Bayreuther Fayence" von April bis September täglich von 9 bis 18 Uhr und von Oktober bis März von 10 bis 16 Uhr geöffnet.

Oben: *Das Palmenzimmer ist typisch für die Verbindung von Architektur- und Naturelementen, wie sie Markgräfin Wilhelmine favorisierte.*

Links: *In praller Barockfürstenmanier darf Markgraf Christian über der Personifikation von Main, Saale, Naab und Eger dem Volk entgegenreiten.*

Festspielhaus

Elf Monate im Jahr ist Bayreuth Bayreuth und im Sommer einen Monat große Welt. Dafür sorgt noch beinahe hundertvierzig Jahre nach seinem Tod ein Sachse namens Richard Wagner, berühmt für seine Stabreime und legionenstark besetzte Orchester. Die Wahl des Standortes eines Festspielhauses für seine Musikereignisse, das Wort Oper ist hier einfach zu schwach, fiel auf Bayreuths Grünen Hügel. Die Stadt lag im Land König Ludwigs II., seines großen Förderers, war kein Kur- oder Touristenort und konnte durch seine zentrale Lage im deutschen Sprachraum einen großen Einzugsbereich ausschöpfen. Kurz gesagt, in diesem „Kaff" war seine Musik für ein paar Wochen im Jahr völlig konkurrenzlos –

man musste sich ihr kompromisslos hingeben. Letzteres gilt auch heutzutage. Denn in Wahrheit ist das Festspielhaus kein Opernhaus, sondern ein Wallfahrtsort für Wagnerianer und die Beurteilung von Qualität und Sinn der Inszenierungen löst wahre Glaubenskriege über die rechte Auslegung des Wagner'schen Evangeliums aus. Und das alles spielt sich in einem prunklosen, scheunenartigen 1872-75 erbauten Festspielhaus, das bislang noch jeden durch seine grandiose Akustik überwältigt hat, ab. Wer mehr wissen möchte, sei auf das Museum in Wagners Wohnhaus am Hofgarten, die Villa, in der sein „Wähnen Frieden fand", verwiesen.

Links: *Wagner wollte, dass beim Festspielhaus jedwede „Nachahmung des ausländischen Wesens" unterbleibt.*

Unten: *Die Büsten von Richard und Cosima Wagner zwischen dem Haus Wahnfried und dem gemeinsamen Grab der beiden am Rand des Hofgartens.*

Eremitage

Gemeinsam einsam

Eremitagen sind im 18. Jahrhundert so etwas wie eine Melange aus Sommerfrische, Jagdsitz und Freizeitpark mit einem leichten Anstrich von Disneyland. Es begann alles im 16. Jahrhundert mit einem Tiergarten für das seinem Abschuss entgegengefütterte Wild. Dann errichtete man ein Lusthaus, später entstand ab 1715 ein Sommerschloss als Zentrum einer höfischen Einsiedelei, in der das Markgrafenpaar in Gesellschaft Gleichgesinnter für eine kurze Zeit in die Rolle anspruchsloser Eremiten schlüpfen konnte. Die vornehmen Damen mussten sogar selbst kochen! Ob sie es dann auch selbst gegessen haben, ist nicht überliefert.

Immerhin weiß man, dass man für diese Zwecke Silber und Porzellan gegen irdenes Geschirr und Holzlöffel eintauschte. Alle in der Folge entstandenen und vielfach noch heute erhaltenen Staffagebauten aufzuzählen erforderte ein eigenes Buch. Auf jeden Fall gab es diverse Wasserspiele, ermöglicht durch den Bau eines technisch bemerkenswerten Wasserturms samt Zuleitung aus höher gelegenen Quellen, künstliche Ruinen, Irrgärten, Grotten und natürlich auch kleine Eremitenhäuschen für die Hofgesellschaft. 1735 erhielt Markgräfin Wilhelmine die Eremitage als Geburtstagsgeschenk und begann

unverzüglich die Anlage mit weiteren Attraktionen anzureichern. Dazu zählt auch das bekannteste Bauwerk der Eremitage, das aus kleinen Steinen und Glasfluss wie zusammengepuzzelt wirkende Neue Schloss, das ursprünglich als Orangerie gedacht war.

Das Neue Schloss kann bei temporären Ausstellungen besichtigt werden. Die Wasserspiele finden von Mai bis Oktober zwischen 10 und 17 Uhr jeweils zur vollen Stunde statt, nicht aber bei großer Trockenheit.

Rechts und unten: *Das 1749–53 errichtete Neue Schloss mit dem Sonnentempel des Apoll im Zentrum bildet einen ebenso eleganten wie exotischen Hintergrund für die Wasserstrahlen aus den Mündern von Neriden, Delphinen und Tritonen.*

Ruinenstaffagen

In Ermangelung echter römischer Hinterlassenschaften zauberte Markgräfin Wilhelmine mit einer Grabmalswand und einem Ruinentheater antikes Flair in die Eremitage. Ruinen sorgen in einem Landschaftsgarten für die melancholischen Momente, neben denen sich die blühende Natur umso vitaler ausnimmt.

Ganz oben: *Im 1744 von Joseph Saint-Pierre erbauten Ruinentheater gibt es heute von Ende Mai bis Ende Juli wieder Aufführungen von Komödien, Märchen und Tragödien.*
Mitte : *Eine ruinierte antike Säulenwand sollte bei aller Feierlaune des Rokokos an die Endlichkeit des menschlichen Daseins gemahnen.*

Altes Schloss

Herzstück der Eremitage ist das sogenannte Alte Schloss, mit dessen Bau 1715 auf Befehl Markgraf Georg Wilhelms begonnen wurde. Als Einsiedelei konzipiert waren seine Fassaden ausgesprochen schlicht, beinahe ruinenhaft, im Inneren der Vierflügelanlage befanden sich neben einem Festsaal vor allem einfache Eremitenzellen. Etwas besonders Originelles ließ sich der Markgraf als Willkommen für die Gäste einfallen. Der Zugang zum

Schloss führt durch einen höhlenartigen Eingang in einen kunstvoll mit Glasschlacken und Muscheln verkleideten Grottenraum. Standen dann die Eingetretenen in des Raumes Mitte, ließ der Markgraf erst einmal eine „Unterbodenwäsche" seiner erlauchten Gäste vornehmen. Aus mehr als 200 Düsen spritzte das Wasser, sehr zur Erheiterung des von sicherem Balkon zuschauenden Markgrafen. Es spritzt übrigens heute noch, nun aber eher zur Erheiterung der Schlossführer. Man kann den Wasserzauber aber auch als eine Art Läuterung betrachten, bevor man in die Welt der Eremiten eintritt, denn gleich hinter dem grotesken Scherz beginnen die einstigen Eremitenzellen, von denen es noch drei zu bestaunen gibt. Es findet sich im Schloss aber ebenso das genaue Gegenteil karger Zellen. Markgräfin Wilhelmine ließ 1736–37 rechts und links neben der alten Fassade jeweils einen Flügel für sich und ihren Gatten anfügen. Hier gesellt sich zu den bescheidenen

Unten: *Nach dem Vorbild von Schloss Hellbrunn bei Salzburg gab die Grotte am Alten Schloss dem markgräflichen Hausherren Gelegenheit feuchten Schabernack zu treiben.*

Eremitenzimmerchen wieder überquellendes Bayreuther Rokoko. Sehr gut hat sich diese lokale Variante des internationalen Kunststils im Damenflügel erhalten und da wiederum besonders in Form der sehr persönlichen Ausstattung des Chinesischen Spiegelkabinetts. Die Wände sind mit Spiegelfragmenten überzogen, die den Raum eine merkwürdige Atmosphäre von Zerrissenheit und Vergänglichkeit ausstrahlen lassen. Hier schrieb die Markgräfin ihre sehr meinungsfreudigen und immer noch sehr lesenswerten Memoiren. Und hier wird sie in der Dekoration wohl auch ein Sinnbild des Scheiterns ihrer Ehe im Sinne einer lebenslangen Liebesgemeinschaft erblickt haben. Ausgerechnet mit ihrer intimsten Freundin, der Hofdame Gräfin Marwitz, betrügt sie ihr Friedrich! Ein Schock, hatte sie doch gehofft, hier in der Bayreuther Provinz könnte das Experiment einer „Neigungsehe" gelingen. Es blieb ein emotionaler Scherbenhaufen. Von glücklicheren Tagen zeugt dagegen die andere ungewöhnliche Raumschöpfung des Alten Schlosses, das Japanische Kabinett. Wilhelmine hatte es selbst entworfen, wohl auch zum Teil selbst gemalt und das Ergebnis zeugt von einem für die Zeit ungewöhnlich großen Einfühlungsvermögen in den Geist ostasiatischer Kunst. Unbestritten ein Höhepunkt der Bayreuther Raumkunst des Rokokos.

Eine Besichtigung des Alten Schlosses mit der Grotte ist nur im Rahmen einer Führung möglich. Sie starten täglich von April bis September beginnend um 9 Uhr alle 45 Minuten bis um 17.15 Uhr. Im Oktober startet die erste Führung um 10 und die letzte um 15.15 Uhr.

Oben: *An der Ausstattung des Japanischen Kabinetts im Alten Schloss hat Markgräfin Wilhelmine persönlich mitgewirkt.*

Seite 107 oben: *Spätestens 1745 war die Untere Grotte nach Plänen von Joseph Saint-Pierre vollendet. Durch sie fließt das Wasser der Wasserspiele am Neuen Schloss Richtung Main ab.*
Seite 107 unten: *Dieser Pavillon aus Traillagewerk stand einst unweit der Unteren Grotte.*

Untere Grotte

Wo der Garten der Eremitage allmählich in den Wald übergeht und sich der Hang zum Weißen Main neigt, wartet ein zweites groteskes Erlebnis in Gestalt der Unteren Grotte. Eigentlich handelt es sich bei dieser Grotte um ein Nymphäum, einen versteckten Platz voller Poesie und Mythologie, an dem man sich Betrachtungen über die Beseeltheit der Natur hingeben kann. Der Ort weckte nicht nur in der empfindsamen Wilhelmine Empfindungen, auch Markgraf Friedrich ließ sich vom stillen Zauber anstecken und war öfter Gast im eigenen Eremitenhaus, einem „bewohnbaren Belvedere", das sich noch immer im Wasser des Bassins spiegelt. Unterbrochen wird das Konzert der Stille, wenn zur vollen Stunde die 25 Fontänen und 13 Spiegelwasser in Betrieb genommen werden. Dann scheinen die Nymphen, Delphine, kuriosen Seepferde und Putten für ein paar Minuten lebendig zu werden, dann kann man den Garten sogar hören! Nymphen sind normalerweise, wer wüsste das nicht, Begleiterinnen höherer Gottheiten, aber die acht großen Götterfiguren auf dem westlichen Altan sind leider abhandengekommen und werden heutzutage temporär durch zeitgenössische „Selfie-Statuen" vertreten.

Kloster Himmelkron

Kindermord für den Schönen

Himmelkron, „Corona coeli", stifteten die Orlamünder Grafen 1279. Die Blüte des Klosters ließen Kriege und Reformation im 16. Jahrhundert welken. 1569 trat die letzte Äbtissin mit allen Nonnen zum Protestantismus über. Die Bayreuther Hohenzollern richteten später eine Grablege in der Kirche ein und ließen drei Flügel des Kreuzgangs abbrechen. Überdauert hat dagegen die Geschichte von einer adeligen Dame des Mittelalters, die ihre beiden Kinder durch Stiche mit einer goldenen Nadel, Adel verpflichtet, getötet haben soll, weil ihr Angebeteter, Burggraf Friedrich der Schöne, keine störenden Kinder wollte. Die Kinder waren tot, die Liebe aber auch. Danach war leicht fromm werden und sie trat aus Reue ins Kloster ein, in dem sie das schlechte Gewissen als „Weiße Frau" bis heute umtreibt.

Rechts: *Der verbliebene Kreuzgangflügel ist ein schönes Beispiel für die elegante Rippenführung der Spätgotik.*

Unten: *Die Ritterkapelle diente einst als Grablege der Grafen von Orlamünde.*

Die Stiftskirche ist von April bis Oktober von 8 bis 18 Uhr geöffnet. Das Stiftsmuseum kann von Mai bis September sonntags von 13.30 bis 16.30 Uhr besichtigt werden.

Bad Berneck

Eine Kur für das Bad

Am Rande des Fichtelgebirges liegt im engen Tal der Ölschnitz, was so viel wie Erlenbach bedeutet, kurz vor ihrer Mündung in den Weißen Main Bad Berneck. Mitte des 12. Jahrhunderts verlegte das Geschlecht der Walpoten seinen Sitz vom benachbarten Bärnreuth in die Talenge von Berneck. Hier ließ sich der Verkehrsweg durch das enge Tal besser kontrollieren. Von einem dieser Walpoten namens Bero sollen Burg und Stadt ihren Namen haben, nicht von einem Bären. Den braucht man hier nur zum Aufbinden. Aber nicht nur der Verkehrsweg war von Interesse. Die Berge der unmittelbaren Umgebung boten Verlockendes: Gold, Alaunschiefer, Silber, Kupfer und Brauneisen. Um 1740 zählte eine Bergwerkserhebung etwa 100 Bergwerke und Abbaustellen in der Nähe. So gesehen war die Investition in eine neue Burg nebst Stadtgründung eine ohne zu großes Risiko. Vermutlich hat sich die Sache für die Walpoten aber doch kaum ausgezahlt, denn als der Bergbau im späten Mittelalter in Schwung kam, gehörte Berneck schon seit 1341 den Nürnberger Burggrafen. Lange wurde schon nichts mehr gefördert, als Berneck 1950 als Bad anerkannt wurde. Aber auch die Kurkarriere Bernecks ist so gut wie Geschichte. Vor einigen Jahren war in der Zeitung zu lesen: „Bad Berneck hat so viele Leute geheilt, jetzt ist es Zeit, dass sich die Stadt selbst heilt. Bad Berneck braucht eine Kur.“

Fichtelgebirge

Wasser für jede Himmelsrichtung

Wenns gut geht, kann der Mensch heutzutage am Ende seines Lebens auf eine Zeitspanne von achtzig bis hundert Jahren zurückblicken. Klingt viel. Schaut man vom Ochsenkopf auf das Fichtelgebirge, blickt man auf Berge, die vor 600 bis 400 Millionen Jahren aus ihrer Umgebung herausgehoben wurden. Ein unvorstellbarer Zeitraum! Das Alter des Fichtelgebirges rechtfertigt den Ehrentitel eines Methusalems unter Deutschlands Gebirgen; die Alpengipfel sind im Vergleich dazu nicht mehr als Aknepickel eines Pubertierenden. Weil das Gebirge so alt ist, entsendet es in jede Himmelsrichtung einen bekannten Fluss: die Saale nach Norden, die Eger nach Osten, die Naab nach Süden und den Main nach Westen. Es gibt wohl kein zweites Gebirge vergleichbar bescheidener Größe – aufgerundet nur eine Fläche von 30 km im Quadrat –, das ein Quartett bedeutender Flüsse auf die Reise schickt. Für August Strindberg war das Fichtelgebirge sogar Mittelpunkt und Zirbeldrüse Deutschlands und er vermutete, dass Richard Wagner genau das „intuitiv gefühlt" habe, als er Bayreuth zu „seinem Olympia" erkor. Ein vergleichsweise kühles Olympia: „Während man zu Nürnberg längst des Frühlings genießt, fahren sie oft von Hof nach Berneck noch im Schlitten, und das Ganze gewährt schon einen Vorgeschmack des Nordens." So gibt der satirische Schriftsteller Karl Julius Weber seinen Eindruck vom Klima des Fichtelgebirges im ausgehenden 18. Jahrhundert wieder. Was er als persönliche Beobachtung schildert, lässt sich mit exakten Messwerten belegen: Am Ochsenkopf hält sich die Schneedecke beinahe vier Monate und 200 Frosttage im Jahr sind keine Seltenheit. Der Klimawandel wird auch hier für andere Verhältnisse sorgen – im Jahr 2019 zum Beispiel waren es nur noch 95 Frosttage. Wann werden wir in Wunsiedel durch den ersten Palmenhain schlendern können?

Unten: *Die Felsengruppe „Drei Brüder" ist das Ergebnis einer „Matratzenverwitterung", bei der in den Stein eingedrungenes Wasser horizontale Schichten ausschwemmt.*

Fichtelsee

Unweit der beiden „fränkischen Tausender“ Schneeberg und Ochsenkopf liegt umsäumt von endlosen Wäldern auf rund 750 Metern Höhe der Fichtelsee. Über ihn konnte man manch Aufschlussreiches lesen. So steht in der vermutlich frühesten Beschreibung des Fichtelgebirges 1476, er sei ein „see aus dem vier schiffreiche Wasser kreutzweis in die Welt fließen: Main, Naab, Sale, Eger.“ Dass der Autor, der Astronom und Historiker Matthias von Kemnat, den „See“ aus eigener Anschauung kannte, ist eher zweifelhaft, denn zu seiner Zeit muss es sich bei der Fläche des heutigen Fichtelsees noch um ein Hochmoor gehandelt haben. Der Fichtelsee ist nämlich ein von Menschen geschaffener und eine erste Erwähnung eines Weihers findet sich erst 1607. Und da lange Zeit alle brav bei Matthias von Kemnat abschrieben, glaubten auch viele an den „Wundersee“, der in alle Himmelsrichtungen Flüsse entsendet. Tatsächlich ist die ganze Sache aber so prosaisch, dass man, sie berichtend, den See ein wenig seines Zaubers beraubt. Man hat hier nämlich im 17. Jahrhundert Wasser aufgestaut, um damit den Eisenhammer Gottesgab zu betreiben. Im 20. Jahrhundert wurden die Dämme zwei Mal erneuert und vergrößert, so dass der See nun eine Fläche von zehneinhalb Hektar bedeckt und immerhin bis zu sechzehn Metern tief ist. Wer erfahren möchte, wie es wahrscheinlich zu Zeiten des Matthias von Kemnat ausgesehen hat, der durchstreife das benachbarte Naturwaldreservat Fichtelseemoor. Aber Vorsicht: Kreuzottern streifen mit!

Oben: *So still der Fichtelsee zwischen den dunklen Nadelwäldern ruht, so „still“ ist es auch in ihm. Das Wasser ist so übersäuert, dass keine Fische darin leben können.*

Felsenlabyrinth Luisenburg

Das zyklopische Chaos der wild durcheinanderliegenden Felsblöcke der Luisenburg wurde lange Zeit für das Ergebnis eines gewaltigen Erdbebens gehalten. Goethe wagte 1820 zu widersprechen: „Die ungeheure Größe der, ohne Spur von Ordnung und Richtung, über einander gestürzten Granitmassen gibt einen Anblick, dessen Gleichen mir auf allen Wanderungen niemals wieder vorgekommen, und es ist niemanden zu verargen, um diese, Erstaunen, Schrecken und Grauen erregenden chaotischen Zustände zu erklären, Fluten, Wolkenbrüche, Sturm und Erdbeben, Vulkane, und was nur sonst die Natur gewaltsam aufregen mag, hier zu Hülfe ruft." Nach diesem Satz, von dem man schon befürchtete, er wolle niemals enden, zieht Goethe das Fazit: Der Baumeister der Luisenburg war ganz normale Verwitterung. Abseits jeder Wissenschaft erlebten die Menschen das Blockmeer als geheimnisvollen Ort von einzigartigem landschaftlichem Reiz und so wurde im Sinne der Romantik die Luisenburg schon um 1790 zu einem begehbaren Landschaftsgarten gestaltet. Adelige Besucher stellten sich ein und mussten sich bei der Erkundung der Anlage bisweilen bücken oder kriechen. Für Blaublütige mögen diese ungewohnten Körperhaltungen einen zusätzlichen Reiz

dargestellt haben. Preußens Königin Luise mag diese Verrenkungen bei ihrem Mann, Friedrich Wilhelm III., anlässlich eines Besuchs 1805 auch amüsiert wahrgenommen haben. Danach nannte man jedenfalls den unordentlichen Steinhaufen ihr zu Ehren Luisenburg. Da die ganze Szenerie einem monumentalen Bühnenbild gleicht, gab es schon 1794 die erste Freilichtaufführung, womit die Luisenburg Deutschlands älteste Freilichtbühne ist. „Die kleine Ährenleserin" hieß das Singspiel, dass man damals zu Gehör brachte, wobei sich nur schwer erschließt, wo man inmitten der Granitungetüme Ähren finden könnte. Mit Ährenleserinnen könnte man heute wohl kaum noch Publikum in den Wald locken, zumal die Naturbühne Luisenburg zu einer regelrechten Festspielindustrie geworden ist. Wenn man nicht mindestens 100.000 Karten im Vorverkauf absetzen kann, macht sich schon Enttäuschung breit. Also setzt man auf ein buntes Angebot, das jeden Geschmack bedient. 2020 heißt das zum Beispiel: „Pinocchio", „Der Name der Rose", „Faust", „Der Watzmann ruft" und „Die Fledermaus".

Links außen: *Auf nur 20 cm Auflagefläche balanciert der „Napoleonshut".*
Links und oben: *Abenteuerliche Steige führen zu abenteuerlichen Felsensembles.*

Hof

Ein „bayerisches Manchester“

Die Metropole des bayerischen, eigentlich fränkischen Vogtlandes ist Hof an der Saale. Unter dem Vogtland versteht man den einstigen Herrschaftsbereich der Vögte von Weida, Gera und Plauen, Hof lag also im südlichsten Zipfel und gehörte bis 1373 zum Besitz der Weidaer Vögte. Zuvor hatten die Andechser Grafen neben einer kleinen Siedlung, der sogenannten Altstadt, planmäßig eine neue Stadt mit zentraler Durchgangsstraße anlegen lassen. Damit war die Bestimmung Hofs gegeben: Es wurde eine Stadt, die in erster Linie vom Verkehr und damit auch vom Handel lebte. Die heutige Ludwigstraße, das Rückgrat der mittelalterlichen Neustadt, war Teil der Via Imperii, der Fernhandelsstraße von der Ostsee nach Rom. Und im späten 17. Jahrhundert gab es schon regelmäßigen direkten Postverkehr nach Leipzig, Dresden, Nürnberg und Regensburg. Und 1848 eröffnete der Bahnhof der ersten bayerischen Staatsbahnstrecke, der Ludwig-Süd-Nord-Bahn von Hof nach Lindau im Bodensee. Die Bahnsteighalle ist als eine der ältesten ihrer Art bis heute erhalten. Bald folgte der Bahnanschluss nach Sachsen und damit begann in Hof eine stürmische industrielle Entwicklung, die vor allem Textilindustrie in der Stadt ansässig machte, was Hof zu einem „bayerischen Manchester“ werden ließ. Die Stadt wuchs so rasant, dass sich die Einwohnerzahl zwischen 1850 und 1900 verfünffachte! Dabei hatte Hof im selben Jahrhundert auch die wohl größte Katastrophe der Stadtgeschichte zu verkraften. Am 4. September 1823, einem Markttag, brach kurz nach 9 Uhr ein Feuer aus. Starker Wind fachte die Flammen an und um 4 Uhr nachmittags lagen etwa 300 Wohngebäude und ebenso viele Nebengebäude in Schutt und Asche. Die einzigen Todesopfer des Feuers waren das Türmerehepaar, das in der Michaeliskirche die Feuerglocke geläutet hatte. Der Wiederaufbau ging überraschend schnell vonstatten, wohl auch, weil es unbürokratische Förderung durch den bayerischen Staat und den sächsischen König gab. Hof hatte danach Bayerns modernstes Stadtbild im brandaktuellen Münchner Klassizismus. Es ist vor allem in der Ludwigstraße noch immer zu bewundern. Die deutsche Teilung und der Kalte Krieg trafen die Industriestadt besonders hart. Einerseits büßte man viele Absatzmärkte eine und andererseits war die Stadt in einen toten Winkel an den undurchlässigen Grenzen zur DDR und CSSR geraten. Durch die Wiedervereinigung erfreut sich Hof wieder einer zentralen Lage und die Gründung einer Fachhochschule 1994 und die erfolgreichen bayerischen Landesgartenschau im gleichen Jahr illustrieren neuen Schwung in der Entwicklung. Und so haben die aus Hof nicht wegzudenkenden „Wärschtlamänner" allen Anlass, beim Verkaufsgespräch der heißen „Wärschtla" ihren optimistischen Senf dazuzugeben.

Seite 114: *Der Park um die Villa Theresenstein war zu Beginn des 19. Jahrhunderts einer der ersten Bürgerparkanlagen Deutschlands.*

Mitte: *Das Renaissancerathaus mit seinen beiden Erkertürmen wurde nach dem Stadtbrand 1823 um gotische Formen bereichert wiederaufgebaut.*

Unten: *An die bayerische Landesgartenschau von 1994 erinnert die Blütenpracht am Thomaspavillon im Park Theresienstein.*

Kulmbach

Braurecht inklusive

1340 fiel Kulmbach an die Burggrafen von Nürnberg. Ein gutes halbes Jahrhundert später wurde es nach einer Teilung der burggräflichen Lande Hauptstadt der Grafschaft „ob dem Gebirg“. Die Plassenburg muss damals das Bild einer spätmittelalterlichen Residenz ähnlich der ebenfalls den Burggrafen als Machtzentrum dienenden Cadolzburg geboten haben. Starke Burgen zogen Feinde oft geradezu magisch an und was darunter zuerst litt, war natürlich die zur Burg gehörende Stadt. 1430 schafften es die Hussiten zwar nicht, die Plassenburg zu erobern, aber die Stadt legten sie in Schutt und Asche. Alles musste wiederaufgebaut werden, ein ungewollter, aber auch positiver Modernisierungsschub. Mit der Bedeutung der Stadt wuchs der Durst. Bis um 1500 bekam jeder, der das Bürgerrecht erwarb, zugleich das Recht zum Bierbrauen, der Anfang einer bis heute lebendigen Tradition. Das Bierbrauen hat alle Zeiten überlebt, das nach 1430 wiederaufgebaute Kulmbach nicht. 1553 wurde die Stadt durch ein Heer der Gegner des Markgrafen Albrecht Alcibiades belagert und von den Verteidigern selbst niedergebrannt. Die Wut auf den mit seinem Heer mordend und brennend umherziehenden Markgrafen war so groß, dass es einen selbst für das 16. Jahrhundert ungewöhnlich brutalen Befehl gab: alle „Mans personen“ sollen umgebracht werden. Der schwärzeste Tag der Stadtgeschichte. Danach ging es ruhiger zu, vor allem nachdem die Markgrafen ihre Residenz 1642 endgültig nach Bayreuth verlegt hatten und Kulmbach 1792 preußisch geworden war. Ab 1810 sorgte Bayern für eine bessere Verkehrsinfrastruktur und die Kulmbacher „mussten“ ihr Bier nicht mehr selbst trinken. Der Bierausstoß stieg von 166 Hektolitern 1831 auf 663.023 im Jahr 1897. Und Kulmbach ist noch immer eine der Biermetropolen Deutschlands. Na, denn prost!

Oben: *Über die Dächer der Altstadt schweift der Blick zu Petrikirche und Plassenburg.*

Rathaus

Ein flüchtiger Blick könnte im Kulmbacher Rathaus auch eine Kirche sehen. Die freundliche Barockfassade mit dem Glockentürmchen erinnert durchaus an Sakralbauten, zum Beispiel an die Spitalkirche in Bayreuth. Diese spezielle Ähnlichkeit ist eindeutig dem Architekten beider Bauten, dem Bayreuther Hofbaumeister Joseph Saint-Pierre, geschuldet. In Kulmbach allerdings sorgte Saint-Pierre nur für die Fassade, wahrscheinlich war der 1752 nach Plänen von Johann Georg Hoffmann auf älteren Grundmauern errichtete Bau Markgraf Friedrich III. nicht repräsentativ genug. Natürlich ist der Bau für die Verwaltung einer Stadt mit 25.000 Einwohnern längst zu klein, umso mehr ehrt es die Kulmbacher Stadtväter, dass sie den prächtig stuckierten Sitzungssaal im ersten Stockwerk 1997 restaurieren ließen, um von dort aus wieder die politischen Geschicke der Stadt zu bestimmen. Unter dem Dach, ganz nahe bei den Skulpturen von Weisheit und Gerechtigkeit, logiert der Oberbürgermeister. Hoffentlich nutzt diese Gesellschaft!

Plassenburg

Vielleicht war es ein Glücksfall, dass die Markgrafen von Kulmbach 1642 endgültig ihre Residenz nach Bayreuth verlegten. Die Plassenburg in ihrem Ausbauzustand am Ende der Renaissance blieb so vor „Entstellungen“ durch die höfische Repräsentationssucht der Barockzeit verschont. Die nach Eroberung und Brand 1554 runderneuerte Plassenburg war zwar in erster Linie eine Festung, aber die ungeschlachten Außenmauern bergen ein geradezu filigranes Kleinod der Schlossbaukunst. Markgraf Georg Friedrich gelang das Kunststück, mit Caspar Vischer, Blasius Berwart, Aberlin Tretsch und Johannes Pasqualini gleich vier „Stararchitekten“ ihrer Zeit für das Projekt zu interessieren. Wehrtechnisch wurde die bis dahin noch weitgehend mittelalterlich anmutende Burg in eine moderne Zitadelle verwandelt und damit zum stärksten Bollwerk des „Landes auf dem Gebürg“, wie der heute oberfränkische Teil der einstigen Burggrafschaft Nürnberg damals hieß. Der Innenhof präsentiert sich dagegen mit seinen zwei Arkadengeschossen als eine der schönsten und feinsten Schöpfungen der deutschen Renaissance. Sein wichtigster Schmuck ist steingewordenes Hofleben. Es ist gegenwärtig durch die Brüstungsfelder mit ihren zahlreichen Medaillons, aus denen noch immer die erlauchten Damen und Herren auf ein imaginäres Turnier im Hofgeviert hinunterblicken. Schade, dass die Plassenburg zwischenzeitlich auch Nutzungen als Lazarett, Zuchthaus, Kaserne und dergleichen aushalten musste. Sie büßte dabei die glanzvolle Ausstattung ihrer Säle und Zimmerfluchten ein. Dass der Besuch dennoch lohnt, liegt unter anderem am sehr sehenswerten Deutschen Zinnfigurenmuseum, das mit über 300.000 Figuren in rund 150 detailfreudig arrangierten Dioramen Geschichte lebendig werden lässt. Unter den Szenen findet sich im größten Diorama der Welt mit seinen 19.500 Figuren auch die Belagerung Kulmbachs 1553, bei der die Verteidiger selbst die ganze Stadt in Brand steckten. Ansonsten kommt in der Sammlung der Saurierfreund ebenso auf seine Kosten wie die Freunde römischer Geschichte oder die, in Kulmbach ein naheliegendes Thema, Bierenthusiasten.

In der Plassenburg befinden sich folgende Museen: Landschaftsmuseum Obermain, Deutsches Zinnfigurenmuseum, Museum Hohenzollern in Franken, Armeemuseum Friedrich der Große. Alle Museen sind täglich von April bis Oktober von 9 bis 18 Uhr und von November bis März von 10 bis 16 Uhr geöffnet.

Oben: *West- und Nordflügel des Schönen Hofes mit Kranzturm links und dem Wachtturm.*
Unten: *Die Arkaden des Schönen Hofes waren ideale Logenplätze bei höfischen Turnieren.*

Der Frankenwald

Holz für die Niederlande

Der Frankenwald ist kein Paradiesgarten. Seine für die Landwirtschaft schlechten Böden hielten die Menschen lange davon ab, das Gebiet intensiver zu besiedeln. Womit also etwas verdienen? Mit dem, was überreich vorhanden war: Stein und Holz. Da der Frankenwald geologisch gesehen zu den Schiefergebirgen gehört, war der Abbau von Schiefer eine wichtige Erwerbsquelle. Die Ortsbilder des Frankenwaldes sind noch heute die beste Werbung für die vielseitige Verwendbarkeit dieses Materials. Und das Holz war als nachwachsender Rohstoff ebenfalls ein wichtiger Exportartikel. Durch ihn bekam der Waldbewohner sogar ein wenig weltmännische Erfahrung, denn die begehrten Fichtenhölzer wurden bis nach Amsterdam geflößt. Die schon fürs Mittelalter belegte Flößerei endete zwangsläufig mit dem Bau der Mainschleusen im 20. Jahrhundert. Damit das Exportgut nicht ausging, verwandelte man den Frankenwald in eine Plantage schnell nachwachsender Fichten. Die Umwandlung zum Mischwald ist in Arbeit.

Oben: *Früher gefährliche Arbeit, heute zünftige Gaudi: Flößen auf der Rodach.*
Rechts: *Die Steinach hat sich für ihren Ausgang aus dem Frankenwald die eindrucksvollste Schlucht Frankens aus dem Quarzkeratophyr herausgefräst.*

Burg Lauenstein

Schöner scheitern

Jenseits des Rennsteigs fließen die Wasser nicht mehr zum Main. Auch der Zungenschlag kann die Nähe zu Thüringen nicht verleugnen und dennoch gibt es jenseits der Wasserscheide noch ein kleines und sogar sehr reizvolles Stück Franken. Hier im nördlichsten Zipfel des Landes thront über dem engen Tal der Loquitz Burg Lauenstein. Ihr Fernbild geizt nicht mit mittelalterlichen Reizen, aber mit schwindender Distanz beschleichen den Betrachter Zweifel. Was haben so große Fenster in den Erdgeschosszonen einer Verteidigungsanlage verloren, fragt sich der Burgenkenner. Auch für den ein oder anderen Erker scheint eher ein Bühnenbildner als ein mittelalterlicher Baumeister eine Notwendigkeit gesehen zu haben. Dem Burgenfreund ist's ein Erkernis. In der Tat spricht die Burgenbegeisterung der Jahrhundertwende 1900 im Erscheinungsbild Lauensteins deutlich mit. Ein gewisser Dr. Ehrhard Meßmer sorgte nach Jahrzehnten des Niedergangs ab 1896 für eine Revitalisierung der Burg. Seine Kunstsammlungen füllten nun die wiederhergestellten Bauten und eine Torinschrift klärt über den Anspruch der Restaurierungsbemühungen auf: „ein Denkmal deutscher Kunst". Gäste in der renovierten Burg waren unter anderem der Soziologe Max Weber, der Dichter Ernst Toller, der spätere Bundespräsident Theodor Heuss und der Schriftsteller Joachim Ringelnatz, dessen Anwesenheit das erkerliche Wortspiel Tribut zollt. Darüber hinaus ist die Burg ebenso ein Denkmal der im thüringisch-fränkischen Grenzraum einst

Oben: *Die Burg Lauenstein über dem engen Loquitztal ist sowohl Zeugnis mittelalterlicher Burgenbaukunst als auch romantischer Burgenbegeisterung der wilhelminischen Zeit.*

ebenso ambitionierten wie mächtigen Familie der Grafen von Orlamünde. Sie stellte die wichtigsten mittelalterlichen Bauherren und Bewohner der Burg. So stolz ihnen die Burg geraten war, sie war zugleich auch Sinnbild des Scheiterns, musste doch Graf Wilhelm von Orlamünde diesen Besitz bereits 1430 „von seiner Notdurft wegen“ verkaufen. Finanziell hatte das ehrgeizige Geschlecht sein Pulver verschossen. Die Burg musste darauf wechselnde Besitzer aushalten und gelangte durch Kauf 1622 an die Bayreuther Markgrafen, die in ihr eine Außenstelle ihrer Verwaltung einrichteten – Akten statt Ambitionen!

Die Burg kann von April bis September täglich außer montags von 9 bis 18 Uhr und von Oktober bis März von 10 bis 16 Uhr im Rahmen einer Führung besichtigt werden.

Links: *Lauenstein gehört zu den raren Höhenburgen, die den Luxus eines wassergefüllten Grabens aufweisen.*
Mitte: *Mangels Bergfried muss der mächtige Treppenturm den Innenhof dominieren.*
Unten: *Der zweischiffige Orlamündesaal erhielt seine ornamentale Ausmalung erst zur Zeit des Jugendstils.*

Festung Rosenberg

Fürstbischöfliches Pentagon

Der Frankenwald ist eine an Städten ausgesprochen arme Region. Wenn es so etwas wie eine „Hauptstadt“ des Frankenwaldes gibt, dann ist es Kronach. Das Zusammentreffen von Rodach, Kronach und Haszlach in einer Talweitung lud geradezu ein, hier in verkehrsgünstiger Lage eine Stadt zu gründen. Kronach war der Schlüssel zum Frankenwald, also musste man den Platz militärisch sichern. Ab 1122 waren die Bamberger Fürstbischöfe Stadtherren und sie begannen spätestens im folgenden Jahrhundert mit der Sicherung ihres neuen, strategisch ungemein bedeutsamen Besitzes. Den Rosenberg über der umwehrten Stadt bauten sie im Laufe der nächsten Jahrhunderte von einem befestigten Platz, dessen abschreckende Wirkung anfangs einer Dornenhecke anvertraut worden war, zu einem steinernen Pentagon barocker Fortifikationskunst aus. Kunigunde, Valentin, Lo-

thar, Philipp und Heinrich mühten sich erfolgreich, den Feind abzuweisen – auf diese Namen hören die vorspringenden Bastionen aus dem 17. Jahrhundert. Der Rosenberg ist eine jener seltenen Kraftanstrengungen, deren Erfolg die investierten Mittel rechtfertigt: Die Festung wurde nie von einem Feind bezwungen! Gleiches lässt sich von der Stadt zu Füßen der Festung berichten. Sie trotzte sogar den wütenden Angriffen der Schweden im Dreißigjährigen Krieg 1634. Bei der Verteidigung zeigte sich das schwache Geschlecht von seiner stärksten Seite. Die Kronacher Frauen schleppten Pflastersteine herbei, begrüßten die anrennenden Schweden mit siedendem Öl und machten ihre Sache so gut, dass sie seither bei der Dankprozession zur Erinnerung

Das Festungsgelände ist in der Regel frei zugänglich. Das Festungsmuseum und die Fränkische Galerie sind von März bis Oktober dienstags bis sonntags von 9.30 bis 17.30 Uhr geöffnet. Die Wehranalagen sind nur im Rahmen einer Führung zu besichtigen. Sie starten von März bis Oktober täglich außer montags um 11, 12.30, 14 und 16.30 Uhr und von November bis Februar täglich außer montags um 11 und 14 Uhr.

Unten: *Erst die Vogelschau erschließt die beinahe kristalline Klarheit des Festungsfünfecks, das sich um die älteren Bauten der Kernburg legt.*

an die Rettung aus der Schwedengefahr vor den Männern und dem Allerheiligsten gehen dürfen. Es ist zu hoffen, dass das nicht der einzige Lohn war! Obwohl die Festung mit der Hinwendung zum Bewegungskrieg napoleonischer Prägung um 1800 ihre einstige Bedeutung eingebüßt hatte, wurden ihre Mauern noch bis 1867 verteidigungsfähig gehalten. Danach wäre sicher auch der Rosenberg als Steinlieferant ausgeweidet worden, wenn nicht die Stadt Kronach den ganzen Komplex 1888 für 32.000 Mark gekauft hätte. Die wusste zwar mit der riesigen Anlage nichts anzufangen, ließ sie aber auch nicht schleifen. Im Ersten Weltkrieg ließ die bayerische Armee gründliche Sanierungen an den mittlerweile meist leerstehenden Gebäuden vornehmen. 334 kriegsgefangene Offiziere und einige dutzend Soldaten wurden hier inhaftiert. Der bekannteste unter ihnen dürfte der spätere französische Staatspräsident Charles de Gaulle gewesen sein. Er fiel durch zwei Fluchtversuche unangenehm auf. Militärische Nutzungen gibt es zum Glück heute nicht mehr. Da es keine Erdstürmungen gab und auch der Zweite Weltkrieg fast spurlos an der Festung vorüberging, zählt sie heute zu den besterhaltenen Anlagen in Mitteleuropa. Man sollte sie unbedingt besichtigen und dabei auf keinen Fall die Fränkische Galerie mit Meisterwerken des größten Sohnes der Stadt, Lucas Cranachs d. Ä., auslassen.

Rechts: *Mit dem Ausgang des Festungstores öffnet sich der Blick auf den Zeughaustorbau.*
Unten: *Blick von der Bastion Sankt Kunigunde auf Dicken Turm, Kapitänsturm und den verputzten Gesindebau.*

Schloss Mitwitz

Mitgift Mitwitz

Wo der Frankenwald allmählich in das Coburger Land übergeht, zwischen den Flüsschen Steinach und Haßlach, liegt ein Schloss, dessen einstige Besitzer beste Verbindungen ins benachbarte Herzogtum der Wettiner hatten. Im 15. Jahrhundert gehörte Schloss Mitwitz den Herren von Rosenau, die im gleichnamigen ihren Ursprung hatten. Das heute malerische türmereiche Erscheinungsbild des Renaissancebaus ist allerdings der Familie von Würtzburg zu danken, die das im Bauernkrieg arg demolierte Schloss um das Jahr 1600 ausbauen ließ. Und da man beim Umbau darauf verzichtete, den Wassergraben aus wehrhaften Tagen zuzuschütten, verdoppelt sich nun der schmucke Bau dank Spiegelung. Bis 1922 konnten sich die altadeligen Freiherren von Würtzburg ihres Besitzes erfreuen, dann erlosch ihr Geschlecht im Mannesstamm und das Schloss ging an die Familie von Cramer-Klett, ihres Zeichens waggonbauender „Industrie-Adel" aus Nürnberg. Theodor von Cramer-Klett junior erheiratete mit Annie von Würtzburg nicht nur eine Partnerin mit vielen vorteilhaften Eigenschaften, sondern auch eine charmante Renaissanceimmobilie. Nachdem der Landkreis Kronach den malerischen Bau schon in den 1980er Jahren restaurieren ließ, hat der Landkreis zum Jahreswechsel 2020 schließlich gekauft. Oberfrankens schönstes Wasserschloss ist damit zum echten Mittelpunkt des örtlichen Lebens geworden. Hier finden Weihnachtsmärkte und Konzerte stand und es dient als Kulisse für möglicherweise tragische Momente im Leben: Man kann hier heiraten.

Oben: *Vierflügelanlage des Unteren Schlosses zu Mitwitz.*

Das Schloss kann im Rahmen einer Führung von April bis September samstags um 14.30 Uhr und sonn- und feiertags um 11 und 14 Uhr besichtigt werden.

B89
73
Schloss Callenberg
Schloss Rosenau
Coburg
73
B4

Coburger Land

Es war 1919, als sich die Bürger des ehemaligen Herzogtums Sachsen-Coburg in einer Volksabstimmung zwar nicht direkt für Bayern, aber gegen Thüringen entschieden. Somit ist das Coburger Land der jüngste Teil Bayerns und immer noch etwas Besonderes unter den Regionen des Freistaats, was man unter anderem an der intensiven Förderung des Landestheaters im doch relativ kleinen Coburg ablesen kann. Bayerisch ist Coburg also noch nicht lange, fränkisch war es dagegen schon immer, auch wenn hier vom 14. Jahrhundert bis 1918 die sächsische Dynastie der Wettiner regierte. Das Coburger Land war für die Herzöge immer ein wichtiger Vorposten im Norden Süddeutschlands und hatte damit automatisch eine kulturelle Brückenfunktion zwischen Franken und Thüringen. Dementsprechend litt das Coburger Land auch besonders unter der deutschen Teilung nach dem Zweiten Weltkrieg, als es in eine Randlage am Eisernen Vorhang geriet. Heute sind die Wunden vernarbt, die alten Verbindungen wiederhergestellt, Thüringer Klöße und fränkische Bratwürste vertragen sich wieder bestens. Dass man lange im Windschatten der rasanten Nachkriegsentwicklung lag, hat der Region eine besondere Eigenständigkeit und Unverdorbenheit erhalten. Coburgs im Krieg kaum berührte Altstadt ist noch immer ein ungestörtes Ensemble aus vornehmen Residenzzeiten und die kleinen Orte der Umgebung haben viel vom alten Charme bewahrt. Und wie sehr das Herzogshaus dieses kleine Land gestaltet hat, lässt sich an den Schlössern Callenberg und Rosenau deutlich ablesen. Man blieb eben den Ursprüngen treu, auch wenn man seine Söhne im 19. Jahrhundert auf die Throne in England, Portugal, Bulgarien und Belgien brachte. Ein Herzogtum und viele Kronen …

Coburg

Samba unter der fränkischen Krone

Zum Glück wurde die Stadt unter dem Festungsberg nach der Festung benannt: Coburg. Damit verschwand der ursprüngliche, sperrige Name Trufalistat. Wie dieses Trufalistat aussah und welche Bedeutung es hatte, liegt weitgehend im Dunkeln, denn Coburgs Geschichte wird erst mit den Grafen von Henneberg, die 1260 in den Besitz Coburgs und seiner Umgebung kommen, greifbar. Sie wandeln die Klostersiedlung auf dem Festungsberg in eine Burg um und sorgen für einen städtischen Ausbau der Talsiedlung. Die Stadt verdankt also ihre Bedeutung den sie Regierenden, nicht sich selbst. Es entwickelt sich eine typische Residenzstadtgeschichte, bei der man mehr mit den regierenden Fürsten befasst ist als mit den Bürgern. Und da wurden die Wettiner, die Coburg im 14. Jahrhundert erbten, zum entscheidenden Faktor der Stadtentwicklung. Sie ließen

im 16. Jahrhundert die Veste ausbauen, bauten sich ab 1543 mit der Ehrenburg eine Residenz in der Stadt und sorgten im 19. Jahrhundert durch den Export heiratswilliger regierungstauglicher Familienmitglieder, allen voran des Gemahls der englischen Königin Victoria, dafür, dass Coburg europaweit bekannt wurde. Coburg wurde von den Wettinern im Laufe der Jahrhunderte zur eindrucksvollen Kulisse ihres fürstlichen Selbstverständnisses umgestaltet. Ehrenburg, Landestheater, Veste, diverse Palais' und der prächtige Kanzleibau am Markt bilden ein einmaliges Ensemble deutscher Fürstenherrlichkeit. Die Stadt unter der „Fränkischen Krone", wie die Veste gerne genannt wird, bietet so heute einen wunderbaren Hintergrund für Europas größtes Sambafestival ... und eine nicht näher genannte Versicherung.

Unten: *Blick auf Zeugen glanzvoller Zeiten: Überragt von der Veste, der Fränkischen Krone, leisten sich die Türme der Ehrenburg und der Morizkirche Gesellschaft.*

Veste Coburg

Die starke und stolze Veste Coburg konnte nur ein einziges Mal in ihrer langen Geschichte bezwungen werden. Bezeichnenderweise geschah dies nicht im Kampf, sondern durch eine List. 1635 belagerte der kaiserliche General Lamboy, ein Berufsbelagerer und klassischer Kriegsgewinnler, die wuchtigen Mauern, aber nicht die schweren Geschütze, nicht die vielen Granaten und auch nicht der Mut der Belagerer brachten die Veste zu Fall, sondern ein Stück Papier! Die Kaiserlichen überbrachten den Verteidigern ein Schreiben des Herzogs Johann Casimir, in dem er die Übergabe der Festung befahl. Der Brief war gefälscht, die Festung fiel an die Kaiserlichen und damit hatte Wallenstein geschafft, was zuvor dem großen Lamboy nicht gelungen war. Der General der Generäle war drei Jahre zuvor nach einwöchiger Belagerung an den Mauern gescheitert. Dennoch zeigte der Krieg, dass die Veste in ihrer Mischung aus hohen Wohngebäuden, mittelalterlichen Türmen und vereinzelten modernen Bastionen auf Dauer so nicht mehr ihren Zweck erfüllen konnte. Damit begann der Niedergang. Wie aber hat man sich die Anfänge der Coburg vorzustellen? Schließlich war sie so bedeutend, dass man ihren Namen auf die Siedlung zu ihren Füßen übertrug.

Oben: *Erst das Luftbild macht die Wachstumsringe der Veste deutlich. Die im Kern noch recht hohen mittelalterlichen Bauten werden im äußeren Befestigungsring von den modernsten und niedrigsten Mauern eingefasst.*

Neben allerlei sagenhaften Geschichten nimmt sich die historische Wahrheit sehr prosaisch aus. 1056 schenkte Richeza, Witwe des polnischen Königs, ihre Güter zu Saalfeld und Coburg dem Kölner Erzbischof. Darauf gründete Erzbischof Anno II. um 1075 ein Kloster in Saalfeld und eine Propstei, eine Art Filiale, auf dem Festungsberg. Es entstanden eine Kirche und eine dörfliche Siedlung, die wohl schon das gesamte Areal der heutigen Veste eingenommen haben. Schon 1260 verließen die Mönche den Berg und es beginnt die Geschichte der Coburg als Wehrbau. 1353 erbte Markgraf Friedrich III. von Meißen, womit die Geschichte der Wettiner in Coburg beginnt. Was damals gebaut wurde, steckt mit wenigen Resten noch in den heutigen Bauten. Die schriftlichen Quellen sind sehr dürftig und erst ab dem Jahr 1499 ist man besser über die Baumaßnahmen unterrichtet, weil damals Herzog Johann der Beständige nach einer Erbteilung der Wettiner seine Residenz auf die Veste verlegte. Ein Großfeuer am Weihnachtsfest des gleichen Jahres machte auch prompt den Weg frei für großzügige Neubauten.

Öffnungszeiten:
April - Oktober, täglich geöffnet
November - März, Montags geschlossen
Ostermontag und Pfingstmontag geöffnet

Mitte: *Blick vom oberen Wall auf die untere Ringmauer und den Fürstenbau aus dem 20. Jahrhundert.*
Unten: *Im oberen Hof liegt die Steinerne Kemenate (links) aus dem Spätmittelalter neben Fürstenbau und Gästehaus (rechts) aus dem 20. Jahrhundert.*

Als vom Mai bis zum Oktober des Jahres 1530 Martin Luther alias Junker Jörg auf der Veste lebte, bot sie das Bild einer türmereichen, prächtigen spätgotischen Fürstenresidenz. Aber schon mit dem Bau der Stadtresidenz ab 1543 verliert die Veste ihre Aufgabe zu repräsentieren und wird zur sächsischen Landesfestung – man ahnte wohl die kommenden kriegerischen Auseinandersetzungen des sogenannten Konfessionszeitalters. Folglich sind die weiteren Bauarbeiten an der Veste militärisch begründet, die Wohnbauten blieben meist in ihrem spätmittelalterlichen Zustand, vieles wird nicht mehr gepflegt. Als 1782 in der Veste ein Zuchthaus und eine Kranken- und Irrenanstalt eingerichtet wurden, schien das Ende des stolzen Wahrzeichens gekommen. Die Rettung kam mit Romantik und Restauration. Die Romantiker entdeckten den malerischen Wert mittelalterlicher Bauten, die gerade im 18. Jahrhundert noch nur sehr geringgeschätzt wurden. Und der politischen Restauration waren Burgen ein dankbares Symbol seit Urzeiten geltender Herrschaftsansprüche. Sie waren eine Argumentationshilfe gegen bürgerliche Mitbestimmungsansprüche, die seit der Französischen Revolution nicht mehr aus den Köpfen der Bürger

verschwanden. Herzog Ernst I., ein kaum von demokratischem Gedankengut angekränkelter Regent, begann 1838 mit der Wiederherstellung der Veste. Sie mutierte nun zum Museum und damit auch zum Denkmal für den legitimen Herrschaftsanspruch des Hauses Wettin in Coburg. Die Vorläufer der Kunstsammlungen fanden

Oben: *Lutherkapelle und Fürstenbau.*
Unten: *Hinter der einladenden Fassade des barocken Prunktors droht in der Tordurchfahrt ein ungemütliches Fallgitter.*

Das Gelände und die Höfe der Veste sind in der Regel frei zugänglich. Die Kunstsammlungen der Veste Coburg sind von April bis Oktober von 9.30 Uhr bis 17 Uhr und von November bis März von 13 bis 16 Uhr geöffnet, montags geschlossen.

hier ihr erstes Zuhause, und der Aufenthalt des großen Reformators in der Veste machte sie für den Luther-Wallfahrtstourismus interessant. Wie üblich in dieser Zeit, sind viele der „Restaurierungen" bei Lichte besehen eher Neubautätigkeiten. Man misstraute der Mittelalterlichkeit des echten Mittelalters und ersetzte es nicht selten durch die eigene Vorstellung vom Mittelalter. Man dachte sogar daran, hier das später in Nürnberg eingerichtete Germanische Nationalmuseum unterzubringen. So sehr drängte es die Nation ohne Staat, die Deutschen ohne ein Deutsches Reich, zur Selbstfindung durch die Beschäftigung mit der Geschichte. Zwischen 1904 und 1924 erlebte die Veste den letzten Bauboom. Herzog Carl Eduard ließ durch den Burgenspezialisten Bodo Ebhardt einige der Übertreibungen des vorangegangenen Jahrhunderts rückgängig machen und die Burg nahm die Formen an, die wir heute noch erleben. Seit 1920 gehört die Veste dem Freistaat Bayern und der kann seit dem Tod des Prinzen Friedrich Josias, der das letzte Wohnrecht in der Veste hatte, 1998 über eine der bedeutendsten und größten deutschen Burganlagen uneingeschränkt verfügen.

Oben: *Im Jagdintarsienzimmer steht vor wertvollen Holzeinlegearbeiten ein prächtiger Nürnberger Kachelofen.*

Mitte: *Das Arbeitszimmer Martin Luthers mit einem Porträt des Reformators von Lucas Cranach d. Ä.*

Coburger Jugendstil

Mit der Industrialisierung der Residenzstadt Coburg im 19. Jahrhundert wuchs auch die Einwohnerzahl sprunghaft. Zählte man 1843 nur knapp 10.000 Coburger, waren es 1900 schon mehr als 20.000. Rege Bautätigkeit war die Folge und sehr rasch war das neue Coburg vor den Stadtmauern um ein Vielfaches größer als die alte Stadt. Nachdem man fast das ganze Jahrhundert über an den Neubauten die immer gleichen Schmuckelemente vergangener Stilepochen recycelt hatte, führte der Überdruss an dieser wenig innovativen Praxis zur Geburt eines neuen Stils, den man heute Jugendstil nennt. An ihm schieden sich die Geister massiv. Wer in der politisch konservativen Ecke zuhause war, hatte für diesen neuen Stil nichts übrig, zumal auch Kaiser Wilhelm II. ein eingeschworener Feind dieser „geschmacklichen Verirrung" war. Erstaunlich viele Coburger zeigten sich aber für die neue Architektur mit ihren geschwungenen Formen und ihrem florealen Dekor aufgeschlossen – mehr als in jeder anderen fränkischen Stadt. Zu den Protagonisten dieses Aufbruchs zählte vor allem der damalige Stadtbaumeister Max Böhme, der aufgrund seiner früheren Tätigkeit in der Bauverwaltung des Großherzogtums Hessen mit dem Jugendstil Darmstädter Prägung in Berührung gekommen war. Die von ihm geplante Heilig-Kreuz-Schule und das Ernst-Alexandrinen-Volksbad sind beredte Zeugnisse. Umso irritierender erscheint es vor dem Hintergrund dieser Offenheit, dass gerade Coburg kaum drei Jahrzehnte später Deutschlands erste nationalsozialistische Stadt war.

Mitte: *Die damals niedrigen Löhne ermöglichten den bisweilen überquellenden Jugendstildekor wie hier in der Bahnhofstraße.*
Unten: *1913 wurde dieses für Coburg rare Beispiel eines Baus in geometrischem Jugendstil in der Bahnhofstraße vollendet.*

Das Ketschentor

Kaum zu glauben, aber wahr: Durch das altehrwürdige Ketschentor zwängte sich bis 1983 der ganze Verkehr der Bundesstraße 4. Dafür wurde es 1303 nun wirklich nicht gebaut. Als die erste Coburger Stadtmauer im frühen 13. Jahrhundert errichtet wurde, war sie eine herbeigesehnte Notwendigkeit. Eine Stadt ohne Stadtmauer ist im Mittelalter undenkbar. Deswegen hat man auch im Folgejahrhundert keine Kosten gescheut und ließ die Vorstädte vor den vier Stadttoren zum Teil ebenfalls ummauern. Aus dieser Zeit stammt auch das Ketschentor, das Äußeres Ketschentor heißen müsste, denn das eigentliche Ketschentor erhob sich am heutigen Albertplatz. Für den mittelalterlichen Nahkampf waren die Coburger Maueranstrengungen gerade noch ausreichend, aber mit dem Aufkommen schweren Geschützes nutzlos. Man rüstete hier im Gegensatz zur Veste nicht nach. Die alten Mauern blieben zunächst stehen, weil sie einst auch wichtige Rechtsgrenzen waren. Erst als all das keine Rolle mehr spielte, im frühen 19. Jahrhundert, befreite man sich vom engen Korsett des Mittelalters und auch Coburg begann in sein Umland hinauszuwuchern. Immerhin zeugen noch Judentor, Spitaltor und Ketschentor und ein langes Stück in Häusern verbaute Stadtmauer vom Judentor bis zum Ernstplatz von einstiger Wehrhaftigkeit.

Das Stadthaus

Man darf den Bürgern nicht zu viel durchgehen lassen, dachte wohl Herzog Johann Casimir, als die Coburger ihr Rathaus Ende des 16. Jahrhunderts um einen Flügel beträchtlich erweitern ließen. Der Ausbau war ein Akt bürgerlichen Selbstbehauptungswillens in einer Stadt, in der der fürstliche Stadtherr in seinem neuen Palast mitten unter der Bürgerschaft wohnte. Und so ließ der Herzog ab 1597 dem Rathaus gegenüber auf einem Filet-Grundstück am Marktplatz sein neues Kanzleigebäude, heute Stadthaus genannt, errichten. Natürlich musste der Bau moderner, größer und schmuckreicher sein als das Rathaus und in seiner strengen Regelmäßigkeit sollte der Renaissancebau das geordnete Regiment des Herzogs illustrieren. Der schmucke 1601 vollendete Bau des Architekten und Malers Peter Sengelaub sicherte die optische Herrschaft über den Marktplatz und damit war wieder klar, wer Herr in der Residenzstadt war. Der Kraftakt soll rund 15.000 Gulden gekostet haben, aber im Zeitalter des heraufdämmernden Absolutismus war das aus Sicht der Herrschenden sicher gut angelegtes Geld. Ein Teil des ausgegebenen Geldes wird wohl durch die Verpachtung der Läden im Erdgeschoss wieder in die Staatskasse zurückgeflossen sein. Größter Gewinner aber war und ist Coburgs Stadtbild, denn der elegante Bau wirkt nicht nur platzbeherrschend, er leitet auch mit den beiden seitlichen Erkertürmen städtebaulich geschickt in die abzweigenden Gassen über.

Mitte: *Wappen und Tugenden an den Erkertürmen belehren über die Herrschenden und deren Qualitäten.*

Unten: *Das ehemalige Kanzleigebäude zählt mit seinen statuengeschmückten Ziergiebeln und den reichgegliederten Erkertürmen zu den schönsten Renaissancebauten Frankens.*

Das Rathaus

Zumindest im Hinblick auf die Modernität sticht das Rathaus das gegenüberliegende Kanzleigebäude aus. Das gilt aber nur für die Fassade, die 1750–52 durch die reiche Rokokodekoration ihr spätestes Update erfahren hat. Im Kern aber ist der Bau noch immer ein spätmittelalterliches Rat- und Kaufhaus, in dem wie so oft Politik und Wirtschaft allzu dicht beieinanderlagen. 1577–80 ließ man dieses Rathaus durch Baumeister Hans Schlachter bis zur Einmündung der Ketschengasse erweitern und die Ecksituation durch einen hübschen Erkerturm, symbolisch getragen durch den Stadtpatron, den heiligen Mauritius, betonen. Dem begegnet der aufmerksame Betrachter des Baus übrigens ein zweites Mal. Seit 1622 steht der Heilige auf dem zentralen Dreiecksgiebel und präsentiert stolz das Stadtwappen und einen Marschallstab. In Letzterem sehen die Coburger aber lieber das Normalmaß für ihre geliebten, über dem Feuer von Kiefernzapfen zubereiteten Bratwürste, die demnach mindestens 31 Zentimeter messen müssten. Der Marktplatz, der in seiner großzügigen Regelmäßigkeit im frühen 15. Jahrhundert als Ersatz für den kleinen Markt an der Morizkirche geschaffen wurde, ist sicher der schönste Ort für eine eingehende Längenkontrolle dieser besonders würzigen Variante der groben Bratwurst. Dem Heiligen auf dem Giebel hat sein zu Verwechselungen einladendes Attribut den volkstümlichen Namen „Bratwurstmännle“ eingetragen.

Mitte: *An Markttagen herrscht geschäftiges Treiben, das diejenigen, die sich eine Pause gönnen, gemütlich beobachten können.*

Internationales Samba-Festival

Auf die Frage, was paradox sei, hätte vor gut dreißig Jahren eine der vielen möglichen Antworten lauten können „Coburg und Samba". Das klingt nach einer ähnlichen Mesalliance wie rheinischer Frohsinn und Preußen. Und dennoch ist heute Samba aus Coburg nicht mehr wegzudenken, ja, die Kombination lockt alljährlich sogar bis zu 200.000 Besucher an! Als im Jahr 1992 alles begann, sah es eher nach einer kurzlebigen Schnapsidee aus. Der Musiker und Schauspieler Michael Häfner, engagiert am Landestheater, hatte, inspiriert durch seine Südamerikareise, die Idee, man könne doch einmal verschiedene Sambagruppen in Coburg zusammenbringen. Dank wohlwollender Unterstützung des damaligen Oberbürgermeisters Norbert Kastner und der Gabe, viele Helfer für die Sache begeistern zu können, trafen sich in der Stadt achtzehn verschiedene

Sambaschulen, sehr zum Entzücken der überraschenderweise 30.000 Zuschauer! Dieser große Publikumserfolg baute wohl genügend Erwartungshaltung auf, sodass man die Sache im folgenden Jahr wiederholte. Und siehe da, es war größer und schöner als im Jahr zuvor. Mittlerweile ist man bei der 29. Auflage des Festivals angekommen und hat sich mit etwa 3.000 Sambistas zur größten Sambaveranstaltung außerhalb Brasiliens gesteigert. Dafür gab es sogar schon Auszeichnungen: 2011 den „Exportpreis Bayern" des bayerischen Wirtschaftsministeriums und 2014 den Preis für die beste Sambaveranstaltung außerhalb Rios! Sogar der Fußballprofi Giovane Elber fühlte sich fast wie zuhause. Gut zur royalen Attitüde Coburgs passend, macht alljährlich die „Königin des Sambas" aus Rio de Janeiro dem Festival „Sambco" ihre Aufwartung. Es wird wohl nicht mehr lange dauern und die Coburger werden sich vielleicht so etwas wie „Hüftenschwinger" als neuen Spitznamen gefallen lassen müssen.

Das Internationale Sambafestival findet immer an drei Tagen des zweiten Wochenendes im Juli statt. Die Karten für die Veranstaltungen gibt es in der Regel ab dem Frühjahr.

Schloss Ehrenburg

Die Reformation bescherte den Coburger Herzögen ein wunderbares Baugrundstück in bester innerstädtischer Lage. Die Franziskaner hatten nämlich mit der Einführung der neuen Lehre ihr Kloster verlassen und damit Herzog Johann Ernst einen idealen Standort für eine Stadtresidenz freigemacht. Bei geschickter Planung ließen sich sogar noch einige Bauteile des Konvents kostensparend für den neuen Palast verwerten. So gab es eine ganze Reihe von Baumeistern, die sich am Wettbewerb für den Auftrag zu diesem ganz neuen Residenztyp bewarben, aber leider ist nicht überliefert, wer schließlich mit seinen Vorstellungen zum Zuge kam. Auf jeden Fall konnte der Herzog schon 1547 in den Neubau einziehen und mit Kaiser Karl V. auch gleich den denkbar höchsten Gast empfangen. Diesen Besuch empfand man wohl als so große Auszeichnung, dass damit

auch der Name für das Schloss gefunden war; es wird seit dieser Zeit als Schloss „Ehrenburg" in den zeitgenössischen Quellen bezeichnet. Johann Ernst konnte sein neues Zuhause nur noch sechs Jahre genießen, aber auch nach seinem Tod gingen die Ausbauarbeiten unvermittelt weiter. Auch Herzog Johann Casimir

Unten und rechts: *: Die Schlossplatzfassade der Ehrenburg ist ein Kuriosum, denn ihr Dekor gehört ins Reich der wiederbelebten Gotik, der hufeisenförmige Hof dagegen ist ein typisches Kind des Barock.*

ließ während seiner Regierungsjahre von 1586 bis 1633 das Schloss ständig erweitern und modernisieren. Danach war der sich um mehrere Höfe gruppierende Residenzkomplex fast eine kleine Stadt in der Stadt. Mit Küchentrakt, Waschhaus, Marstall, Brauhaus, Backstube, Viehställen, „Münze" und „Renthnereystube", was einer Vermögensverwaltung entspricht, waren nun alle notwendigen Einrichtungen am Hofe konzentriert und Coburgs Residenz eine der modernsten im deutschen Sprachraum. Den Dreißigjährigen Krieg überstand der verschachtelte Komplex ohne Schäden, aber am 9. März 1690 äscherte ein „plötzlicher und erschröcklicher Brand" den Fürstenbau und die angrenzenden Flügel ein. In der mittlerweile angebrochenen Epoche des Barocks war so ein „erschröckliches" Ereignis bisweilen geradezu als Glücksfall angesehen, bot sich doch damit die Gelegenheit, neu und in modernen Formen zu bauen, ohne dass man dafür mühsam plausible Begründungen suchen musste. Betroffenheitsadressen befreundeter Fürsten beantwortete Herzog Albrecht daher gleich mit der Bitte um Stiftungen oder wenigstens Kredite. Die Spendenfreude indes hielt sich in Grenzen, nicht zuletzt weil sich die fürstlichen Kollegen selbst in kostspielige Bauabenteuer gestürzt hatten. Doch schon am 23. Juni 1690 wurde der Grundstein zum Neubau gelegt – für die Planung hatte man mangels eigener Fachkräfte den Baumeister Christian Richter aus Weimar ausgeliehen. Es entstand eine klassische Dreiflügelanlage mit einem Ehrenhof, der allerdings den Schönheitsfehler hatte, dass er sich zu den bedauerlicherweise nicht abgebrannten Wirtschaftsgebäuden hin öffnete. Heute dehnt sich an ihrer Stelle der weite Schlossplatz. Zur Auszierung rief man italienische Stuckateure nach Coburg. Sie schufen die heute noch höchst eindrucksvollen Dekorationen des Riesensaals und der Hofkirche. Leider konnte die Gesamtanlage nicht vollendet

Oben: *Im barocken Riesensaal verrichten achtundzwanzig Atlanten eine bemitleidenswerte Doppelarbeit: Decke tragen und Leuchter halten.*

Seite 145 Mitte: *Aus dem späten 17. Jahrhundert stammt das Gobelinzimmer, das Herzogin Susanne Elisabeth als Schlafzimmer diente.*

Seite 145 unten: *Was für Napoleon I. gut war, konnte für den Coburger Herzog nicht schlecht sein – der Thronsaal wiederholt sein Vorbild im Pariser Tuilerienpalast.*

werden, da das Haus Sachsen-Coburg 1699 ausstarb und die ernestinische Erbengemeinschaft ihre Energie lieber in einen drei Jahrzehnte währenden Erbschaftsstreit als in den Bau investierte. Ihr heutiges Gesicht erhielt die Ehrenburg erst unter Herzog Ernst I. Er holte 1810 den jungen Karl Friedrich Schinkel nach Coburg und ließ ihn Entwürfe für eine Fertigstellung des Schlosses in Formen der Neugotik zeichnen. Für den zeitgemäßen Schick der Innenausstattung beauftragte man den Franzosen André-Marie Renié-Grétry, der alles im Stil des „Empire" gestaltete. Es sollte alles bis zur Hochzeit des Herzogs mit Luise 1817 vollendet sein – immerhin wurden wenigstens die Räume der Gattin rechtzeitig zur Scheidung 1826 fertiggestellt. Mit der Vollendung des Turms und der Ausstattung des Westflügels 1841 war schließlich das Schloss in der Gestalt vollendet, in der es heute noch als sehr bedeutendes Beispiel seiner Epoche von den Besuchern erlebt werden kann.

Schloss Ehrenburg ist im Rahmen einer Führung täglich außer montags von April bis 4. Oktober von 9 bis 18 Uhr und von November bis März von 10 bis 16 Uhr zu besichtigen. Die letzte Führung beginnt jeweils eine Stunde vor der Schließung.

Schloss Callenberg

Wo die Herzöge am liebsten wohnten

Es wäre nicht zu sehr übertrieben, Schloss Callenberg ein vorweggenommenes Neuschwanstein zu nennen. Wie das berühmte Schloss des bayerischen Märchenkönigs ist auch Callenberg kein echtes, sondern Kulissenmittelalter. Als die Coburger Herzöge 1826 das alte Anwesen in aussichtsreicher Lage vor den Toren ihrer Hauptstadt von ihrer Meininger Verwandtschaft übernahmen, begannen sie bald mit dem Neubau des Oberen Schlosses, das bereits nach fünf Jahren fertiggestellt war. Herzog Ernst I. konnte damit architektonisch demonstrieren, dass seine Vorstellungen von fürstlicher Herrschaft eher dem mittelalterlichen Gottesgnadentum entsprachen als den konstitutionellen Staatsideen seines Jahrhunderts. Mitte des gleichen Jahrhunderts vollendete sein Nachfolger mit dem Bau des Unteren Schlosses das einheitliche neugotische Ensemble. Man konnte sich solch aufwendige Bauprojekte leisten, hatte doch

> Das Schloss ist dienstags bis sonntags von April bis Oktober von 11 bis 17 und von November bis März von 13 bis 16 Uhr zu besichtigen. Im Eintrittspreis ist der Besuch des Deutschen Schützenmuseums enthalten.

Oben: *Aus der Luft sind die verbliebenen mittelalterlichen Burgmauern als Terrassenmauern besonders gut zu erkennen.*

Seite 147: *Der Rosengarten vor dem Oberen Schloss überrascht mit vier Tennisspielern als Skulpturenschmuck.*

der Verkauf des Fürstentums Lichtenberg in der Pfalz an Preußen eine Baulust beflügelnde Summe in die Privatkasse des Herzogs gespült. Herzog Ernst II. machte Callenberg mit seinem ausgedehnten Landschaftsgarten und dem benachbarten Jagdrevier zum Hauptwohnsitz, den auch noch der letzte regierende Herzog des Landes, Carl Eduard, mit seiner Familie bis 1945 bewohnte. Nach wechselvollem Schicksal in der Zeit nach dem letzten Weltkrieg und Nutzung als Altenheim und Frauenfachschule kehrte im Gefolge der bayerischen Landesausstellung „Ein Herzogtum und viele Kronen" 1997 eine dauerhafte kulturelle Nutzung ein. Heute beherbergt das Schloss passenderweise das Deutsche Schützenmuseum. Einer der Bauherren des Schlosses, Herzog Ernst II., hatte den 1861 in Coburg gegründeten Deutschen Schützenbund tatkräftig gefördert. Außerdem klärt eine Ausstellung aus dem herzoglichen Kunstbesitz über die Geschichte der Coburger Wettiner auf. Und wer seine eigene Familiengeschichte mit dem Schloss verknüpfen möchte, hat die Möglichkeit in der höchst eleganten Schlosskirche die Voraussetzungen für eine spätere Scheidung zu schaffen.

Schloss Rosenau

Kinderstube eines Prinzgemahls

Herzogin Luise war von Schloss Rosenau hellauf begeistert und meinte, es „sieht genauso wie die alten Ritterburgen, welche man in Romanen und Rittergeschichten beschreibt, aus“. Für sie war das, was Karl Friedrich Schinkel als Sommersitz für die Coburger Herzogsfamilie entworfen hatte, die perfekte Materialisierung mittelalterlicher Träumereien: Der Bau sah gediegen alt aus, bot aber im Inneren zeitgenössischen Wohnkomfort. Hier feierte man Maskenfeste in „altdeutscher Tracht“ und vertrieb sich die Zeit mit sentimentalen Spaziergängen und inszenierten Ritterturnieren. In dieser Atmosphäre erlebte Luises Sohn, der spätere Gemahl der englischen Königin Victoria, Albert, unbeschwerte Jahre einer glücklichen Kindheit. Folgerichtig ließ sich Victoria bei einem Besuch im Jahr 1845 das 1805–17 erbaute Schloss und vor allem das Kinderzimmer ihres geliebten Albert zeigen und geriet darüber selbst ins Schwärmen: „Wäre ich nicht Königin von England, wäre hier mein wirkliches Zuhause.“

Rechts: *Mit seiner „gotischen“ Dekoration war der Marmorsaal ein repräsentativer Rahmen für Maskenfeste, die die „gute alte Zeit“ des Mittelalters hochleben ließen.* ***Unten:*** *Das Äußere ähnelt mit seinem mächtigen Treppengiebel eher einem spätmittelalterlichen Bürgerhaus als einem Schloss.*

Das Schloss ist täglich außer montags von April bis 4. Oktober von 9 bis 18 Uhr und von 5. Oktober bis März von 10 bis 16 Uhr im Rahmen einer Führung zu besichtigen. Letzte Führung jeweils eine Stunde vor Schließung. Der Park ist jederzeit frei zugänglich.

B4
Lichtenfels
Schloss Banz
73
Vierzehnheiligen
Bad Staffelstein
73
B4
B279
70
B22
70
B4
73
Seehof
B26
Bamberg
Altenburg
73

Bamberg und der Obermain

Wo der kleinere Main ungerechterweise die größere Regnitz schluckt, beginnt flussaufwärts gesehen das Obermaintal. Wie sein Zentrum Bamberg ist es von der jahrhundertelangen Herrschaft der Fürstbischöfe geprägt, was dem breiten Tal im Verein mit den wunderbaren Bauten des Klosters Banz und der Wallfahrtskirche Vierzehnheiligen den Beinamen „Gottesgarten" eingetragen hat. Kirchen sind nicht nur die markanten Dominanten der Region, sie beherrschen auch, geschart um den großartigen viertürmigen Dom, Bambergs Stadtbild. Man kann sich des Eindrucks nicht erwehren, dass man in Bamberg das Katholischsein besonders betonen wollte, nachdem die Coburger, Bayreuther und Nürnberger Nachbarschaft sich der Reformation angeschlossen hatte. Die Zugehörigkeit zum „alten Glauben" wurde so zum identitätsstiftenden Faktor, der heute noch erlebbar ist, wenn man zu einer der Wallfahrtswochen Vierzehnheiligen besucht oder die Gelegenheit hat, die eindrucksvolle, barockprächtige Bamberger Fronleichnamsprozession zu erleben. Zu Prozessionen und Wallfahrten gehört hier untrennbar das Bier. Das Obermaintal ist Bierland und nirgendwo sonst in Deutschland gibt es eine solche Dichte an Brauereien wie in Oberfranken. Wer mehr erfahren möchte, besuche das interessante Fränkische Brauereimuseum im einstigen Kloster Michelsberg in Bamberg, befahre die Oberfränkische Bierstraße oder gehe gleich „auf'n Keller", wie ein Biergartenbesuch im Bamberger „Vokalverschluckdeutsch" heißt. Dazu drei Zahlen: 11 familiengeführte Brauereien in Bamberg und rund 60 im Bamberger Umland produzieren über 400 verschiedene Biere. Bier scheint im Bamberger Land noch beliebter zu sein als Weihwasser. Beides verträgt sich aber schon seit Jahrhunderten gut miteinander, schließlich wendet man das eine innerlich und das andere äußerlich an. Der Mensch braucht viel Flüssigkeit …

Bamberg

Geschenk eines Jahrtausends

„Geschenk eines Jahrtausends" war vor einigen Jahren noch der Slogan, mit dem die Stadt Bamberg für sich warb. Im Gegensatz zu vielen anderen Sprüchen, die Touristen anlocken sollen, versprach diese Kurzbeschreibung nicht zu viel. Es ist wirklich ein Geschenk, dass eine Stadt mit einem solch reichen baulichen und kulturellen Erbe als beinahe unversehrtes Ganzes bis in unsere Zeit überdauert hat. Man kann ohne Übertreibung von einem regelrechten Gesamtkunstwerk sprechen, weswegen die UNESCO die Bamberger Altstadt schon 1993 zum Weltkulturerbe erklärt hat. Den Grundstein für die lange Geschichte bis zum heutigen Altstadtensemble legte Kaiser Heinrich II., als er zusammen mit seiner Gattin Kunigunde 1007 das Bistum Bamberg gründete. Bis dahin dürfte das benachbarte Hallstadt die bedeutendere Siedlung gewesen sein. Über die Motive, die Heinrich dazu bewogen, ausgerechnet einen unscheinbaren Hügel über dem breiten Regnitztal mit einem Bi-

Rechts und oben: *Wie ein in der Regnitz vertäutes Schiff wirkt das mit barocken Illusionsmalereien und Stuckfiguren geschmückte Alte Rathaus. Der vordere Teil in Fachwerk ist das Rottmeisterhaus, das einstige Quartier der Stadtwachen.*

schofssitz auszuzeichnen, kann man nur spekulieren. Auf jeden Fall verstand er es, mit großer Macht die Gründung dieses Bistums nicht nur durchzusetzen, sondern auch materiell so auszustatten, dass es dauerhaft lebensfähig war. Bischof und Klerus haben in den folgenden Jahrhunderten der Stadt so deutlich ihren Stempel aufgedrückt, dass man von einem „deutschen Rom" sprach und zur Bekräftigung darauf verwies, Bamberg läge gleichfalls auf sieben Hügeln. Eine echte Parallele, liegt doch Rom ebenso wenig auf sieben Hügeln wie Bamberg. Die Zahl der Kirchen, die sich um den großartigen Dom schart, belegt eindrucksvoll die Dominanz des Klerus. Bambergs Bürger hatten es unter diesen Umständen schwer, sich Eigenständigkeit zu erstreiten. Das mitten in der Regnitz stehende, wie ein vertäutes Schiff wirkende Rathaus illustriert eindrucksvoll die schwierige Situation. Es gehört mit seiner Lage weder eindeutig zur Bürgerstadt auf der „Insel", noch zum Bezirk des Bischofs auf dem linken Regnitzufer. Ein politisch wie städtebaulich interessanter Kompromiss. Nach dem Dreißigjährigen Krieg entspannte sich das Verhältnis deutlich und getragen vom kraftvollen Gestaltungswillen des neuen barocken Zeitalters sorgten Klerus und Bürgerschaft gleichermaßen dafür, dass das mittelalterliche Bamberg das freundliche Gewand des neuen Stils anlegte. In keinem Krieg nennenswert zerstört, ist ganz Bamberg das ideale Museum seiner selbst. Aber kein verstaubtes, im Gegenteil: Die Entscheidung, einen großen Teil der 1979 wiedergegründeten Universität in denkmalgeschützten Bauten unterzubringen, verjüngte das Leben zwischen alten Mauern ungemein.

Im Alten Rathaus ist heute die Sammlung Ludwig mit Kostbarkeiten aus Porzellan und Fayence untergebracht. Das Museum ist dienstags bis sonntags von 10 bis 16 Uhr geöffnet.

Oben: *Der mittelalterliche Torturm auf der Rathausbrücke wurde im 18. Jahrhundert mit freundlichem Rokokodekor samt Zierbalkon und Prunkwappen zum repräsentativen Blickfang.*

Geyerswörth

Geyerswörth lässt sich aufschlüsseln als die Insel der Familie Geyer. Den Geyers, einer reichen Patrizierfamilie aus Nürnberg, gehörte das Anwesen, bis sie 1498 begannen den Besitz Stück für Stück an die Fürstbischöfe zu verkaufen. Ende des 16. Jahrhunderts sorgten die Bischöfe für einen Umbau im Geschmack der modernen Renaissance und Geyerswörth gewann das Erscheinungsbild, das heute noch erlebbar ist. Das von da an häufig als Stadtresidenz genutzte Schloss wertete man noch mit einem heute nicht mehr existierenden, damals aber gerühmten Garten auf. Dennoch sind mit dem äußerlich schlichten Bau auch sehr unangenehme Erinnerungen verbunden. Fürstbischof Johann Georg II. initiierte eine Welle von Hexenprozessen, die in wenigen Jahren allein mehr als 250 Bamberger das Leben kostete. Der Wiener Reichshofrat beendete 1631 die Prozesse und ein tödlicher Schlaganfall 1633 das Leben des Hexenbrenners. Da erscheint es wie ein später Ausgleich, wenn heute von hier aus das Sozialreferat Härtefälle lindert.

Die Innenräume des Schlosses Geyerswörth sind nicht zu besichtigen, aber der Turm mit lohnender Aussicht kann bestiegen werden. Der Schlüssel ist in der benachbarten Tourist Information erhältlich.

Schlenkerla
Sandstraße

Dank zahlreicher Gaststätten und Lokale ist die Sandstraße eine der lebendigsten Straßen Bambergs. Lebhaft dürfte es in diesem gemischten Viertel aber schon immer zugegangen sein, lebten hier doch auf engstem Raum glaubensstrenge Dominikaner, adelige Palaisbesitzer, Handwerker und Bewohner des Bürgerspitals, also Menschen, die sich selbst nicht mehr helfen konnten. Die Straße war und ist die Lebensader des Sandgebiets, des Viertels zwischen Domberg und Regnitz, das zu den ältesten Stadtquartieren zählt. Dementsprechend stehen Obere und Unterer Sandstraße unter Denkmalschutz und beeindrucken durch eine beachtliche Vielfalt der Epochen. Alljährlich im August müssen die altehrwürdigen Häuser des Viertels als Kulisse für den kollektiven Konsum erheblicher Mengen alkoholhaltiger Erfrischungsgetränke herhalten, dann nämlich wird die „Sandkerwa“, die Sandkirchweih, gefeiert. Zum Fest, das aus der Kirchweihfeier der Elisabethkirche des Bürgerspitals hervorgegangen

ist, gehören aber auch ein traditionelles Fischerstechen und ein stimmungsvolles Feuerwerk. Wer das Löschen seines Bierdurstes ein wenig gleichmäßiger über das Jahr verteilen möchte, findet mit dem „Schlenkerla" eine ganzjährige Anlaufstelle mit großer Tradition. Schon 1538 wurde im Haus „Zum Blauen Löwen" eine Gaststätte eingerichtet und zweihundert Jahre später richtete die Familie Heller hier den Hellerbräu ein.

Den gibt es heute noch, aber für Bamberger ist er einfach das „Schlenkerla". Und das soll so gekommen sein: Ende des 19. Jahrhunderts hatte der Braumeister Andreas Graser einen Unfall mit einem Bierfuhrwerk und konnte danach nur noch gehen, wenn er seine „Unwucht" mit dem Schlenkern der Arme ausglich. Wer sich eingehend genug mit dem dort gebrauten Rauchbier befasst, dem gelingt ein solcher Gang wohl auch ohne Fuhrwerksunfall.

Seite 156 oben: *Der Ausleger des „Schlenkerla" in der Sandgasse lockt zum Rauchbier.*
Seite 156 unten: *Bauten aus verschiedenen Jahrhunderten fügen sich zum reizvollen Ensemble der Unteren Sandstraße.*
Unten: *Das Rauchbier, ein untergäriges Märzenbier, gebraut mit rauchgetrocknetem Malz, vereint im „Schlenkerla" Einheimische und Touristen.*

Der Dom

Bambergs Dom Sankt Peter und Sankt Georg ist in jeder Hinsicht etwas Besonderes. Diese Sonderstellung beginnt schon mit der Gründung des Bistums Bamberg durch das Kaiserpaar Heinrich und Kunigunde 1007. Niemand verlangte damals nach einem neuen Bistum, gehörte doch das Gebiet des späteren Bistums Bamberg bereits zu den Bistümern Würzburg und Eichstätt. Ein unerhörter Vorgang also, der Kaiser Heinrich sogar einen Kniefall vor den Großen des Reiches bei einer Reichsversammlung in Frankfurt abnötigte. Mit der Gründung hatte das kinderlose Kaiserpaar sein Kind für die Ewigkeit in die Welt gesetzt. Damit nicht genug: Das Bistum wurde 1245 direkt dem Papst unterstellt und gehörte damit als einziges deutsches Bistum zu keinem Erzbistum. Seit 1817 ist Bamberg sogar selbst ein Erzbistum. Und Bambergs Dom ist die einzige deutsche Kathedrale, die sowohl ein Papst- als auch ein Kaisergrab

Oben: *Vier Türme und zwei Chöre geben dem spätromanisch-frühgotischen Dom des 13. Jahrhunderts seine unverwechselbare Silhouette.*

aufweist. Was aber die Besonderheiten der langen Geschichte des Bistums und des Doms bei weitem in den Schatten stellt, ist das großartige Bauwerk selbst, seine hohe baukünstlerische Qualität, seine hervorragende mittelalterliche Ausstattung und sein hoher Symbolwert. Den Dom Heinrichs und Kunigundes gibt es nicht mehr, er fiel spätestens 1185 einem Großfeuer zum Opfer. Was aber an dessen Stelle trat und 1237 geweiht wurde, ist eine der schönsten Bauschöpfungen aus der Epochenwende zwischen Romanik und Gotik. Man begann den Dom im Osten, der sich noch heute in den Formen reifer Romanik präsentiert, und endete mit dem Turmpaar im Westen, das unübersehbare Parallelen mit Türmen der Kathedrale von Laon, einem Schlüsselbau der frühen Gotik, aufweist. Der neue, französische Stil hielt damals Einzug in die Baukultur der fränkischen Provinz, mit ihm kam auch eine neue Auffassung von der Skulptur und bescherte dem Dom eine Reihe herausragender Plastiken, angefangen mit den Seligen des Fürstenportals bis hin zum berühmten Reiter. Trotz der vielen Neuerungen und modernen Formen hielt der Neubau des 13. Jahrhunderts aber an einer deutschen Eigentümlichkeit fest: der Doppelchörigkeit.

Oben: *Der Erzmärtyrer Stefan leistet dem Kaiserpaar Heinrich und Kunigunde an der Adamspforte Gesellschaft.*

Unten: *Das prächtige, zum Domplatz gewandte Fürstenportal illustriert im Türsturz Höllenqual und ewige Glückseligkeit nach dem Jüngsten Gericht.*

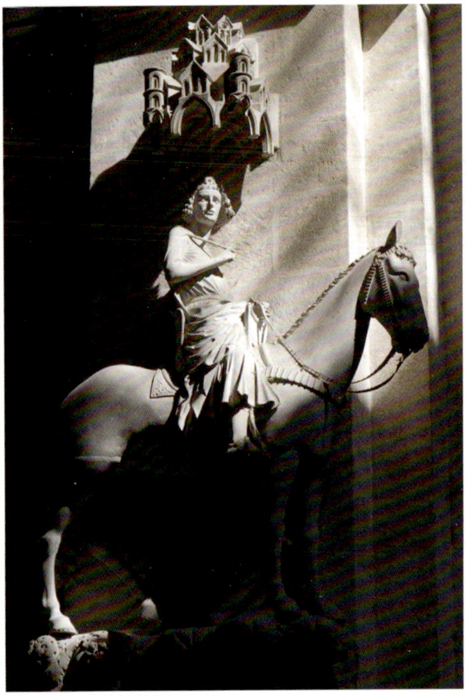

Sie war wohl so wichtig, dass man lieber in Kauf nahm, keine repräsentative Doppelturmfassade mit zentralem Eingang wie bei den zeitgleichen französischen Kathedralen zu haben. Der Dom war und ist daher nur durch vergleichsweise kleine Portale an den Seiten zu betreten. Mit den beiden Chören aber illustrierte der Dom als kaiserliche Stiftung hervorragend seine Symbolhaftigkeit für das mittelalterliche Reich. Der Westchor, der dem heiligen Petrus, dem ersten Papst, geweiht ist, verkörpert sozusagen das geistliche Haupt. Hier befindet sich das Grab Papst Clemens´ II. und hier zelebrieren heute noch die Erzbischöfe die Messe. Der Ostchor dagegen ist dem Ritterheiligen Georg geweiht und beherbergt in seinem Vorfeld das Grab des heiliggesprochenen Kaiserpaares Heinrich und Kunigunde.

Der Dom ist geöffnet: von November bis März montags bis mittwochs von 9 bis 17, donnerstags und freitags von 9.30 bis 17, samstags von 9 bis 16.30 und sonntags von 13 bis 17 Uhr; von April bis Oktober ist der Dom jeweils eine Stunde länger geöffnet, außer an Samstagen, da ist er außerdem von 11.30 bis 13 Uhr geschlossen und schließt um 16.30.

Das christliche Reich hatte somit zwei Häupter, den Kaiser und den Papst – das hohe Mittelalter erlebte entsprechend einen kaum enden wollenden Streit um eine Vorrangstellung in der Christenheit. So bedeutend die Steinbildwerke aus der Glanzzeit des Domes sind, so schade ist es aber auch, dass sonst nur wenig überliefert ist. Über das Aussehen der damaligen Altäre lässt sich kaum etwas sagen und das farbige Erscheinungsbild von Architektur und Skulptur ist nirgendwo mehr vollständig erhalten. Auf jeden Fall muss es eine sehr farbenfrohes gewesen sein, folgt man den Rekonstruktionsvor-

schlägen der Farbfassung des berühmten Reiters. Seit seiner Weihe erfuhr der Dom immer wieder Umgestaltungen, denn ein Dom ist kein Museum, sondern Ort lebendiger Liturgie. Änderte sich diese, änderte sich auch die Ausstattung. Den veränderten Wallfahrtsgewohnheiten Rechnung tragend, bestellte man zum Beispiel Ende des 15. Jahrhunderts bei dem Würzburger Bildschnitzer Tilman Riemenschneider einen neuen Grabaufbau für Heinrich und Kunigunde – vielleicht wollte man in dieser Zeit mit einer Aufwertung des Grabes auch deutlicher auf die weltliche Herrschaftstradition des Bamberger Bischofs hinweisen. Später, im 17. Jahrhundert, führten die Beschlüsse des Konzils zu Trient zu einer kompletten Neuausstattung des Doms – bis 1678 hatte man fast alle

Links oben: *Der Bamberger Reiter verkörpert das mittelalterliche Ideal des Herrschers in idealer Weise – nur ist bis heute ungeklärt, wer seit über siebenhundert Jahren vom Pferd aus angespannt ins Langhaus des Domes blickt.*

Seite 160/161: *Der Blick vom Westchor mit dem Grab Papst Clemens´ II. und dem Sitz des Erzbischofs zum Ostchor erschließt die ganze Länge des spätromanischen Doms. Von hoher Qualität sind auch die gotischen Schnitzereien des Chorgestühls.*

30 Altäre im neuen Stil des Barocks umgestaltet oder neu geschaffen. Im gleichen Jahrhundert entfernte man die Buntglasfenster und die farbige Ausmalung des Raums. Noch radikaler ging es dann unter dem bayerischen König Ludwig I. zu. Er sah, getragen von seiner Begeisterung für alles Deutsche, im Dom vor allem ein nationales Denkmal und wollte den „erhabenen Tempel in dem Geiste des reinen Styles“ wiederherstellen lassen. Ab 1829 kam es dann zu „Roheiten bei Entfernung der Grabmäler der Fürst-Bischöfe und Domherren etc. Vandalismus gegen den Perücken-Stil und Ignoranz in Betreff auf Cultus und kirchliche Altertümer“, wie der Kunstsammler Sulpiz Boiserée in seinem Tagebuch notierte. Man ging damals sehr gründlich vor: Kein Barockaltar durfte in der Kirche bleiben, sogar die nicht zum gewünschten „altdeutschen“ Stil passenden Bischofsgrabmäler wurden kurzerhand in die ehemalige Klosterkirche Michelsberg umgesetzt. Den Bambergern,

die noch immer eine starke Affinität zu barocker Festkultur hatten, gefielen diese Maßnahmen überhaupt nicht. Zeitweise musste sogar Militär die Renovierungsarbeiten schützen! Aber es half kein Protest und auch nicht die Erkenntnis, dass mittelalterliche Kirchen ein stark farbiges Erscheinungsbild hatten, der Dom wurde „purifiziert" und damit ist auch das recht nüchterne Raumbild der Kathedrale erklärt. Die wenigen Ausstattungsstücke, die danach hinzukamen, wie der Radleuchter, die Kathedra des Erzbischofs oder die Kanzel, sind zwar handwerklich exzellent gearbeitete Stücke, wirken aber merkwürdig steril. Also wendet man sich gerne wieder den künstlerischen Zeugnissen aus der Stauferzeit zu, sinniert, ob mit dem Bamberger Reiter vielleicht einer der Heiligen Drei Könige oder Ungarns erster christlicher König Stephan I. gemeint ist, verliebt sich ein bisschen in die anmutige, sehr figurbetonte Skulptur der Synagoge oder lässt sich vom überirdischen Lächeln der Seligen im Fürstenportal anstecken. Letzteres könnte vielleicht den berühmten Bamberger Hörnchen die Form vorgegeben haben …

Oben: *Die südlich an den Dom anschließende Nagelkapelle diente einst als Versammlungsraum und Grablege des Domkapitels; ihren Namen erhielt sie von der hier aufbewahrten Reliquie eines Nagels der Kreuzigung Christi.*
Mitte: *Ein Brunnen ist der zentrale Blickfang in der Krypta unter dem Ostchor.*
Seite 162/163: *Feierliches Pontifikalamt mit Erzbischof Ludwig Schick anlässlich der Tausendjahrfeier der Bistumsgründung im Westchor.*

Alte Hofhaltung

Wenn es in Deutschland eine besonders gut erhaltene Fürstenresidenz des ausgehenden Mittelalters gibt, dann ist es die Alte Hofhaltung auf dem Bamberger Domberg. Sie zeigt sehr anschaulich, dass die Hofhaltungen dieser Zeit noch nichts von den repräsentativen Schlössern der Renaissance oder Barockzeit haben. Durch die benachbarte Neue Residenz hat man den direkten Vergleich in unmittelbarer Nachbarschaft. Eine spätmittelalterliche Hofhaltung ist in der Regel ein Ensemble aus Vielzweckgebäuden. Da gibt es Stallungen, Speicher für Zehntabgaben, Kanzleistuben für die Verwaltung und natürlich auch Wohnräume für den Regenten, im Bamberger Fall den Fürstbischof, und für Gäste. All das gruppiert sich bei der Alten Hofhaltung in Form unterschiedlichster Bauten aus Stein und noch mehr Fachwerk um einen weiträumigen Innenhof, der in unseren Tagen als reizvolle Kulisse für die Calderon-Spiele genutzt wird. Die meisten Bauten sind im 15. und 16. Jahrhundert auf Resten von Vorgängerbauten errichtet worden, denn es gab hier schon um 600 eine Besiedlung und später die Pfalz Kaiser Heinrichs II. Dieser bereits im 10. Jahrhundert ummauerte Ort hat in der Reichsgeschichte immer wieder einmal eine wichtige Rolle gespielt. Bis zu seinem Tod 966 saß der von Kaiser Otto I. abgesetzte und gefangengenommene italienische König Berengar mit seiner Frau als Gefangener hier ein und hier war wohl auch die Stelle, an der Otto von Wittelsbach den deutschen König Philipp von Schwaben ermordete. Es war der erste Königsmord seit der Merowingerzeit, in der das Königsmorden so etwas wie ein Volkssport war!
Die heute stehenden Bauten waren keine Zeugen dieser Ereignisse, sie sind später entstanden. Leider hat man im späten 18. Jahrhundert die beiden romanischen Kapellen der heiligen Thomas und Andreas

weitgehend abgebrochen und es fehlt seither auch ein Bau, der den großen Hof riegelartig unterteilte. Immerhin blieben aber die beiden Prunkstücke aus der Zeit der Renaissance, die erkergeschmückte Neue Ratsstube und die Schöne Pforte mit den Darstellungen der Bistumsgründer Heinrich und Kunigunde und den Verkörperungen der beiden Hauptflüsse des Bistums, Main und Regnitz, erhalten. Mittlerweile dienen die Bauten nach einigen eher unglücklichen Nutzungen musealen Zwecken. Das besuchenswerte Historische Museum zeigt Schätze aus der langen Geschichte von Bistum und Stadt Bamberg, darunter auch Werke von Cranach und Brueghel. Der absolute Publikumsliebling unter den Ausstellungen im Museum aber ist die alljährliche Krippenschau der Bamberger Krippenfreunde im historischen Marstall.

Das Historische Museum ist von April bis November Dienstag bis Sonntag und Feiertag von 10 bis 17 Uhr geöffnet. Die Krippenausstellung ist in der Regel vom 1. Advent bis zum 12. Januar täglich von 10 bis 17 Uhr geöffnet.

Seite 164: *Neue Ratsstube und Schöne Pforte sind mit ihren reifen Renaissanceformen eine schöne Einladung, in den Hof der Alten Hofhaltung einzutreten.*

Seite 165 oben: *Laubengänge mit freundlichem Geranienschmuck verleihen dem Hof eine fast mediterrane Note.*

Seite 165 Mitte: *In den Räumen der Alten Hofhaltung halten die Exponate des Historischen Museums die Erinnerung an die große geschichtliche Bedeutung des Fürstbistums wach.*

Neue Residenz

Es gab einiges, was der Barockmensch nicht leiden konnte, aber ganz oben in seiner Abneigungsliste standen Altbauten. Die Begeisterungsfähigkeit für den Reiz altertümlicher Kulissen war äußerst schwach ausgeprägt und die Herrschenden sahen in diesen alten Gemäuern weder ihren Herrschafts- noch Gestaltungswillen verkörpert. Dieser Modernisierungswut wäre um ein Haar auch die Alte Hofhaltung im 18. Jahrhundert zum Opfer gefallen. Besonders dem baufreudigen und ein wenig selbstverliebten Fürstbischof Lothar Franz von Schönborn war das in Jahrhunderten gewachsene architektonische Chaos eine Beleidigung fürs Auge. Also begann er in unmittelbarer Nachbarschaft eine neue Residenz nach neuester Mode zu bauen. Groß und einheitlich sollte sie werden, den Geschmack der wichtigen Zentren wie Prag, Rom oder Wien nach Bamberg vermitteln. Dem Hofbaumeister Johann Dientzenhofer fiel nun die durchaus auch undankbare Aufgabe zu, neben dem ehrwürdigen mittelalterlichen Dom ein komfortables Schloss von übermächtigen Abmessungen zu planen. Er meisterte seine Aufgabe mit großem Geschick, auch

wenn letztlich nur zwei von drei Flügeln ausgeführt wurden. Die Baumasse wurde um einen u-förmig konzipierten Ehrenhof

Die Neue Residenz ist nur im Rahmen einer Führung zu besichtigen. Geöffnet ist sie täglich von April bis September von 9 bis 18 Uhr und von Oktober bis März von 10 bis 16 Uhr.

Rechts: *Die großzügige Treppe zum Ostflügel wurde notwendig, als man das Niveau des Domplatzes absenkte, um mit der Erde die Rampen als repräsentative Auffahrten aufzuschütten.*

Unten: *Nach mehr als drei Jahrhunderten noch immer ein unfertiger Bau: Der Neuen Residenz fehlt der linke Flügel, der den Domplatz zum klassischen Ehrenhof vor dem Palast gemacht hätte.*

gruppiert und flankiert den Dom so unaufdringlich, dass er, von der Stadt aus gesehen, beinahe noch eindrucksvoller wirkt als zuvor in seiner angestammten mittelalterlichen Umgebung. Bis 1703 waren Nord- und Ostflügel vollendet, statt des Westflügels erhebt sich noch immer die Alte Hofhaltung. Man fühlt sich beinahe an die beliebte Werbestrategie der „Vorher-nachher-Bilder" erinnert. Bis heute ist an den herauskragenden Steinen an der südwestlichen Ecker der Neuen Residenz abzulesen, wo einer ganzen Epoche die Puste ausging! Man musste damals schließlich nicht nur für eine opulente Verpackung sorgen, auch der Inhalt durfte die Erwartungen nicht enttäuschen. Bambergs Kunsthandwerk im Verein mit zugewanderten Künstlern leisteten Herausragendes, um mit prächtigen Raumfluchten, einem überaus reichen Spiegelkabinett und dem imperialen Kaisersaal dem Fürstbischof und damit dem ganzen bambergischen Staat eine angemessene Heimstatt zu schaffen. Der Hausherr richtete im zweiten Stock ein exquisit ausgestattetes Appartement für eventuelle Kaiserbesuche und im ersten Stock eine nicht minder reich dekorierte Wohnung für sich ein. Man fragt sich, welche Aufgabe wohl dem nicht ausgeführten Westflügel zugedacht war – zölibatsbedingt entfielen schießlich die üblichen Damen-, Kinder- und Verwandtenappartements. Lothar Franz von Schönborn hatte also viel Aufwand getrieben für ein Schloss, dass er nicht sonderlich oft nutzte, denn er war in seiner Eigenschaft als Mainzer Kurfürst überwiegend dort zuhause und zu allem

Überfluss ließ er sich wenig später unweit von Bamberg das großartige Schloss Pommersfelden als privaten Rückzugsort bauen. Dennoch hatte ein Projekt wie der Bau eines neuen großen Residenzschlosses durchaus eine Funktion, die heutzutage Weltausstellungen, Olympiaden, neuen Konzerthallen oder Fußballstadien zufällt. Man machte damit Werbung für den Wirtschafts- und Politikstandort Bamberg! So prächtig die Raumfluchten der neuen Residenz auch ausgefallen sein mögen, große Politik wurde in ihnen nur äußerst selten gemacht. Im 18. Jahrhundert waren Bambergs Fürstbischöfe oft in Personalunion auch solche von Würzburg und hielten lieber dort in der noch moderneren und komfortableren Residenz Hof. Als Bamberg dann 1803 bayerisch wurde, diente der stolze Bau für mehr als hundert Jahre den Wittelsbachern als Nebenresidenz. Heute kann man neben vielen Spitzenleistungen des spätbarocken Kunsthandwerks und der gut sortierten Staatsgalerie auch den Schreibtisch besichtigen, auf dem Napoleon selbst 1806 die Kriegserklärung an Preußen unterzeichnete. Außerdem erinnert das ganze Schloss an Otto I., den ersten König Griechenlands. Dieser Wit-

telsbacher war nach der Befreiung der Griechen von jahrhundertelanger türkischer Fremdherrschaft 1833 als König empfangen worden, aber bereits 1863 stellte sich heraus, dass Bayern und Griechen außer ihren Landesfarben Weiß und Blau doch nicht viel Gemeinsames aufweisen, und Otto musste die letzten vier Jahres seines Lebens als stillgelegter König in Bamberg verbringen. Unfreiwillig war auch der Aufenthalt der bayerischen Regierung in der Neuen Residenz, während in München 1919 die Räte regierten und Lenin bei den Maifeiern auf dem Roten Platz in Moskau das neue „Sowjetbayern" hochleben ließ. Bamberg wurde so nicht nur zum dem Ort, in dem die neue bürgerlich-demokratische Verfassung für Bayern angenommen wurde, sondern wo auch der Begriff „Freistaat" aus der Taufe gehoben wurde.

Neben den Prunkräumen mit Kaisersaal beherbergt das Gebäude die Staatsgalerie, eine Zweiggalerie der Bayerischen Staatsgemäldesammlungen, sowie die Staatsbibliothek Bamberg. Nicht versäumen sollte man den Rosengarten, von dem aus man einen atemberaubenden Blick auf die Bamberger Altstadt hat.

Seite 168/169: *Melchior Steidels grandiose illusionistische Malerei sorgt im Kaisersaal dafür, dass einem die Decke des nicht sonderlich hohen Saales optisch nicht auf den Kopf fällt.*

Seite 169 Mitte: *Nußbaumvertäfelungen, Spiegel und prächtige Stuckaturen schmücken das Chinesische Kabinett, in dem man früher kostbare fernöstliche Porzellane präsentierte.*

Seite 169 unten: *Das Audienzzimmer des Fürstbischofs bildet den Abschluss der zeremoniellen Raumflucht in der Beletage, dem ersten Stock.*

Rosengarten

Da der Bamberger Domberg in seiner Struktur eine Schöpfung des Mittelalters ist, bietet er für eine fürstliche Hofhaltung der Barockzeit nicht genügend Raum für großzügige Gestaltungen. Ein geometrisch gestalteter Garten gehört als Sinnbild für die alles bestimmende Macht des absolutistischen Fürsten unabdingbar zu einem barocken Residenzschloss. Das einzige zur Verfügung stehende Areal für gärtnerische Anlagen war der Renaissancegarten eines abgetragenen Domherrenhofes. Fürstbischof Friedrich Karl von Schönborn ließ ihn mit Hainbuchenkabinetten und axialen Rondellen und Wegen 1733 durch keinen Geringeren als Balthasar Neumann in einen anmutigen Barockgarten verwandeln. Was an Größe fehlt, gleicht Intimität aus, verwehrten doch die hohen, den Garten umstellenden Gebäude jeden neugierigen Blick. Umgekehrt allerdings diente der Garten mit seinem eleganten Rokokopavillon dem Fürstbischof als wunderbares Belvedere. Flankiert von antiken Göttern, Putten und duftenden Rosen lässt sich von hier der vielleicht schönste Blick auf das alte Bamberg und das stolze Benediktinerkloster Michelsberg genießen. Die exquisiten Statuen des Hofbildhauers Ferdinand Tietz ließ allerdings erst Adam Friedrich von Seinsheim gut dreißig Jahre später aufstellen. Der kleine Garten hat sich bis heute beinahe unverändert erhalten und erfreut sich bei Kaffeetrinkern, Aussichtgenießern und Heiratswilligen größter Beliebtheit.

Kloster Michelsberg

Den Bischof mag es vielleicht mitunter ein wenig geärgert haben, dass nicht sein Dom den höchsten Bamberger Stadthügel besetzt, sondern das Benediktinerkloster Michelsberg. Dessen Äbte wollten nicht nur topographisch hoch hinaus: Sie erhielten 1185 die Pontifikalien, also die gleichen Insignien, die den Bischof auszeichneten. Üppige Schenkungen machten das Kloster zu einem der reichsten Frankens und trugen dem Konvent in mehr als 140 Orten Grundbesitz ein. So konnte sich das Kloster von allen Rückschlägen wie den Auseinandersetzungen mit der Bürgerschaft 1435, den Plünderungen im Bauernkrieg 1525 und dem Zweiten Markgrafenkrieg, sowie der mehrjährigen schwedischen Besatzung im Dreißigjährigen Krieg immer wieder erholen. Erst die Säkularisation 1802/03 bereitete dem Klosterleben abrupt ein Ende. 24 Mönche schickte man auf Staatskosten in Pension und die Gebäude gingen in den Besitz der Stadt über. Sie quartierte hier die Spitäler aus der Stadt ein. Statische Schäden sind der Grund dafür, dass man wohl erst 2025 den Michelsberg gerüstfrei sehen kann. Das ist schade, ist doch die Kirche mit ihrem berühmten Paradiesgarten im Gewölbe, eine der großen Attraktionen Bambergs.

Klein-Venedig

Überall dort, wo ein paar alte Häuser an einem kanalartigen Wasserlauf stehen, ist die Fremdenverkehrswerbung geneigt, von einem „Klein-Venedig" zu sprechen. Im Falle des Bamberger „Klein-Venedigs" hat dasselbe natürlich auch nichts mit Venedig zu tun, es sieht ihm nicht einmal entfernt ähnlich. Es handelt sich einfach „nur" um die Häuser des einstigen Fischerviertels an der Regnitz. Die im Kern meist noch mittelalterlichen Häuser beherbergten früher die für die Ernährung breiter Massen so bedeutsamen Fischer. Sie lebten dicht bei ihrem Arbeitsplatz und mancher Schelch auf der Regnitz verlockt zur Annahme, hier könnten heute noch Fischer wohnen. Das ist vorbei, romantisch ist es aber allemal. Vielleicht könnte man sich zukünftig im Falle Venedigs auf den Beinamen „Groß-Bamberg" verständigen. (S. 172)

Concordia

Die Bürgergesellschaft Concordia gab dem schicken Schloss an den Ufern der Regnitz im 19. Jahrhundert ihren Namen. Bauherr aber war der Hofbeamte und Unternehmer Ignaz Tobias Böttinger, ein bürgerliches Glückskind der Zeit des Absolutismus, der sich mit dem Schloss zwischen 1716 und 1722 ein gondeltaugliches Zweitdomizil für die heißen Sommermonate errichten ließ. Eine unverzichtbare Notwendigkeit, wenn man bedenkt, wie heiß es im nur wenige Dutzend Meter entfernten Böttinger-Palais werden kann. Nach einigen uninspirierten Nutzungen in den vergangenen zweihundert Jahren hat das schmucke Ensemble 1997 eine neue Bestimmung als Internationales Künstlerhaus Villa Concordia gefunden. Künstler können hier als Stipendiaten frei an ihren Projekten arbeiten. (S. 173 unten)

Der Hain

Wo heute Touristen vorbeigondeln, dehnte sich viele Jahrhunderte ein unberührter Auenwald. Ab 1803 gestaltete Stephan Freiherr von Stengel im Auftrag des bayerischen Kurfürsten Max I. Joseph das Waldstück vor den Toren der Stadt zu einem Landschaftsgarten nach dem Vorbild des Münchner Englischen Gartens um. Seither pilgern die Bamberger für das kurze Naturerlebnis zwischendurch in den „Hain“. Einer von ihnen war der Schriftsteller E. T. A. Hoffmann, der sich für seine Spaziergänge nicht selten den Hund der Wirtin des Gasthauses Rose ausgeliehen hat. Das sollte literarische Folgen haben, wurde der Hund doch als „Hund Berganza“ in der „Nachricht von den neuesten Schicksalen des Hundes Berganza“ zum poetischen Helden mit autobiographischen Zügen, woran ein Denkmal im Hain erinnert. (*rechtes Bild*)

Altenburg

Alle Bamberger Hügel sind mit Kirchen besetzt, außer dem höchsten, auf dem thront die Altenburg. Der Name scheint sich selbst zu erklären, soll es doch schon im 9. Jahrhundert eine Befestigung anstelle der heutigen Burg gegeben haben. Das ist nur eine Vermutung, auf jeden Fall aber existierte 1109 eine Burg, denn sie wurde in besagtem Jahr von Bischof Otto I. dem Kollegiatsstift Sankt Jakob als Gründungsausstattung geschenkt. Aber erst im beginnenden 14. Jahrhundert gewann die Burg an Bedeutung, weil sie den Fürstbischöfen als Residenz und Zufluchtsort diente. Das Verhältnis zwischen Bischof und Bürgern war nicht immer das beste und zum dauerhaften Erhalt der Herrschaft über die nach Freiheit strebenden Bürger war eine über der Stadt thronende Befestigungsanlage von unschätzbarem Wert. Vieles aus den besten Jahren der Burg wie der Bergfried, die Wehrmauern und das Torhaus hat die Zeit überdauert. Anderes fiel 1553 einem von Markgraf Albrecht Alcibiades von Brandenburg-Kulmbach befohlenen Brand und dem Umstand, dass die Bischöfe fortan lieber auf dem Domberg und im Schloss Geyerswörth residierten, zum Opfer. Außerdem waren mittlerweile die mittelalterlichen Wehrmauern der verbesserten Waffentechnik kaum mehr gewachsen. Man konnte sich daher erst in der ersten Hälfte des 18. Jahrhunderts zu Wiederaufbaumaßnahmen durchringen, wobei nicht klar ist, welchem Zweck die Burg damals hätte dienen sollen. Vielleicht betrieb man aus diesem Grund die Anstrengungen eher halbherzig und erst die Mittelalter- und Burgenbegeisterung der Romantik sicherte dem alten Gemäuer das Überleben. Der spätere Leiter der Kreisirrenanstalt, Adalbert Friedrich Marcus, erwarb 1801 noch von den Fürstbischöfen die verfallende Anlage und widmete sich der Erhaltung derselben. Er traf sich dort ganz in roman-

Oben: *Auf den ersten Blick Mittelalter, der zweite entlarvt die meisten Bauten als romantische Kulisse des vorletzten Jahrhunderts.*

tischem Geist mit dem Naturphilosophen Friedrich Schelling und dem Dichter E.T.A Hoffmann, der auf der Burg sogar eine eigens für ihn eingerichtete Klause bewohnte. Das Werk Marcus´ setzt bis heute der 1818 gegründete und damit älteste bayerische Denkmalschutzverein, der Altenburgverein, fort. Kapelle, Gaststätte und Hauptbau verdanken dem Verein ihre Erbauung in historistischen Formen. Weiteres Engagement ist unerlässlich, ist doch der Steigerwaldausläufer, der die Burg trägt, schon lange ins Rutschen gekommen und mit ihm die Burgmauern. Erst 2020 musste recht aufwendig Hangsicherung betrieben werden, um die Zufahrtsstraße zur Burg zu retten. Sollte die Straße nicht befahrbar sein, spazieren Sie zu Fuß hinauf – der Blick von der Aussichtsterrasse lohnt jeden Schritt.

Das Burggelände ist während der Öffnungszeiten des Burg-Restaurants von Dienstag bis Sonntag von 12 bis 21 Uhr frei zugänglich. Innenbesichtigungen sind nicht möglich.

***Rechts und unten:** Fachwerk verleiht dem Palas mittelalterliches Flair, aber der Bau entstand, gesponsert von einem Schuhfabrikanten, erst um 1900 nach Plänen von Gustav Haeberle.*

Seehof

Bischöfliche Sommervergnügungen

Wer viel regiert, braucht auch viel Erholung. So ähnlich würde man wohl den Bau eines Ferienhauses heute begründen. Schloss Seehof oder Marquardsburg diente den Bamberger Fürstbischöfen als Sommersitz, Jagdhaus und als Fluchtort vor höfischer Etikette und steifen Zeremoniellen. Als das von Antonio Petrini für Fürstbischof Marquard Sebastian Schenk von Stauffenberg geplante Schloss 1696 vollendet wurde, war es mit seiner geschlossenen Vierflügelanlage mit Ecktürmen modisch völlig überholt. Das Aschaffenburger Schloss könnte als Vorbild gedient haben, aber Ende des 17. Jahrhunderts baute man schon längst mit offenen, u-förmigen Ehrenhöfen und erst recht ohne Türme. Vielleicht wollten Bauherr und Architekt, dass das Schloss auf seinem Sockel über der Teichlandschaft massiger wirkt und die Silhouette für die Fernwirkung lebhafter erscheint. Wenn ja, ist ihnen ein großer Wurf geglückt, denn der nachfolgende Ausbau des Gartens von Lothar Franz von Schönborn und Adam Friedrich von Seinsheim ließ das Schloss zum beherrschenden Höhepunkt eines großzügigen Ensembles werden. Die zahlreichen Skulpturen, ein Heckentheater und die spektakuläre Kaskade trugen im Verein mit wunderbaren Bosketten, kunstvollen Laubengängen und herrlichen Ornamentbepflanzungen dem Garten den Ruf ein, der schönste aus der Barockzeit in Franken zu sein. Um ein Haar wäre von der ganzen Pracht nichts mehr geblieben.

Oben: *Theatralisch inszenierte Hofbildhauer Ferdinand Tietz das Ringen Jupiters mit den Giganten.*

Seite 177 oben: *Beinahe noch eindrucksvoller als die Kaskade vor dem Schloss ist der 640 Meter lange begehbare Tunnel, den man im 18. Jahrhundert für die Wasserzufuhr anlegen musste.*

Seite 176/177: *Als Gegenüber des Palasts des Fürstbischofs flankieren die Winterpaläste für die Orangenbäume das prachtvolle Haupttor.*

Schloss Seehof kann nur im Rahmen einer Führung besichtigt werden. Es ist von April bis 1. November täglich außer montags von 9 bis 18 Uhr geöffnet. Der Garten ist ganzjährig zugänglich. Die Wasserspiele der Kaskade erlebt man von Mai bis Oktober täglich von 10 bis 17 Uhr jeweils zur vollen Stunde.

1841 ging die gesamte Anlage in private Hände über. Die Familie von Zandt war mit der Unterhaltung der fürstlichen Anlage völlig überfordert, so wurde die Kaskade mit Erde verfüllt und zum Blumenbeet umgestaltet, andere Teile des Gartens wurden prosaisches Ackerland. 1951 ertrank

Baron von Zandt im Schlossweiher und die Erben, die Familie von Heßberg, begannen, was einigermaßen vom Fleck zu schaffen war, zu verramschen. Selbst das Metropolitan Museum in New York glänzt heute mit fränkischer Barockkunst aus Seehof. 1975 kamen endlich die Retter in Gestalt der bayerischen Steuerzahler. Der Freistaat kaufte Schloss samt Gartenareal und seither wird mit viel Engagement wiederhergestellt und zurückgekauft, was immer möglich ist. Das Ergebnis kann sich sehen lassen: Seehof zählt wieder zu Frankens schönsten Barockensembles.

Obermaintal

Gottesgarten am jungen Main

Wo die Rodach vom Frankenwald kommend den jungen Main verstärkt, beginnt das Obermaintal. Das breite, von nicht allzu hohen Bergen begleitete Tal bietet dem jungen Fluss viel Raum, nach Herzenslust zu mäandern. Höhepunkt dieses Abschnitts des Mainlaufs ist unstreitig die „Dreifaltigkeit" aus Kloster Banz, Wallfahrtskirche Vierzehnheiligen und der Adelgundiskapelle auf dem Staffelberg, die wie eine Ouvertüre zum nahen, barock-katholischen Bamberg wirken und den Dichter Victor von Scheffel bewogen haben, den schönen Begriff „Gottesgarten" zu prägen. Das Land war immer offen, aus allen Himmelsrichtungen leicht zugänglich, was in friedlichen Zeiten zum Segen gereichte, in Kriegszeiten aber besonderes Leid mit sich brachte. So ist die Gegend reich an Barockbauten, die man sich nach dem Dreißigjährigen Krieg gönnte, als wolle man mit heiterer Kunst die Erinnerung an Kanonendonner und Pesthauch tilgen. Noch ist das Verhältnis zwischen Natur und Menschenwerk einigermaßen ausgewogen, aber dank seiner verkehrsgünstigen Lage zieht über dem breiten Obermaintal bedrohlich das Gespenst der Zersiedlung auf.

Kloster Banz

Fast ein fränkisches Montecassino

Schaut man vom Main zum Kloster Banz, das gleich dem benediktinischen Urkloster Montecassino auf steilem Berg thront, kann einem der Gedanke kommen, ein Kloster habe sich auf einen Burgenstandort „verirrt“. Und damit läge man nicht falsch, denn vor der Gründung des Klosters durch die Schweinfurter Markgrafen um 1070 stand hier tatsächlich eine Burg. Dieses erste Kloster am Obermain blühte dank reicher Schenkungen rasch auf und wurde bald das reichste der Region. So überrascht es wenig, dass sich die Bischöfe von Bamberg und Würzburg zum Nachteil der Mönche um die Hoheit über das Kloster stritten. Die Streitigkeiten erreichten ihren Höhepunkt, als 1568 Abt Georg von Henneberg mit den Mönchen aus dem Kloster auszog und alle zum Protestantismus übertraten. Sieben Jahre später wurde das Kloster auf Wunsch des Würzburger Bischofs neu besiedelt. Diesmal aber nur mit Mönchen bürgerlicher Herkunft, was dem allgemeinen Niveau sichtlich guttat. Die große Zeit des Konvents leitete aber paradoxerweise erst seine Zerstörung im Dreißigjährigen Krieg ein. Von barocker Vitalität und Sinnenfreude befeuert ließen die Äbte zwischen 1698 und 1719 einen Klosterpalast von wahrhaft fürstlichen Dimensionen errichten. Die Architektenbrüder Leonhard und Johann Dientzenhofer machten vor allem mit den dynamischen Gewölbeformen der Klosterkirche den böhmischen Barock in Franken heimisch. Aber nicht nur die Kunst blühte im Konvent – Banz war damals auch wegen seiner gelehrten Mönche, die zu den Vorreitern der katholischen Aufklärung zählten, bekannt. Die Säkularisation 1803 vertrieb intaktes klösterliches Leben, 1814 erwarb Herzog Wilhelm in Bayern die ganze Anlage als Sommerresidenz, was ihr den heute noch gebräuchlichen Namen Schloss Banz eintrug. Nach einer Zwischennutzung durch die Gemeinschaft von den heiligen Engeln, die sich um die Seelsorge katholischer Auslandsdeutscher kümmerte, dient das einstige Kloster seit 1978 als Tagungsstätte der Hanns-Seidel-Stiftung.

Kloster und Kirche können im Rahmen einer Führung besichtigt werden.
Die Termine erfährt man auf der Webseite:
www.klosterbanz.de

Vierzehnheiligen

Raumwunder über Wunderstätte

Vierzehn Heilige, das Jesuskind und ein Klosterschäfer waren die Geburtshelfer der wichtigsten Wallfahrtsstätte Frankens. Der Geburtsort war ein bis dahin unauffälliges Flurstück in der Nähe des Langheimer Klosterhofs Frankental. Genau dort, wo sich jahrtausendelang nichts Berichtenswertes zugetragen hatte, erschienen einem bis dahin ebenfalls unauffälligen Klosterschäfer 1445 und 1446 die vierzehn Nothelfer samt Jesusknaben und verlangten unmissverständlich den Bau einer Verehrungsstätte. Vielleicht wäre nichts weiter geschehen, wenn nicht zum Beispiel eine schwerkranke Magd zur Stelle der Erscheinung gebracht und dort wunderbar geheilt worden wäre. Nun drängte auch das Volk auf den Bau einer Wallfahrtsstätte an diesem heiligen Ort. Man kann ihn noch heute sehen, denn Vierzehnheiligen ist eine ortsgebundene Gnadenstätte und der Gnadenaltar erhebt sich noch heute über dem Flecken Erde, auf dem sich die wunderbaren Dinge ereigneten. Die Wallfahrt überstand Bauernkrieg, Reformation, Markgrafenkrieg und Dreißigjährigen Krieg, die Wallfahrtskirchen dagegen sanken meist in Schutt und Asche. Im 18. Jahrhundert erlebte das Wallfahrtswesen eine neue Blüte und der enorme Zulauf nach Vierzehnheiligen erforderte einen großzügigen Neubau. Schließlich ist eine Wallfahrt zu gleich vierzehn Heiligen mit jeweils unterschiedlichen Wirkungsbereichen eine ungemein praktische Übung, gerade so wie der Besuch einer ärztlichen Gemeinschaftspraxis, die viele Wege zu vielen Fachärzten spart. Und so ist es wiederum kein Wunder, wenn über der Wunderstätte ab 1743 der Bau einer barocken Wallfahrtskirche von im Fränkischen nie da gewesenen Ausmaßen emporzuwachsen begann. Der zuständige Langheimer Abt hatte für die Planung den sachsen-weimarischen Hofbaumeister Gottfried Heinrich Krohne favorisiert; dem übergeordneten Bischof Friedrich Karl von Schönborn stand dagegen mehr der Sinn nach dem genialen Balthasar Neumann. Nach vielen Diskussionen, verdeckten Fouls und „lutherischen Nebensprüng", wie Bambergs Bischof Krohnes Pläne titulierte, konnte Neumanns Rauminszenierung bis 1772 Gestalt annehmen. Das Ergebnis war aller Mühen wert! Neumann komponierte in eine unspektakuläre Außenhaut einen dynamischen Raum, der mit den gängigen Begriffen der Sakralarchitektur kaum noch beschrieben werden kann. Ovale überkuppelte Räume schieben sich ineinander, unglaublich viel Licht vertreibt jegliche Schwere und die ganze Kirche ist als Raumerlebnis genau das, an was sie dauernde Erinnerung sein soll: ein Wunder!

Die Wallfahrtskirche ist von Mai bis September von 6.30 bis 20 Uhr und von Oktober bis April von 7.30 bis 17 Uhr täglich geöffnet. Während der Gottesdienste keine Besichtigung!

Oben: *Ganz auf die Fernwirkung ins weite Maintal berechnet: die monumentale Doppelturmfassade.*

Seite 181: *Im Zentrum der Wallfahrtskirche mit ihren heiteren Rokokodekorationen markiert der baldachinartige Gnadenaltar die Stätte der wunderbaren Erscheinungen.*

Staffelberg

Felsenkrone mit „Valeri"

Der Staffelberg ist nicht Frankens höchster Berg, aber wohl der bekannteste. Dazu bedurfte es eines Juristen und eines Finanzverwalters. Der Jurist Victor von Scheffel aus dem Badischen schrieb das berühmte Wanderlied „Wohlauf, die Luft geht frisch und rein …", das empfiehlt, zum „heil'gen Veit" auf den Staffelstein zu steigen, „valeri, valera". Singbar gemacht hat es dann der Würzburger Stadtkämmerer Valentin Becker. Und zwar so erfolgreich, dass es heute gerne als eine Art fränkische Nationalhymne gesungen wird. Man verzeiht dem ortsfremden Scheffel dann auch gerne, dass es auf dem Staffelberg gar keinen heiligen Veit gibt. Wichtig ist, dass man seiner Aufstiegsempfehlung folgt, denn der Blick von der Felskrone des Berges über das Obermaintal bis hin zur Veste Coburg zählt zu Frankens schönsten Panoramen. Aber auch Geschichtsfreunde kommen hier oben auf ihre Kosten. Möglicherweise handelt es sich nämlich bei den auf dem Bergplateau gefundenen Siedlungsresten um die schon vom antiken Geographen Ptolemäus erwähnte keltische Stadt Menosgada. Seit dem Mittelalter steht eine Kirche zu Ehren der heiligen Adelgundis auf dem Berg. Sie wird vor allem in der Osterzeit gerne besucht. Deutlich stärker frequentiert wird die benachbarte Staffelbergklause – zu Scheffels Zeiten lebte hier ein Eremit, vielleicht war er für ihn der „Veit".

Bad Staffelstein

Fachwerk, Sole, Rechenkunst

Seit fast zwanzig Jahren schmückt sich Staffelstein mit dem Titel „Bad“. Der noch junge Kurort verdankt sein Prädikat in erster Linie einer 1975 in 1600 Metern Tiefe erbohrten Wasserschicht, die Bayerns wärmste und stärkste Thermalsohle schüttet. Im „Thermenmeer“ der Obermaintherme kann man testen, ob sich das gliedereigene Rheuma an der in Prospekten angekündigten Wirkung des Bades orientiert und nachlässt. Auf jeden Fall ist all das, was Rheuma sonst noch so fürchtet, als da wären Steh- und Sitzdüsen, Lichtergrotte und Ausschwimmkanal, vorhanden. Geheilt an Gemüt und Gliedern sollte man aber auch einen Spaziergang in das historische Zentrum der Geburtsstadt Adam Rieses unternehmen. Es erwartet einen das freundliche Bild einer barocken Fachwerkstadt, die nach dem Brand von 1684, der 330 Gebäude einäscherte, rasch wiederaufgebaut worden ist. Das geschah auch mit dem abgebrannten Rathaus aus dem Mittelalter. Auf die verbliebenen Erdgeschossmauern setzte der Zimmermann Adam Kuntzelmann ab 1685 zwei Fachwerkgeschosse im für Oberfranken typischen engmaschigen Gitterfachwerk. Hinter dem prächtigen Bau erinnert, womit zu rechnen war, ein Denkmal an den 1492 hier geborenen Adam Riese.

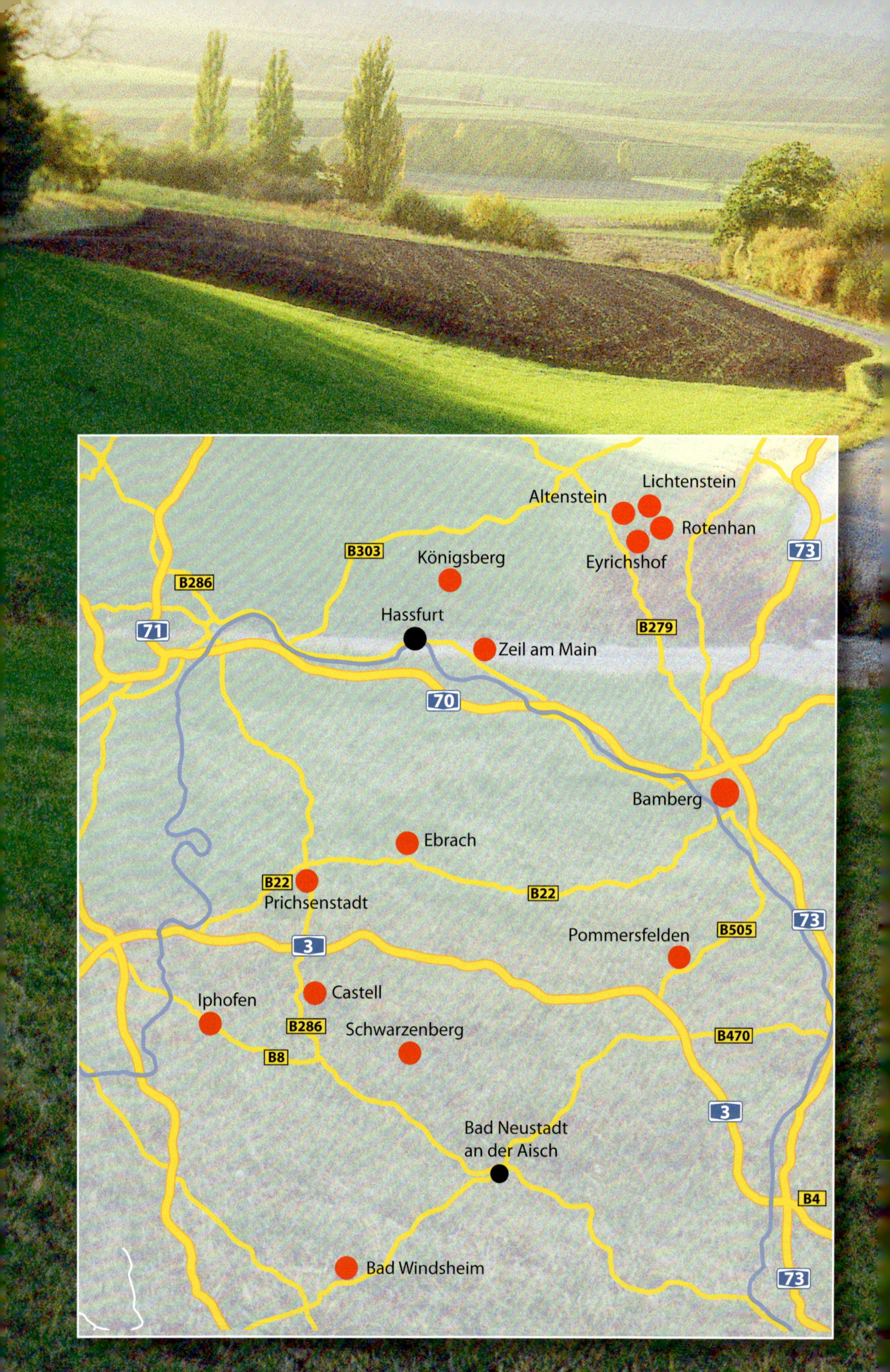

Lichtenstein
Altenstein
Rotenhan
B303
Königsberg
Eyrichshof
73
B286
Hassfurt
B279
71
Zeil am Main
70
Bamberg
Ebrach
B22
B22
Prichsenstadt
73
Pommersfelden
B505
3
Castell
Iphofen
B286
Schwarzenberg
B470
B8
3
Bad Neustadt
an der Aisch
B4
Bad Windsheim
73

Steigerwald und Haßberge

Haßberge und Steigerwald in einem Atemzug zu nennen heißt Zusammengehörendes vereinen. Geologisch sind beide Mittelgebirge ein Gebirgszug, den seit etwa einer Million Jahren der Main trennt. Steigerwald und Haßberge sind also in ihrem landschaftlichen Erscheinungsbild eineiige Zwillinge! Zum Westen hin steigen sie steil aus dem Vorland auf und gegen Osten laufen sie in sanften Tälern aus. Trägt der Steigerwald einen sich selbst erklärenden Namen, bleibt die Herkunft des unfreundlich klingenden Pendants, der Haßberge, wohl auf immer ein Rätsel. Auf jeden Fall aber ist dieses Hügelland eine freundlich kleinteilige Landschaft von harmonischem Erscheinungsbild. Sie blieb unverdorben, weil sie weitab der großen Verkehrswege lag und jahrhundertelang hier Ritterfamilien in ihren Herrensitzen das Sagen hatten. Oft sind diese Schlösser noch von den Erbauerfamilien bewohnt und bilden mit ihren Dörfern wunderbar intakte Ensembles. Städte entwickelten sich nur an den Rändern beider Mittelgebirge. Dort wurde Wein angebaut, verliefen wichtige Straßen und dort bot der Main Anschluss an die „große weite Welt“. Und so klein diese Ackerbürgerstädte auch blieben, Charakter haben sie alle und Selbstbewusstsein wird seit alters her stolz zur Schau gestellt. Wie aus einer anderen Welt dagegen muten die beiden bedeutendsten Denkmäler der Region an: Kloster Ebrach und Schloss Pommersfelden. Ein internationaler Orden und eine international vernetzte Familie brachten internationale Spitzenkunst in den Steigerwald.

Pommersfelden

Vom Bauwurm befallen

„Das ganze Geld ist nur dazu da, schöne Monumente zu hinterlassen“, meinte Fürst Karl Eusebius von Liechtenstein im Wien des 17. Jahrhunderts und benannte damit recht genau die Motivation für die unglaubliche Bauleidenschaft des barocken Zeitalters. Was für Liechtenstein recht war, konnte für einen Schönborn nur billig sein. So wandelte diesem Motto folgend der Mainzer Kurfürst und Bamberger Fürstbischof Lothar Franz von Schönborn ein Präsent von 100.000 Gulden aus der Schatulle Kaiser Karls VI. in das prächtige Schloss Weißenstein zu Pommersfelden um. Das schöne Sümmchen war eine Erkenntlichkeit des Kaisers dafür, dass Lothar Franz 1711 die Wahl des Habsburgers zum Kaiser beim Kurfürstenkollegium durchgesetzt hatte. Handsalbungen nannte man solche Zahlungen seinerzeit. Unverzüglich begannen die Planungen zu einem großzügigen Schlossbau, der Reichsidee, Größe des Kaisers und Glanz des kurfürstlichen Bauherrn gleichermaßen illustrieren sollte. Dem erfahrenen Baumeister Johann Dientzenhofer wurde die Aufgabe übertragen, die architektonischen Luftschlösser des Kurfürsten zu materialisieren, was gewiss keine leichte Aufgabe war in Anbetracht der Tatsache, dass der Auftraggeber sich selbst für einen befähigten Architekten hielt. Als man 1718 die Schlosskapelle weihte, war nach vielen fruchtbaren Diskussionen zwischen Bauherr und Baumeister das bedeutendste Privatschloss des deutschen Barocks entstanden. Es war tatsächlich ein Privatschloss, wurde doch aus seinen Mauern nie ein Staat regiert, war seine einzige Aufgabe immer die, den famosen Kunstgeschmack seines fürstlichen Initiators der Nachwelt zu übermitteln. Den Menschen des 21. Jahrhunderts bietet Schloss Weißenstein also die seltene Gelegenheit, in die wohlerhaltene Geschmackswelt eines Barockmenschen einzutauchen. Manches ist dem heutigen Auge stark gewöhnungsbedürftig, wie etwa der Grottensaal, den schon der Bauherr in Briefen als „Curiosität“, als besonderen „Gusto“, verteidigen musste. Dieser Raum, der Bindeglied zwischen Schloss und Garten war, überrumpelt den Besucher mit einer skurrilen Mischung aus seriösem Kunstwollen, billigen Effekten und den Früchten eines überbordenden Dekorationseifers. Barock meets Hollywood, könnte aus heutiger Sicht das Motto des Saales lauten und in der Tat sollten solche Schöpfungen die

Seite 187 oben: *Das Spiegelkabinett zählt mit seinem großartigen Einlegefußboden, der Sammlung fernöstlicher Porzellane und den geschnitzten Wanddekorationen zu den bedeutendsten Raumschöpfungen dieser Gattung.*
Unten: *Dem französischen Vorbild folgend „umarmen“ die drei Flügel der Ehrenhoffassade den ankommenden Gast. Den architektonischen Höhepunkt bildet der Mittelpavillon, der das spektakuläre Treppenhaus birgt.*

höfische Gesellschaft für ein paar Augenblicke in eine andere Welt, in eine Illusion, entführen. Illusionen spielten auch bei der Gestaltung des Treppenhauses eine wichtige Rolle. Wer hätte zu des Kurfürsten Zeit dieses wahrhaft imperiale Stiegenhaus mit Leben erfüllen können? Welcher Hofstaat hätte von den Loggien die glanzvollen Auftritte des europäischen Hochadels würdigen sollen? Hier in der fränkischen Provinz gab es für diese Kulisse weder die passenden Akteure noch die angemessenen Stücke. Das Treppenhaus, das bei seiner Vollendung das innovativste seiner Art in Deutschland war, blieb lediglich eine Inszenierung seiner selbst. Lothar Franz schuf sich mit seiner „Erfindung“, so reklamierte er die schöpferische Idee zur Raumgestaltung für sich, ein architektonisches Ambiente, das des Bauherrn heimliche Ambitionen entlarvt. An mir ist der Welt ein Herrscher großen Formats verloren gegangen, lautet die unmissverständliche Botschaft dieses Raums. Sogar die von Rudolf Byss an die Decke freskierten Erdteile scheinen diesen Anspruch zu bekräftigen! Leider konnte das Portemonnaie des Lothar Franz nicht ganz mit den Visionen von Größe und Glanz mithalten, so dass den nachfolgenden Generationen nicht nur ein famoses Zeugnis des Geschmacks des Bauherrn, sondern auch immer ein kleiner Vorrat abzuzahlender Schulden blieb. Zum Glück erhielten Traditionsbewusstsein und Familiensinn der Schönborns diese bedeutende Schöpfung des fränkischen Barocks bis heute.

Seite 188: *Das Treppenhaus mit seiner doppelläufigen Kaiserstiege ist die grandiose Inszenierung von Architektur, des Schreitens und natürlich in erster Linie des Hausherrn Lothar Franz von Schönborn.*
Unten: *Manchem ist die krause Dekoration ein Graus: der Grottensaal.*

Öffnungszeiten:
April bis Oktober: Mo bis Fr 9.30–17.00 Uhr, Sa, So und Feiertag 9.30–18.00 Uhr

November bis März: Mo bis Fr 10.00–15.00 Uhr 16.12.–06.01. in der Regel geschlossen.

Das Schloss ist nur im Rahmen einer Führung zu besichtigen, der Garten ist ganzjährig zugänglich.

Bad Windsheim

Ein Palast für die Bürger

Mitten in Franken im weiten oberen Aischgrund liegt die einstige freie Reichsstadt Windsheim, Bad ist die Stadt offiziell erst seit 1961, dank der schon im 18. Jahrhundert bekannten Solequellen. Die Geschichte der Reichsstadt dagegen beginnt schon mit der Erhebung zur einer ebensolchen durch Kaiser Friedrich II. im Jahr 1248. Von da ab war man eine zwar kleine, aber immerhin selbständige Stadtrepublik, die sich mit vielen Bündnisverträgen gerne an das mächtige Nürnberg anlehnte, um nicht von den fürstlichen Nachbarn geschluckt zu werden. Das garantierte einen bescheidenen Wohlstand, unterbrochen von Kriegszeiten wie dem Dreißigjährigen Krieg, unter dem die Stadt erheblich zu leiden hatte. Paradoxerweise waren die Verursacher dieses Leides ausgerechnet die protestantischen Glaubensfreunde, die Schweden, die sich die Einquartierungen ihrer Armee von den Bürgern bezahlen ließen. Was blieb, war ein Berg von Schulden und Ende des 17. Jahrhunderts nur noch 277 Einwohner! Der Kaiser musste sogar das Auswandern offiziell verbieten. Dennoch leisteten sich die Bürger 1713 den Bau eines neuen Rathauses, den alten Fachwerkbau fand man wohl zu „altfränkisch“. Es scheint, dass man für die Planung des Neubaus keinen Geringeren als den Ansbacher Hofbaumeister Gabriel de Gabrieli engagiert hat. Die palastähnliche Fassade zeigt deutlich seinen in Wien geschulten Stil. Viel Glück hatten die Windsheimer mit ihrem „Bürgerpalast“ aber nicht, denn bereits dreizehn Jahre nach der Fertigstellung brannte der schmucke Bau zusammen mit der benachbarten Kilianskirche ab. Unverzüglich begann man mit dem Wiederaufbau in den gleichen Dimensionen und Formen wie gehabt. So ist der Bau nicht nur ein Palast der Bürger, sondern auch ein Denkmal eines unerschütterlichen Optimismus!

Unten: *Monumental gegliedert und von der Gerechtigkeit bekrönt braucht Bad Windsheims Rathaus den Vergleich mit so manchem Schloss nicht scheuen.*

Freilandmuseum

Wie gut war die alte Zeit?

Wie und wann war eigentlich die vielzitierte „gute alte Zeit“? Wie lässt sich etwas festhalten in Zeiten, in denen ein immer rascherer Wandel dazu zwingt, immer schneller loszulassen? Was bleibt in unserem kollektiven Gedächtnis von unserer Vergangenheit, deren Produkt wir letztlich alle sind? Solche Fragen stellen sich angesichts eines Freilandmuseums, das sich zur Aufgabe gemacht hat, die Alltagswelt des bäuerlichen Franken zu bewahren. Damit steht das Windsheimer Museum in der Tradition des weltweit ersten Freilandmuseums „Skansen“ in Stockholm, gegründet 1881. Die Erkenntnis, dass die Industrialisierung und die daraus resultierende Massengesellschaft die gewohnten Bilder des bäuerlich geprägten Dorfes auszulöschen begannen, bewog damals, eine Art von „Arche Noah“ für diese untergehende Welt zu schaffen. Ebenso spielten Ideen aus der Romantik, die das Wahrhafte, das „Echte“ im Ursprünglichen, jenseits von Städten und Residenzen suchte, eine motivierende Rolle. Das Thema hat angesichts der Digitalisierung und der heraufdämmernden Cyber-Welt nichts an Aktualität verloren. Und das sinnliche Erlebnis eines Freilandmuseums ist in jedem Fall der „Zeitreise“ im Film oder in anderen virtuellen Welten vorzuziehen. Die Idee des Freilichtmuseums fand nach der Jahr-

Oben: *Der Mailheimer Hof hatte keinen weiten Weg ins Museum, er stammt aus dem Aischgrund.*

hundertwende 1900 auch erste Anhänger in Norddeutschland. In weiten Teilen Süddeutschlands hielten sich die alten Strukturen und Lebenswelten auf dem Land oft noch bis in die Zeit, in der die Heimatvertriebenen nach dem Zweiten Weltkrieg für Veränderung sorgten. Und so setzt die Gründungswelle von Freilichtmuseen im Süden Deutschlands auch erst in den Sechzigerjahren ein. Franken, eine Region großer und vielfältiger ländlicher Traditionen, bekommt ein solches regionales Gedächtnis erst ab 1979. Unmittelbar vor den Toren der einstigen freien Reichsstadt Windsheim steckte man ein Gelände von 45 Hektar ab, das mittlerweile über 100 Gebäude aus allen Teilen Frankens präsentiert. Ein Alleinstellungsmerkmal dieses Museums ist, dass eine Baugruppe zum Thema Mittelalter mit dem Alten Bauhof, der Spitalkirche und der Kräuter-Apotheke in der Altstadt von Bad Windsheim dazugehört. Das trägt sehr anschaulich der Tatsache Rechnung, dass bäuerliche und kleinstädtische Kultur in vielen Teilen Frankens, man denke nur an die „Zwergstädte" des fränkischen Weinlandes, eng miteinander verzahnt waren. Schließlich wurden viele Elemente des städtischen Lebens auf dem Land übernommen, augenfälligster

Oben: *Die Mahlgänge der Mühle aus Unterschlauersbach im Rangau.*
Unten: *Übersetzung der Wasserkraft durch Zahnräder – Hightech schon im 16. Jahrhundert.*

Beleg dafür sind viele stattliche Rathäuser in reinen Bauerndörfern. Natürlich gilt das nicht für alle Regionen Frankens, vor allem nicht für die von der Natur weniger begünstigten, wie den Frankenwald oder den inneren Spessart. Dort sorgten karge Böden dafür, dass die ganze Energie eines Jahres in das Abringen des Lebensnotwendigen floss. All das zeigt das Museum in vielen Facetten durch Häuser und Gebäudegruppen, die an ihrem ursprünglichen Standort nicht mehr erhalten werden konnten. Dabei hat man sich einem strengen Authentizitätsprinzip verschrieben. Die Häuser wurden mit all dem wiederaufgebaut, was sie vor dem Abbau enthielten. Dann kann auch schon mal ein Resopaltisch die Küche eines Bauernhauses aus dem 17. Jahrhundert „zieren". Und damit die Bauten keine leblosen Denkmäler sind, entfaltet das Museum eine Fülle von Aktivitäten. Altes Handwerk ist ebenso erlebbar wie historische Jahrmärkte, Dorffeste, Freilandtheater und historischer Wirtshausbetrieb. Darüber hinaus sieht man alte Obst- und Getreidesorten, die so gut wie nirgends mehr angebaut werden, und alte Haustierrassen, wie die Schwäbisch-Hällischen Schweine oder die Fränkischen Landgänse, die längst unserer Gier nach billigem Fleisch aus industrieller Massen-

tierhaltung zum Opfer gefallen sind. Wer nach einem Besuch dieses Ortes des Bewahrens sich in eine kalte Gegenwart entlassen fühlt, der sei daran erinnert: Heute ist die gute alte Zeit von morgen!

Öffnungszeiten:
9. März bis 26. Oktober: Mo–So 9.00 bis 18.00, im März nur Di–So Alter Bauhof und Kirche in Franken öffnen eine Stunde später.

27. Oktober bis 15. Dezember: Di–Sa 10.30–16.00, So, Feiertag 10.00 bis 16.00

29. Dezember und 6. Januar: 10.00–16.30

***Oben:** Ein Kleinbauernhaus von 1703 und ein mittelfränkisches Häckerhaus.*
***Mitte:** Ein Wasserschöpfrad, wie es unter anderem an der Regnitz zur Wiesenbewässerung verwendet wurde.*

Schloss Schwarzenberg

Eine fränkisch-böhmische Karriere

Eindrucksvoll grüßt die bewegte Silhouette des Schlosses Schwarzenberg weithin über die kleine Stadt Scheinfeld in die breiten Täler von Scheine und Bibart. Der höchste Turm des verwinkelten Komplexes, der sogenannte Schwarze Turm, erinnert daran, dass auf diesem schwarzen Berg eine Familienkarriere startete, die sie zu einer der reichsten Adelsfamilien Europas führte. Ein gewisser Erkinger von Seinsheim, seines Zeichens Oberhofjägermeister des Hochstifts Würzburg, erwarb bald nach 1400 die Burg auf dem Schwarzenberg, richtete dort seine Residenz ein und schon die Enkel legten ihren ursprünglichen Namen Seinsheim ab und nannten sich fortan Freiherren von Schwarzenberg.

In den folgenden drei Jahrhunderten erwarb die Familie ausgedehnte Besitzungen in Böhmen, in der Steiermark, in den Niederlanden, der Schweiz und im Bergischen Land. Sie stellte Diplomaten, höchste Offiziere, Ministerpräsiden-

ten und Bischöfe und betätigte sich vor allem in Südböhmen als Unternehmer. Ein Nachfahre der Familie ist der ehemalige tschechische Außenminister Karl zu Schwarzenberg. Was aber blieb dem namensgebenden Stammsitz? Nur Name und Erinnerung, denn Schloss Schwarzenberg wird schon seit vielen Generationen nicht mehr von der Familie bewohnt und selbst als man den Schwarzen Turm zur Erinnerung an die Erhebung in den Fürstenstand im Jahr 1670 errichtete, war das Schloss nur noch von den verschiedenen Linien gemeinsam verwalteter Besitz. Heute residiert eine Schule mit Internat im Schloss, ihr Ziel ist es, den jungen Menschen „Höflichkeit, Mitmenschlichkeit und Hilfsbereitschaft auf der Basis eines christlich-humanistischen Menschenbildes“ zu vermitteln. Wo ließe sich das besser erwerben als in den ehrwürdigen Mauern eines vom großen Augsburger Renaissancearchitekten Elias Holl entworfenen Schlosses?

Öffnungszeiten: Von Ostern bis Oktober sind Innenräume an Sonn- und Feiertagen bei einer Führung um 14.00 Uhr zu besichtigen. Die Höfe sind meist frei zugänglich.

Unten: *Beherrscht vom Schwarzen Turm besetzt Schloss Schwarzenberg einen Bergsporn hoch über Scheinfeld. Die niedrigeren Wirtschaftsgebäude beherbergten einst Stallungen und eine Brauerei.*

Der Steigerwald

Trauben mit Höhenluft

Einen gebirgigen Eindruck macht der Steigerwald nur, wenn man sich ihm von Westen nähert. Hier gibt es sogar markante „Bergpersönlichkeiten“ wie den Schwanberg, den Zabelstein oder den Bullenheimer Berg. Sie grüßen mit steilen Hängen weit ins flache Vorland. Gegen Osten läuft der Steigerwald in sanften Hügeln, getrennt von breiten Tälern, durch die träge mäandernde Bäche fließen, aus. Und so benannte die Bezeichnung Steigerwald, die erstmals in einer Urkunde des 12. Jahrhunderts für die Gegend zwischen Oberschwarzach und der Stollburg verwendet wurde, eigentlich nur die steilen waldigen Anstiege aus der Perspektive des Schweinfurt-Kitzinger Beckens. Mit der intensiven Rodungstätigkeit des Klosters Ebrach weitete sich wohl auch der Geltungsbereich des Namens. Und in unseren Tagen einer intensiven Nutzung der Mittelgebirgslandschaften durch die Freizeitgesellschaft dehnt sich der Steigerwald sogar schon bis an die Ufer von Regnitz und Aisch. Wo soll das noch enden? Der „Naturpark Steigerwald“, der sogar ein „Qualltätsnaturpark“ ist, wie die Webseite stolz verkündet, meint dazu: Der Naturpark ist 1280 Quadratkilometer groß, dort leben etwa 80.000 Menschen, 40 Prozent der Fläche sind bewaldet, fast 70 Prozent sind Landschaftsschutzgebiet und es findet sich mit dem Stollberg der höchste Weinberg Frankens. Und da ist der Steigerwald eindeutig am attraktivsten. Hier bietet sich dem Auge dar, was die Franzosen mit dem klangvollen Wort Côté bezeichnen würden. Es sind die steilen, oft rebbestandenen, auf jeden Fall aber immer mit Wald bekrönten Hänge zwischen Eltmann und Iphofen, die „Cotes de Silvaner“.

Unten: *Der Stollberg bei Handthal ist mit 475,6 Metern der höchste Weinberg Frankens.*

Iphofen

Wein, Gips und Holz …

… sind Iphofens Stolz, heißt es in einem bekannten Spruch, der Iphofens Wohlstandsbringer treffend benennt. Gleich von welcher Richtung man sich Iphofen nähert, sind Wein und Wald nicht zu übersehen. Auf rund 290 Hektar Fläche wird in exzellenten Lagen eine bunte Vielfalt von weißen und in letzter Zeit verstärkt roten Rebsorten angebaut. Über den Weinbergen steht der Wald wie eine riesige Mütze. Die 2.200 Hektar Mischwald haben auch die Aufgabe, die kalte Luft im Frühjahr daran zu hindern, die Rebhänge hinabzufließen, wo sie empfindliche Frostschäden verursachen könnte. Wein und Wald gedeihen auf Gipskeuper. Diesen bekommt man aber nur zu sehen, wenn man sich unter die Erde begibt. Die Gipsvorkommen sind riesig und von hoher Qualität. Im benachbarten Hüttenheim werden sie in einem 180 Kilometer langen Stollensystem bergmännisch abgebaut. Iphofen profitiert davon, sitzt hier doch mit der Firma Knauf einer der Global Player der Gipsverarbeitung und eines der größten deutschen Familienunternehmen. Diese drei Gaben der Natur bescherten Iphofen in seiner Geschichte immer einen gewissen Wohlstand, was naturgemäß Begehrlichkeiten weckte. Deswegen ließen Würzburgs Fürstbischöfe, die seit dem Spätmittelalter alleinige Stadtherren waren, die kleine Stadt aufwendig befestigen. Eine echte Stadt wurde Iphofen trotz Mauern und Toren dennoch nicht, es blieb immer eine bäuerliche Stadt, eine sogenannte Ackerbürgerstadt. Und die hat sich gut gepflegt und mit viel historischem Charme, umgürtet von einem doppelten Stadtgraben und drei Doppeltoren der mittelalterlichen Stadtmauer, sehr zur Freude ihrer Besucher bestens erhalten.

Oben: *Zum Feind steinern wehrhaft, zur Stadt hin in preiswerterem Fachwerk präsentiert sich seit dem 15. Jahrhundert das malerische Rödelseer Tor, Vorbefestigung des Mittagsturms.*

Castell

Heimat eines Fürstenhauses

Sie zählen zu den ältesten Adelsgeschlechtern Frankens, die Castells. Vor beinahe tausend Jahren beginnt die nachweisbare Geschichte der Familie und genauso lang ist sie ihrem Stammsitz auf den westlichen Steigerwaldausläufern treu geblieben. Und das war nicht immer leicht. Als sich im Laufe des späten Mittelalters die Territorialstaaten herauszubilden begannen, drohte eine gräfliche Familie mit nicht gerade bedeutendem Landbesitz, wie es die Castell waren, zwischen den aufstrebenden Mächten der Region wie den Fürstbistümern Würzburg und Bamberg zerrieben zu werden. Ausreichende militärische Mittel zur Bewahrung der Eigenständigkeit standen den Grafen nie zu Gebot, aber dank einer auf Ausgleich setzenden Diplomatie, kluger Heiratspolitik und sparsamen Wirtschaftens konnte man sich die Unabhängigkeit bis zum Ende des Heiligen Römischen Reiches Deutscher Nation bewahren. 1806 wurde die Grafschaft Castell dem Königreich Bayern einverleibt, was zur Folge hatte, dass die Casteller von da an keine Steuern mehr einziehen konnte und sich aus den Einnahmen ihrer privaten Besitzungen finanzieren mussten. Aus einstigen Landesherren wurden damals Unternehmer, der Name Castell zu einem „Label", wie man es heute in businesstauglichem Marketingdeutsch bezeichnen würde. Seither steht Castell für Promille und Prozente, für Weinbau und Bayerns älteste Privatbank, die 1774 als Gräflich Castell-Remlingen'sche Landes-Credit-Cassa gegründete Fürstlich Castell'sche Bank. Wer heute Castell und das benachbarte Rüdenhausen besucht, verspürt hier mehr als in allen anderen Orten Frankens, wie stark die einstigen Feudalherren prägend wirkten und mit ihren Wirtschaftsbetrieben noch immer wirken. Und seit einigen Jahren kann man der 1901 vom bayerischen Prinzregenten Luitpold in den erblichen Fürstenstand erhobenen Familie ganz nahe kommen, wenn sie zum stimmungsvollen Weinfest und zum Adventsmarkt in den Schlosspark lädt. Am schönsten aber ist es, wenn man an einem sonnigen Herbsttag von der eindrucksvollen barocken protestantischen Pfarrkirche durch die golden gefärbten Rebzeilen zu den spärlichen Resten der im Laufe des 18. Jahrhunderts verfallenen Stammburg hinaufsteigt und den wahrhaft fürstlichen Ausblick auf das Steigerwaldvorland und in ihm das kleine „Casteller Reich" genießt.

Seite 199 oben: *Die schlichten Formen des ab 1687 errichteten Casteller Schlosses sind den wirtschaftlich schwierigen Zeiten nach dem Dreißigjährigen Krieg geschuldet.*
Seite 198/199: *Vom kleinen Ort Castell bis zu den Ruinen des Stammschlosses der gleichnamigen Fürstenfamilie dehnen sich die vom Herbst golden gefärbten Rebzeilen.*

Ebrach

Ein Palast der Entsagung

Als Anfang des 12. Jahrhunderts im französischen Citeaux der Zisterzienserorden gegründet wurde, geschah das unter anderem mit der Absicht, dem fast schon zum Selbstzweck gewordenen Reichtum der Benediktiner den Kampf anzusagen. Ziel war eine kontemplative Mönchsgemeinschaft, die sich in Abgeschiedenheit vom Getriebe der Welt ausschließlich den beiden Grundaufgaben des mönchischen Daseins, ora et labora, beten und arbeiten, widmen sollte. Wie erstaunt wären die Gründer wohl, könnten sie sehen, was im abgelegenen Steigerwald im 18. Jahrhundert mittlerweile aus ihren Idealen geworden ist. Kloster Ebrach, 1127 im strengen Geist der Zisterzienser gegründet, war mittlerweile das wohl reichste Kloster Frankens geworden und so ließen die Äbte der baufreudigen Barockzeit die ganze Anlage zu einem Palast von wahrhaft fürstlichen Dimensionen ausbauen. In ihm empfing nun ein doppelläufiges Treppenhaus die Gäste. Es bot dem Abt die Bühne für seinen „Auftritt" und illustrierte seinen Wunsch, in den weltlichen Fürstenstand erhoben zu werden, ebenso prächtig wie unmissverständlich. Trotz zahlreicher diplomatischer und juristischer Initiativen wurde dieses Ziel nicht erreicht. Umso bitterer erscheint die Tatsache, das Kloster Ebrach erstmals anlässlich seiner Auflösung 1803 als Fürstabtei bezeichnet wird. Eugen Montag, Ebrachs letzter Abt, wurde mit 51 Mönchen in den Ruhestand geschickt und der neue Besitzer des weitläufigen Baukomplexes, der bayerische Staat, wusste mit der zugegeben unverkäuflichen Immobilie nichts Besseres anzufangen, als dort eine Zwangsarbeitsanstalt und ein Zuchthaus einzurichten. So gab es nun in den ehrwürdigen Mauern viel labora, ora blieb wohl aus. Was blieb, ist noch immer höchst eindrucksvoll: eine großartige frühgotische Klosterkirche mit überquellender Dekoration aus der Zeit der Aufklärung und das Paradoxon eines Palastes für die Idee der materiellen Armut.

Öffnungszeiten: Die ehemalige Klosterkirche ist von April bis Oktober von 10.00 bis 12.00 und von 14.00 bis 18.00 Uhr geöffnet. Das Kloster selbst wird derzeit restauriert und ist nicht zu besichtigen.

Seite 201: *Das prächtige barocke Treppenhaus ließ den Abt scheinen, was er nie war, ein Reichsfürst.*
Unten: *Die strenge Architektur der frühgotischen Abteikirche schimmert noch immer durch die üppige klassizistische Dekoration aus dem späten 18. Jahrhundert.*

Zeil am Main

Junger Wein und alte Balken

Das Programm des Zeiler Altstadtweinfestes bringt es auf einen ebenso griffige wie treffende Formel: „Weinsommernacht bei Fachwerkromantik“. Zeil ist das östliche Tor zum Fränkischen Weinland, hier entlassen Haßberge und Steigerwald den Main in das Schweinfurter Becken. Ein günstiges Kleinklima gestattet einen schon beinahe tausend Jahre währenden Weinbau. Wahrscheinlich waren die Benediktiner des Bamberger Klosters Michelsberg die Pioniere des Rebbaus. Darauf lassen die vielen klerikalen Anspielungen der Zeiler Weinlagen schließen. „Mönchshang, Pfarrerspflöckchen, Abtsleite, Pfaffenberg, Nonnenberg“ heißen Einzellagen in der Großlage Kapellenberg. Ausgebaut werden die Weine meist traditionell fränkisch trocken, was all die Lügen straft, die früher von der räumlichen Nähe von Zuckerfabrik und Gärkellern auch eine geschmackliche Nähe unterstellten. An jedem ersten Wochenende im August ergötzt man sich nun schon seit mehr als dreißig Jahren an der mittelerweile beachtlichen Vielfalt der Rebsorten, die in und um Zeil angebaut werden. Wenn neben Gaumen und Nase auch die Ohren noch durch das Beschallungsangebots so renommierter Musikgruppen wie Frankenräuber, Bayernmän und Würzbuam verwöhnt werden, wer kann da fernbleiben? Und so füllt sich der Zeiler Marktplatz allabendlich und gibt seine wohlerhaltenen Fachwerkbauten als Dreingabe fürs Auge. Das Fachwerk zeigt sehr eindrucksvoll, dass Zeil als Amtsstadt der Bamberger Fürstbischöfe sich stärker am heutigen Oberfranken als an der mainfränkischen Nachbarschaft orientiert hat. Die Balken sind verschwenderisch eng gesetzt und das Ornament deftig. Die Dreiecksform des Marktplatzes und sein leichtes Ansteigen mit Rathaus und Kirchturm als zentralem Blickfang und Mittel der perspektivischen Streckung sind ein schönes Beispiel für historische Stadtbaukunst, die oft mit wenigen Mitteln ein eindrucksvolles Gesamtbild schuf. Wer dafür wohl nach drei von zwölf Titeln der Würzbuam eskortierten Schoppen noch ein Auge hat?

Oben: *„Fachwerk, Frohsinn, Frankenwein“ treffender als mit seinem Motto lässt sich das Zeiler Weinfestes nicht charakterisieren.*

Rechts: *Kraftvolle Schnitzereien präsentiert das 1689 fertiggestellte Haus des Zimmermanns Jörg Hoffmann.*

Königsberg
Frankens einziger Roland

Im Zuge eines Burgenbaus auf dem „Weinberg des Königs" legte man neben der älteren Siedlung Ingelhofen, heute eine Vorstadt, planmäßig eine Stadt an. Das war wohl schon im 12. Jahrhundert. Die kleine, aber nicht unbedeutende Stadt wurde bald ein Begehrlichkeiten weckendes regionales Zentrum. Im Laufe der Geschichte wechselten die Stadtherren durch Verpfändung und Erbschaft über fünfzig Mal! Am Ende setzten sich die Wettiner durch und Königsberg wurde zu einer Enklave der sächsischen Herzogtümer in Mainfranken, was zu einem ganz besonderen Selbstbewusstsein beitrug. Daher ziert als klassisches Symbol städtischer Freiheiten seit 1605 der einzige „Roland" Frankens das Rathaus. Wahrscheinlich sorgte dieses Selbstbewusstsein auch dafür, dass sich rund um Rathaus, Marienkirche und das Geburtshaus des berühmten, sich nach seiner Geburtsstadt nennenden Astronomen Regiomontanus eines der schönsten historischen Stadtbilder Frankens annähernd lückenlos erhalten hat.

Oben: *Das Haßfurter Tor ist ein eher einladendes als wehrhaftes Entree zur Königsberger Altstadt.*

Unten: *Der zum Burgberg hin ansteigende Salzmarkt präsentiert sich in abwechslungsreichem fränkischem Fachwerk aus drei Jahrhunderten.*

Burg Lichtenstein

Vom Teufel ins Licht

Belegen kann man es leider nicht, aber es spricht einiges dafür, dass der etwa fünfhundert Meter von Burg Lichtenstein im Wald gelegene Teufelsstein der erste Sitz der Herren von Stein gewesen ist. Aber wer will schon seinen Wohnsitz mit dem Teufel teilen? Ein Umzug schuf Abhilfe. Gut, dass es in diesem Teil der Haßberge nicht an felsigem Burgenbauerschließungsland mangelt. Vermutlich begann man im frühen 13. Jahrhundert mit dem Bau der Burg, die sich bald zu einer Ganerbenburg, in der mehrere Familien in einer Art Adels-WG lebten, entwickelte. Darin liegt auch die Ursache für ihr vielgestaltiges Erscheinungsbild. Zumindest eine dieser Familien muss sehr unbeliebt gewesen sein, denn die sogenannte Nordburg wurde von den aufständischen Bauern 1525 so schwer beschädigt, dass man sie verfallen ließ. Aus Sicht heutiger Touristen erscheint das geradezu als Glücksfall, denn der große Reiz und die Besonderheit der Burg liegen gerade in diesem ungemein malerischen Ensemble aus intakter verwinkelter Burg und der Ruine, die mit den bizarren Felsen verwachsen zu sein scheint. Die erhaltene Südburg wird heute noch von der freiherrlichen Familie von Rotenhan bewohnt, die Ruine der Nordburg dagegen gehört dem Landkreis Haßberge. Der sorgte für Renovierung und Sicherung der Anlage und musste sie letztlich für einen freien Besuch sperren, weil die phantasieanregenden Felspartien der Ruine zu einem regelrechten Wallfahrtsziel für Esoteriker geworden waren. Man vermutete an manchen Stellen heilkräftige Kraftplätze keltischer Druiden. Geheilt wurde man meist von allzu hohen Erwartungen auf Erfolg.

> Der Ruinenteil der Burg Lichtenstein kann in der Winterzeit von 10.00 bis 17.00 und in der Sommerzeit von 10.00 bis 18.00 besichtigt werden.
> Der südliche Teil der Burg wird privat bewohnt und kann nicht besichtigt werden.

Oben: *Die von Familie von Rotenhan bewohnte Südburg.*

Burg Altenstein

Ruine mit Rutschgefahr

Auf den ersten Blick wirken die Altensteiner Felsen wie der ideale Baugrund schlechthin für eine Burg. Leider gehen aber die Felsen des Rhätsandsteins nicht sonderlich in die Tiefe. Sie erheben sich über einer Tonmergelschicht und rutschen auf genau dieser langsam hangabwärts. Davon merkten die Edelfreien von Stein, als sie wohl kurz nach 1200 mit dem Bau der Burg begannen. Die zunächst kleine Burg wurde aber schon bald eine Ganerbenburg, die von mehreren Zweigen der Familie gemeinschaftlich bewohnt wurde. 1441 schlichtete ein Burgfriedensvertrag Streitigkeiten unter zehn Brüdern und Vettern aus insgesamt fünf Familien, die jeweils einen eigenen Wohnbau in der Burg hatten. Damit wuchs natürlich das Gewicht des Gebauten auf den Felsen, der „Grundstein" fürs spätere Rutschen war gelegt. Bis 1703 bewohnten die Stein von Altenstein die nach Kriegszerstörungen immer wieder reparierte Burg, danach setzte rapider Verfall ein, den erst die gründliche Sanierung durch den Landkreis Haßberge bis 2003 gestoppt hat. Für zweieinhalb Jahrhunderte, heißt es, wäre damit erst einmal die Rutschpartie unterbrochen.

Die frei zugängliche Ruine ist eine Station des burgenkundlichen Lehrpfades des Land kreises Haßberge.

Mitte: *Die vorgesetzten runden Türme hatten im späten Mittelalter die Aufgabe, den Halsgraben und die Brücke zu decken.*

Unten: *Die Ruine der gotischen Burgkapelle hoch über dem Weisachtal ist eines der Wahrzeichen der Haßberge.*

Irmelshausen

Im Zeichen des Biebers

Wasser genug gäbe es hier im Tal der Milz durchaus für Bieber, aber nicht die fleißigen Nager sind für den allgegenwärtigen Bieber in Irmelshausen ursächlich, sondern die Familie derer von Bibra aus dem gleichnamigen Ort unweit von Meiningen. 1376 nämlich erwarben sie den Ort, brachten ihr Wappentier, den Bieber, mit und ließen im 15. Jahrhundert die im Kern heute noch bestehende Wasserburg auf einer künstlich angelegten Insel in der Milz errichten. Abseits der großen Zentren und Verkehrswege konnten die Bibra ihren Besitz im fränkisch-thüringischen Grenzraum behaupten. Mehr als vierzig Burgen und Schlösser sahen die Bibra für mehr oder weniger lange Zeit als Herren. Außerdem stellte die Familie zwei Würzburger, einen Fuldaer Fürstbischof und eine Reihe von Offizieren und Verwaltungsbeamten in Diensten benachbarter Fürstenhäuser. Heute bewohnt ein Teil der weitverzweigten Familie die eine Hälfte des im 19. Jahrhundert romantisch herausgeputzten Schlosses, die andere Hälfte ist im Besitz der Grafen von Stauffenberg, die hier eine „Eventmanufaktur“ betreiben.

Öffnungszeiten:
Das Schloss ist in der Regel nur von außen zu besichtigen. Auf Anfrage ist Freiherr Hans von Bibra aber durchaus bereit auch das Innere zu zeigen.

Oben: *Lebhaftes Fachwerk setzt einen freundlichen Kontrapunkt zum einst wehrhaften steinernen Erdgeschoss.*

Unten: *Der Dicke Turm ist im Kern ein Wehrturm aus der Zeit um 1500, sein pittoreskes Fachwerk erhielt er erst im 19. Jahrhundert*

Schloss Eyrichshof

Siebenhundert Jahre Familiengeschichte

Wahrscheinlich begann alles mit einem einfachen Wirtschaftshof namens „Iringerstorff". Er gehörte zur nahen Burg Rotenhan, in der die gleichnamige Freiherrenfamilie ihren Stammsitz hatte. Dort wäre man vermutlich auch geblieben, hätten nicht Truppen des Würzburger Bischofs 1323 die Burg zerstört. In diesem Fall war die unfreiwillige Verlegung des Wohnsitzes von einer unbequemen Felsenburg ins Tal der Baunach durchaus ein Plus an Lebensqualität. Von der mittelalterlichen Wasserburg existiert allerdings so gut wie nichts. Die Wut der Bauern auf den Adel, der ihnen konsequent politische Mitbestimmungsrechte versagte, entlud sich im Bauernkrieg 1525 auch in Eyrichshof in einer Zerstörungsorgie. Die Bauern kam das teuer zu stehen, denn sie mussten ab 1533 als Schadensersatz einen Neubau finanzieren. Nach langer Bauzeit war dann ein modernes Renaissanceschloss entstanden, dass im 18. Jahrhundert barock modernisiert und erweitert wurde. Und da die Freiherren von Rotenhan vom ersten bis zum heutigen Tag die Anlage bewohnen, hat man auch im 19. Jahrhundert in malerischem Sinne und in unseren Tagen im Sinne der Denkmalpflege renoviert.

Öffnungszeiten:
Schloss Eyrichshof ist Privatbesitz und daher nicht im Inneren zu besichtigen. Räume des Schlosses können aber für Events, private Feiern oder Hochzeiten gemietet werden.

__Mitte:__ Sieht älter aus als sie ist – die Bibliothek entpuppt sich als nachgeahmte Renaissance des 19. Jahrhunderts.
__Unten:__ Das malerische Erscheinungsbild des Schlosses ist der gut dreihundertjährigen Bauzeit geschuldet.

Ruine Rotenhan

Ein Stammsitz sinkt in Trümmer

Die Familie von Rotenhan gehört zum fränkischen Uradel. Die ältesten Nachrichten nennen Vorfahren als Dienstmannen des Bamberger Bischofs. 1229 tauchen Winther und Wolfram von Rotenhagen als Bürgen in einer Urkunde auf. Rotenhagen ist also die ursprüngliche Namensform der Burg, was wohl als „gerodeter Haag" gedeutet werden darf. Sicher wären die Rotenhan auf ihrem Stammsitz verblieben, wenn ein gewisser Wolfram von Rotenhan nicht „dem Stift etliche Leut' erstochen, ihnen die Kühe genommen und dem Stift nicht mehr als Lehensmann hätte wollen dienen". Das Stift war in diesem Fall der Würzburger Fürstbischof und der hat wohl die günstige Gelegenheit genutzt, eine Bedrohung seiner nahegelegenen Stadt Ebern auszuschalten. Nach angeblich einjähriger Belagerung wurde die Felsenburg 1323 erobert und zerstört. Der die Fehde beendende Vertrag enthielt ein ewiges Wiederaufbauverbot. Die Rotenhan machten das Beste aus dem Verlust und bauten sich unweit im Tal eine komfortablere Wasserburg. Was blieb, ist eine geheimnisvolle Ruine, die sehr anschaulich zeigt, wie die Vorgabe der Natur, die Felspartien, für den Wehrbau dienstbar gemacht worden sind.

Oben: *Der gotische Torbau ist samt Treppe aus dem Felsen herausgehauen.*
Unten: *Möglicherweise war hier die Torgasse von einer Holzdecke überspannt.*

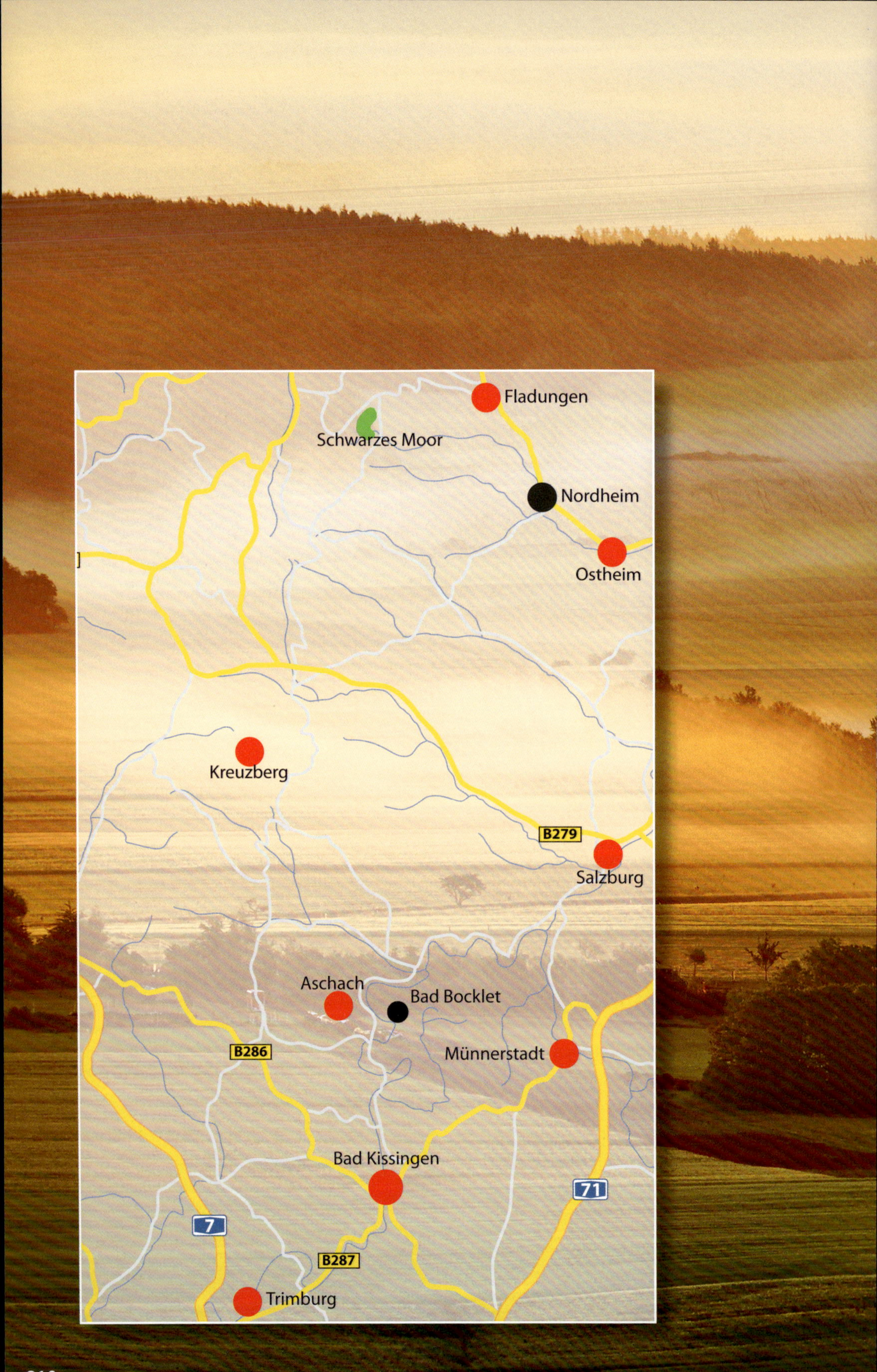
Fladungen
Schwarzes Moor
Nordheim
Ostheim
Kreuzberg
B279
Salzburg
Aschach
Bad Bocklet
B286
Münnerstadt
Bad Kissingen
71
7
B287
Trimburg

Von der Rhön zur Fränkischen Saale

Die Rhön ist Frankens einziges Gebirge vulkanischen Ursprungs. Daher bietet sie mit ihren Kuppen aus erkalteter Lava, ihren schroffen Basaltfelsen, den Hochmooren und den nicht selten kahlen Hochflächen einmalige Landschaftsbilder. In früheren Zeiten, in denen man mühsam um sein tägliches Brot ringen musste, hatte man verständlicherweise wenig Sinn für landschaftliche Sensationen, aber in unserer heutigen freizeitorientierten Gesellschaft locken genau diese Sensationen Touristen in das herbschöne Mittelgebirge und helfen mit, die wirtschaftliche Situation der Rhöner freundlich zu gestalten. Aus der klassischen „Arme-Leute-Region" ist ein beliebtes Reiseziel und in Teilen auch eine prosperierende Region geworden. Da man heute mit Rhön eine unverdorbene Berglandschaft und hohen Freizeitwert assoziiert, hat sie sich im Rahmen der Fremdenverkehrswerbung überraschend ausgedehnt. Sprach man in Bischofsheim, mitten in der Rhön gelegen, einst von einer Lage „vor der Rhön", so fehlt heute nicht viel, dass sogar Bad Kissingen sich als dazugehörig deklariert. Aber das Tal der Fränkischen Saale ist landschaftlich und klimatisch von ganz anderem Charakter. Zwischen Hammelburg und Bad Kissingen gedeiht sogar Wein und das Adjektiv, das am ehesten den langen Lauf der Saale von der thüringischen Grenze bis zum Main beschreibt, ist wohl das altmodische Wort anmutig. Sanft und schroff, mild und rau, weltgewandt und weltabgewandt – diese Gegensätze locken ins Land zwischen Fränkischer Saale und Hoher Rhön.

Die Hohe Rhön

„Land der offenen Fernen“

Schon das Wort „Rhön“ klingt rau, und der Klang täuscht nicht, er beschreibt damit das Wesen dieses herben Gebirges in der Mitte Deutschlands wohl treffender als viele wortreiche Landschaftsbeschreibungen. Forscht man nach Ursprung und Bedeutung des Gebirgsnamens, stößt man meist auf den Verweis zu den Kelten, deren Wort „raino“, was in etwa hügelig bedeutet, bei der Taufe der Rhön Pate gestanden haben soll. Träfe das zu, wären die Kelten, die nachweislich auch in der Rhön lebten, alles andere als phantasiebegabte Zeitgenossen gewesen – schließlich könnte man nach dieser Logik beinahe jedes deutsche Mittelgebirge auf diesen Namen taufen! Andere Vorschläge sind leider ebenso wenig hilfreich. So werden die Begriffe „ron“ als Bezeichnung für rasch fließende Gewässer, der „Rhein“ leitet sich wohl davon ab, oder das isländische und damit germanische Wort „raunia“, was ein Geröllfeld meint, zur Erklärung herangezogen. Allerdings wäre in diesen Fällen das ganze Gebirge nur nach einem seiner Teilaspekte benannt. Merkwürdig bleibt auch, dass ein vermeintlich so alter Name erst im späten Mittelalter in Quellen auftaucht. War er zwischenzeitlich in Vergessenheit geraten, oder ist er doch erst später entstanden und meint etwas ganz anderes? „Buchonia“, der deutlich ältere Name dieser Landschaft zwischen Fulda,

Saale und Werra, ist dagegen alles andere als eine rätselhafte Benennung. In der Spätantike taucht dieser Begriff auf und wird im Frankenreich wieder verwendet, weil sich an der Tatsache, dass das ganze Land mit endlosen Buchen-Urwäldern bewachsen ist, nichts geändert hatte. Eine kahle Rhön mit windigen Kuppen gibt es erst, seit die Menschen vor gut tausend Jahren begannen, die Rhön in eine Kulturlandschaft zu verwandeln. Man rodete im großen Stil, um Flächen zum Nahrungsmittelanbau und vor allem zur Viehweide zu gewinnen. Dass sich dabei das Buchenholz als Energielieferant und Baumaterial verwerten ließ, beschleunigte den Wandel des Landschaftsbildes. Am Ende dieser Entwicklung waren schließlich die Schafe die wahren Herren der Rhön.

Allein im Fürstbistum Fulda zählte man Ende des 18. Jahrhunderts in 508 Schäfereien gut 300.000 Tiere! Sie waren als Nutztiere wichtiger als Rinder oder Schweine, mussten als Woll- und Fleischlieferanten herhalten und dienten vor ihrem vorzeitigen Ableben mit ihrem Appetit als Landschaftspfleger. In Zeiten, in denen weder ihre Wolle noch ihr Fleisch gefragt waren, ging ihre Zahl dermaßen drastisch zurück, dass das berühmte Rhönschaf mit seinem hellen Körperhaar und dem schwarzen Kopf nur noch selten auf den Rhöner Matten zu finden war. Es galt als vom Aussterben bedroht, und mit ihm wäre auch das

Oben: *Die markante Kuppe der Milseburg ist der Wächter vor den Kämmen der hessisch-fränkischen Hohen Rhön.*

Basalt

gewohnte Bild der Rhön als Landschaft der offenen Horizonte ebenso verschwunden. Die Veränderung schien unumkehrbar, fand aber dennoch mit dem Ende der deutschen Teilung 1989 und der Auszeichnung der Rhön als Biosphärenreservat durch die UNESCO 1991 die Wende zum Positiven. Weite Teile der Hohen Rhön sind nun Schutzzonen und die drei Bundesländer Hessen, Bayern und Thüringen haben sich darauf geeinigt, diese einmalige Gebirgslandschaft im Herzen Deutschlands im Sinne einer Nachhaltigkeitspolitik zu fördern. „Produkte aus der Region für die Region" heißt einer der wichtigsten Programmpunkte, mit denen man der traditionellen heimischen Wirtschaft Auftrieb geben möchte, was letztlich auch hilft Abwanderung aus der ländlichen Region zu

vermeiden. Das vertraute Bild der Rhön wird mit solchen Anstrengungen in seiner gewohnten Mischung aus steilen vulkanischen Kuppen, weiten schafgepflegten Matten und Streuobstwiesen erhalten werden können. Und so ganz nebenbei bekommt die Rhön auch wieder ein geschärftes kulinarisches Profil, denn Lammgerichte sind wieder gefragte Spezialitäten. Immerhin hat das Rhönschaf bei einer Bewirtung Napoleons im „Schwarzen Adler" zu Buttlar mit „Rhönhammel" einen so

vorteilhaften geschmacklichen Eindruck hinterlassen, dass er es fortan in großem Stil von den Kuppen Buchoniens direkt nach Paris im importieren ließ. „Mouton de la reine" hieß damals das beliebteste Lammgericht, wobei das „reine" im Namen zwar Königin meinte, aber gerne auch als Synonym für Rhön genommen wurde. Heute bedarf es keiner französischen Bezeichnungen, um Appetit auf Rhönlamm zu machen, sein Wohlgeschmack und sein niedriger Cholesteringehalt sorgen für eine starke Nachfrage bei traditionellen wie zeitgeistgeleiteten Feinschmeckern. Den eher sanften Wiesenhängen der Rhön sieht man ihren dramatischen Ursprung nicht mehr an. Vulkanismus schuf die Berge, man hat bislang fast 500 Durchbrüche von Magma festmachen können. Und es hat einen Zeitraum von etwa 15 Millionen Jahren gebraucht, bis diese Eruptionen eine leicht wellige Ebene in eine Landschaft mit vielen Kuppen und markanten Bergen verwandelten. An vielen Stellen sind die erkalteten Magmaströme noch als

Oben: *Die Natur hat offenbar eine Vorliebe fürs „Ungerade" – Säulenbasalt gibt es nur mit fünf oder sieben Seiten.*

Links: *Hier dauert es sehr lange, bis über eine Sache Gras gewachsen ist: eine Basaltblockhalde am Schafstein.*

Nachfolgende Seite: *Schafe sind unentbehrliche Landschaftspfleger in der Rhön – ihr Appetit verhindert, dass der Wald sich die felsigen Kuppen zurückerobert.*

Basaltfelsen, vielfach als Säulenbasalt, in der Landschaft zu sehen. Da sich der Basalt als Schotter, Pflasterstein oder Baumaterial verkaufen ließ, gehört auch der Basaltabbau zu den traditionellen Erwerbszweigen der Rhön. Aber auch der Steinabbau konnte den traditionell bescheidenen wirtschaftlichen Verhältnisse nicht abhelfen. Speziell die Hohe Rhön war für die Menschen früherer Jahrhunderte keine einladende Landschaft. Die mageren Böden und die langen Winter waren Garanten bescheidener Verhältnissen, was die Bergregion vor allzu dichter Besiedlung bewahrt und auch das Aufblühen von Städten verhindert hat. Die liegen alle an Streu, Sinn und Saale, wo das Klima milder und die Böden ertragreicher sind. Und alle Städte dieser klassischen „Arme-Leute-Region" wollten keinesfalls mit der Rhön in Verbindung gebracht werden. Selbst das zu Füßen des Kreuzbergs gelegene Bischofsheim, für unsere heutigen Begriffe mitten in der Rhön gelegen, führt noch immer den Zusatz „vor der Rhön". Die Sichtweisen haben sich gewandelt: Im Zeitalter beinahe unbegrenzter Mobilität kann man zur Arbeit pendeln, und ein Begriff wie „Rhön" wird nicht mehr mit dem Schreckgespenst Armut in Verbindung gebracht sondern mit unverbrauchter Landschaft, Ursprünglichkeit und Erholung. Den Rhönern geht es heute so gut wie nie zuvor in der überblickbaren Geschichte dieses Landstrichs. Die Auswandererzahlen des 19. Jahrhunderts verdeutlichen die sehr bescheidenen Lebensumständen, und nicht umsonst wurden in Rhöner Bauernhöfen vielerlei Nebenbeschäftigungen betrieben, angefangen vom Weben bis hin zum Schnitzen von Holzschuhen. Nicht ohne Grund war für viele damals der Branntweinrausch willkommener Ausflug aus der tristen Wirklichkeit. Diesen Notausgang aus einem perspektivlos einförmigen Alltag konnte man sich gerade noch leisten – die Rhön galt nicht zu Unrecht um 1800 als notorische Säuferregion. Wer den heimischen Alltag nicht aushielt, verließ die Heimat und es hieß noch im vorletzten Jahrhundert, „die Rhön liefert die meisten Soldaten, Pfaffen und Huren". Schon im 18. Jahrhundert ließ eine erste Auswanderungswelle nach Österreich und Ungarn manche Dörfer fast veröden. Später lockte die amerikanische Ostküste – in den Walddörfern machte sich jeder Dritte auf den Weg in die verheißungsvolle Fremde. Und im kleinen Sandberg gab es gar bis Mitte des 20. Jahrhunderts noch ein Hapag-Lloyd -Büro für Auswanderungswillige.

Das Schwarze Moor

Die Sage erzählt, ein großes Dorf sei wegen der Sündhaftigkeit seiner Bewohner von einem schwarzen See verschlungen worden, und nur drei Jungfrauen hätten ein Mal im Jahr aus der Tiefe aufsteigen dürfen, um in Wüstensachsen bei der Kirchweih zu tanzen. Und wie es der böse Zufall will, habe man die drei über die Zeit dort festgehalten, worauf sich eines der Mooraugen am nächsten Morgen blutrot verfärbt hätte und sie nie mehr wiedergesehen worden seien. Ungewöhnliche Orte wie das Schwarze Moor verlangen nach ungewöhnlichen Erklärungen! Wie hätte man sich sonst erklären sollen, warum es in fast 800 Metern Höhe so viel Wasser gibt und dieses partout nicht abfließen will? Heute ist klar, dass die Hangmulde des Moores durch wasserundurchlässigen Untergrund so gut abgedichtet ist, dass Wasser kaum einsickern kann. Die vielen Niederschläge auf der Langen Rhön sorgen für ständigen Nachschub – absterbende Pflanzen tun dann das Übrige zur Entstehung des Hochmoores. Und da einige Torfmoose wegen des Überangebots

Unten: *Das erste Grün des Frühsommers fasst einen Kolk, ein „Moorauge", im Schwarzen Moor. Fast 1000 Millimeter Niederschlag pro Jahr sorgen auf den Höhen der Rhön für genügend feuchten Nachschub.*

an Wasser rasch wieder absterben, ergibt sich die schwarze Färbung, und damit war schon vor mehr als zweihundert Jahren der Name für dieses größte Rhönmoor gefunden. Dieser düstere Teil der Hohen Rhön war natürlich ökonomisch nicht verwerthar, weshalb sich über viele Jahrhunderte nur selten Menschen hier aufhielten. Umso erstaunlicher ist es, wenn man hört, dass sich 824 ein wichtiges Treffen genau hier zugetragen hat. Der berühmte Fuldaer Abt Rabanus schlichtete mit dem Grafen Poppo und seinem zwölfköpfigen Gefolge Streitereien über erfolgte Schenkungen an sein Kloster. Hinzu kamen noch zwanzig Zeugen, die in der Urkunde die Ergebnisse der Schlichtung bestätigen. Es muss also damals Gebäude in dieser Einöde gegeben haben und der früheste Schilderer der Rhön, der Rhöner und ihrer Eigenarten, Franz Anton Jäger, resümiert: „Denn auf einem Sumpfe zusammen zu kommen, hier die Schuhe mit Wasser anzufüllen, und Gefahr laufen, einzusinken, um eine Streitsache zu entscheiden, lässt sich nicht denken." Bis heute haben sich keine Spuren von Bauten finden lassen, lediglich Reste von Wegpflasterungen deuten auf eine frühere Erschließung hin. Und so blieb es still an diesem wenig einladenden Ort mit seinen mehr als 1000 Millimetern Niederschlag und bis zu 200 Nebeltagen im Jahr. Nach einigen erfolgsarmen Versuchen, hier im 18. und 19. Jahrhundert Torf abzubauen, wurde die 66 Hektar große Moorfläche 1939 unter Naturschutz gestellt. Damit wurde auch sichergestellt, dass ein geologisches Kuriosum erhalten blieb. Das Moor liegt nämlich genau auf der Wasserscheide

Oben: *Annähernd zweieinhalb Meter tief ist das Wasser in diesem großen Kolk. Es wird noch tausende von Jahren brauchen, bis auch diese Wasserfläche zugewachsen sein wird.*

Links: *Das erste Grün des Frühsommers fasst einen Kolk, ein „Moorauge", im Schwarzen Moor. Fast 1000 Millimeter Niederschlag pro Jahr sorgen auf den Höhen der Rhön für genügend feuchten Nachschub.*

zwischen Rhein- und Weserflusssystem. Aus ein und demselben Moor macht sich das Wasser gen Norden über die Ulster in Richtung Werra und Weser auf den Weg, südlich fließt es durch den Eisgraben über die Streu letztlich Main und Rhein zu. Heute lässt sich dieses Naturwunder, in dem man mit etwas Glück seltene Tiere wie Birkhühner, Kreuzottern und Mooreidechsen sehen kann, bequem auf einem gebretterten Moorlehrpfad erkunden. Und wer den Mut für einen nächtlichen Besuch aufbringt, begegnet vielleicht sogar den drei irrlichternden Seelen der tanzversessenen Jungfrauen.

Der Kreuzberg

Er ist mit seinen 928 Metern zwar nicht der höchste Berg der Rhön, aber für Franken auf jeden Fall der wichtigste. Mit ihm verbindet sich die Erinnerung an die Heiligen Kilian, Kolonat und Totnan, die Ende des 7. Jahrhunderts Franken missionierten und dabei im Jahr 689 in Würzburg den Märtyrertod erlitten. Ob die drei Herren aber jemals die grandiose Aussicht von diesem Berg genossen haben oder ob es hier oben einst eine heidnische Kultstätte gegeben hat, ist höchst ungewiss. Der Berg jedenfalls hieß vor der Aufstellung der Kreuze Asenberg, worin manche den Hinweis auf die Asen, das große Göttergeschlecht der nordischen Mythologie, sehen wollen. Aber das liegt, wie der Kreuzberg ja auch an vielen Tagen, im

Nebel. Sicher ist, dass man im Spätmittelalter ein Wallfahrerkreuz auf dem Gipfel errichtete. Eine Kreuzigungsgruppe wurde erst 1582 auf Initiative des Würzburger Fürstbischofs Julius Echter errichtet. Vielleicht wollte er damit symbolhaft andeuten, dass er die von ihm betriebene Rekatholisierung nach der Missionierung durch die drei Frankenapostel als zweite „Missionierung“ der mainfränkischen Lande sieht. Seither hat sich der Name Kreuzberg eingebürgert und seither ziehen organisierte Wallfahrten auf den Berg. Da die Wallfahrerströme bald stark zunahmen, entsandte man Ende des 17. Jahrhunderts in der Wallfahrtsseelsorge erprobte Franziskaner aus Dettelbach auf den Berg, seither gibt es dort das kleine Kloster unterhalb des Gipfels. Siebzig bis achtzig Wallfahrergruppen machen sich auch heute noch singend und betend auf den Weg. Die größte dürfte die „Bruderschaft zum Heiligen Kreuz“ aus Würzburg sein. Seit 1647 marschiert man alljährlich im August in fünf Tagen rund 190 Kilometer hin und zurück. Es beteiligen sich immer noch rund 450 Pilger an diesem gleichermaßen religiösen wie sportlichen Ereignis. Die Mehrzahl der heutigen Kreuzbergbesucher pilgert aber aus weit weltlicheren Motiven auf den Berg. Seit 1731 braut man im Kloster ein süffiges Bier und so ist die Mahnung der Franziskaner, dass das Kloster Kreuzberg „ein spiritueller Ort ist und nicht für Junggesellenabschiede, alkoholselige Vereinsausflüge und Oktoberfestcharakter steht“, sicher nicht ganz unbegründet.

__Seite 220/221:__ Die Nebel des Spätherbstes füllen die Täler und verwandeln die Gipfel der Hochrhön zu einsamen Inseln im weißen Dunstmeer.

__Links unten:__ Ein Bild, das leider immer seltener wird: der Kreuzberg im weißen Kleid des Winters.

Fladungen Freilandmuseum

Eine fast untergegangene Welt

Eines sollte man nie vergessen: Heute sind die guten, alten Zeiten von morgen. Man muss immer wieder daran erinnern, erstens, weil unsere Zeit es nicht verdient hat, kleingeredet zu werden, und zweitens, weil die Zeugen der Vergangenheit in ihrer dinglichen Schönheit oft zu dem Urteil verführen, früher könnte doch einiges, wenn nicht gar vieles besser gewesen sein. Damit unsere bescheidenen Wurzeln nicht zu rasch in Vergessenheit geraten, baut man nun schon seit dreißig Jahren vor den Toren des malerischen Fladungen am Freilandmuseum des Bezirks Unterfranken. Wer sich für die Geschichte des ländlichen Raums und die Verhältnisse der sogenannten kleinen Leute interessiert, kann hier eine Zeitreise durch alle Regionen Unterfrankens unternehmen. Aus allen Teilen des Bezirks hat man originale Gebäude in die Nähe der Ressmühle versetzt und damit die Welt der Kleinbauern, Tropfhäusler, armen Schulmeister, Taglöhnern und Dorfhandwerker in Beispielen bewahrt. Darüber hinaus erfährt man, dass unsere alten Dörfer weitgehende Selbstversorger waren. Ölmühle, Branntweinbrennerei, Büttnerei und Gemeindebrauhaus und Webstühle in den Bauernhäusern

sorgten dafür, dass man nicht in eine Versorgungsabhängigkeit der Städte geriet. Damit ist das Museum so eine Art Arche Noah für eine untergegangene Dorfkultur, sind doch unsere Dörfer heute meist kaum noch von Stadtrandsiedlungen zu unterscheiden. Und man lernt hier besser verstehen, warum einer Region wie der Rhön bis zum Ersten Weltkrieg so viele Menschen den Rücken kehrten und ihr Heil in der Auswanderung sogar bis ins ferne Südamerika suchten. Wirtschaftsflüchtlinge made in Germany. Das überraschendste „Gebäude" des Museums aber dürfte ein schreiend gelbes Telefonhäuschen sein. Ja, sowas hat es auch mal gegeben.

Das Freilichtmuseum ist im April, Oktober und November dienstags bis sonntags von 9 bis 18 Uhr und von Mai bis September täglich von 9 bis 18 Uhr geöffnet.

Seite 222/223: *Alte Geräte erinnern an Zeiten, in denen man sich die Muskeln nicht erst im Fitness-Studio antrainieren musste.*

Oben: *Das Bauernhaus aus Bahra im Grabfeld beeindruckt durch eine sonst selten erhaltene Hochlaube.*

Mitte: *Die funktionsfähige Ölschlagmühle aus Wiesthal diente der Verfilmung des Märchens Rotkäppchen als Kulisse.*

Kirchenburg Ostheim

Monument der Angst

Die Dimensionen der Ostheimer Kirchenburg sind außerordentlich beeindruckend: ein 66 mal 66 Meter großes Quadrat nimmt fast 0,6 Hektar Fläche ein. Ein doppelter Mauerring, der äußere gut 5 Meter, der innere rund 8 Meter hoch, umfängt Kirche, Innenhof, Gewölbekeller und Fruchtspeicher, die sogenannten Gaden. Damit ist die Ostheimer Kirchenburg die größte in Deutschland und zu Recht als Denkmal von nationaler Bedeutung geschützt. Was heutige Besucher des malerischen Reizes wegen entzückt, ist nüchtern betrachtet ein Monument kollektiver Angst. In der ersten Hälfte des 15. Jahrhunderts wurde der Kirchhof um die damalige Kirche Beatae Mariae Virginis mit einer Wehrmauer mit hohen schlanken Türmen an den vier Ecken befestigt. Eine Stadtmauer zu ihrem Schutz konnten die Ostheimer damals nicht errichten, weil der Ort erst 1596 Stadtrechte verliehen bekam. Es blieb den Bewohnern also nichts anderes übrig, als diese Verteidigungsanstrengung mit eigenem Geld zu finanzieren. Die Alternative wäre gewesen, jeder kriegerischen Auseinandersetzung schutzlos ausgeliefert zu sein. Die Furcht vor Krieg war nicht unbegründet, lag doch Ostheim im strategischen Interessensbereich dreier konkurrierender Nachbarn, des Würzburger Fürstbischofs, des Fürstabts in Fulda und der Grafen von Henneberg. Außerdem rückte die Zerstörungswalze des Hussitenheeres in den 1430er Jahren immer wieder bedenklich nahe. 1579 und 1580 ließ man die Anlage ausbauen und nachrüsten, diesmal ausgelöst durch die Türkenbedrohung. Der damals erreichte Stand ist bis heute erhalten – wer an einer Führung durch die Kirchenburg teilnimmt, macht Bekanntschaft mit 66 Gewölbekellern, 72 Gaden und der eindrucksvollen Michaelskirche.

> Der Innenbereich der Kirchenburg ist ganzjährig zugänglich. Das Kirchenburgmuseum ist außer Januar bis März und November freitags bis montags und an Feiertagen von 14 bis 17 Uhr geöffnet.

Oben: *In Deutschlands größter Kirchenburg in Ostheim vor der Rhön dominiert das Fachwerk.*
Rechts: *Ansicht von Norden mit „Achtlöchrigem" Turm (rechts), Kirche, und Pulverturm (links).*

Die Salzburg

Adels-WG über dem Saaletal

Salzquellen waren im Mittelalter zugleich Geldquellen. Salz diente nicht nur als Würze, größer war seine Bedeutung als einziges Konservierungsmittel dieser Epoche. Es wundert daher nicht, dass die Würzburger Bischöfe große Anstrengungen unternahmen, ihre Salzquelle zu sichern. Vermutlich ließen sie ab der zweiten Hälfte des 12. Jahrhunderts die Salzburg als Landesfestung in ungewöhnlich großen Abmessungen errichten. Sie hatten wohl von Anfang an vor, die Burg nicht einem einzelnen Vasallen, der ihnen vielleicht gefährlich hätte werden können, zu überlassen. So entstand eine Ganerbenburg, die in ihrer Blütezeit sieben Kleinburgen des würzburgischen Verwaltungsadels mit ihrem 450 Meter langen, massiven Mauerring umfing. Das 18. Jahrhundert sah dann den Niedergang dieser eigentümlichen Adels-WG und es richtete sich ein landwirtschaftlich geprägtes Dorf mit einer kleinen Judengemeinde nebst Synagoge innerhalb der wuchtigen Kalksteinmauern ein. Erst die Burgenbegeisterung des 19. Jahrhunderts ließ der Anlage wieder Pflege angedeihen und so ist ein Besuch dieser Großburg mit dem wunderbaren romanischen Haupttor heute unbedingt zu empfehlen.

Der große Bereich der Vorburg mit der Burgschenke ist meist zugänglich. Die einzelnen Burghäuser sind in Privatbesitz und nicht zu besichtigen.

Oben und unten: *Viele kleine Burgen machen eine große! Die Salzburg war als Ganerbenburg einst so etwas wie eine „Adels-WG".*

Magdalenenaltar Münnerstadt

Riemenschneiders ungeliebte Moderne

Als die Münnerstädter 1490 den Auftrag für einen Schnitzaltar für ihre Magdalenenkirche erteilten, fiel ihre Wahl auf Tilmann Riemenschneider. Der Würzburger Bildschnitzer stand damals noch am Anfang seiner Karriere und war daher wohl für nicht allzu viel Geld zu haben. Für den hohen Chor sollte er ein Schnitzwerk mit der reuigen Sünderin Magdalena im Haarkleid als zentralen Blickfang schaffen. Die Enthüllung des Werkes zwei Jahre später war für die Münnerstädter sicher ein Schockerlebnis, denn Riemenschneider hatte seine Schnitzereien materialsichtig belassen. Das widersprach den gewohnten Sehweisen und manch einer glaubte vielleicht sogar, der Meister hätte die Provinzler mit einem Altar-Rohling abgespeist. Zwölf Jahre später weilte der Nürnberger Veit Stoß nicht ganz freiwillig in Münnerstadt, ihn ließ man den Altar nachträglich farbig fassen und die fromme Bilderwelt war wieder heil. Moderne Kunst blieb auch früher oft unverstanden.

Schloss Aschach

Steingut und Mittagsschläfchen

„Dies Haus ist mein und doch nicht mein" verkündet der Hausspruch, den der Schweinfurter Industrielle Wilhelm Sattler im 19. Jahrhundert an Schloss Aschach anbringen ließ. Nichts illustriert diese Behauptung treffender als die lange Liste der Vorbesitzer und Pfandherren, darunter die Würzburger Fürstbischöfe, die Herren von Bibra und die Henneberger Grafen. Mit dem Selfmademan Sattler erlebte das Schloss den Tiefpunkt seiner Karriere – es diente ab 1829 als Steingutfabrik, bis die billigere englische Konkurrenzware die Sattler´sche dreißig Jahre später vom Markt verdrängte. Allerdings war Aschach nur eine der vielen Fabriken des Industriepioniers Sattler, Ende der 1820er Jahre arbeitete fast jeder fünfte Industriearbeiter Unterfrankens in einem Sattler-Betrieb! Die Rückkehr zum angemessenen Dasein als Schloss gelang 1873. Der königlich-bayerische Regierungspräsident von Unterfranken und Aschaffenburg, Friedrich von Luxburg, erwarb das Schloss für 72.000 Goldmark, ließ es für beinahe genauso viel Geld gründlich restaurieren und machte es zur Heimstatt seiner ebenso umfangreichen wie vielfältigen Kunstsammlungen. Das nun wieder noble Ambiente lockte so manchen prominenten Kissinger Kurgast an. Reichskanzler Bismarck schätzte die zusammengetragene Kunst mindestens so sehr wie den Haus-

herren als Gesprächspartner oder das bequeme Sofa als ruhiges Plätzchen für ein Mittagsschläfchen. Der verzweifelte, kurunterstützte Kampf gegen die überflüssigen Pfunde kostete den Kanzler sichtlich Energie! Zum Glück blieb das Schloss bis 1955 im Besitz der Familie Luxburg, und da der letzte Hausherr keinen Erben hatte, erhielt der Bezirk Unterfranken das Anwesen samt glanzvollem Inhalt zum Geschenk. Seither lässt sich im Haus Kunst verschiedener Epochen und Kulturkreise, von spätgotischen Skulpturen über französische Stiltapeten des 18. Jahrhunderts bis hin zu ostasiatischem Kunsthandwerk, in einmalig wohnlicher Atmosphäre bewundern. Von einer Bismarck´schen Nutzung des Sofas bittet die Museumsleitung höflichst Abstand zu nehmen!

Im Schlosskomplex sind drei Museen untergebracht: Graf-Luxburg-Museum, Schulmuseum, Volkskundemuseum. Sie sind von April bis Oktober dienstags bis samstags von 14 bis 17 Uhr und an Sonn- und Feiertagen von 11 bis 17 Uhr geöffnet.

Oben: *Eine historische Postkutsche sorgt für eine nostalgisch-stilechte Verbindung zum benachbarten Kissingen.*
Seite 228/229: *Das Herbstlaub der Bäume und die Wirtschaftsgebäude des Aschacher Schlosses harmonieren farblich aufs Schönste.*
Mitte: *Im Roten Salon harmoniert die Ausstattung von 1874 gut mit den Vertäfelungen des 16. Jahrhunderts.*
Unten: *Adelige Wohnkultur des 19. Jahrhunderts erlebt man im Blauen Salon.*

Bad Kissingen

Sommertreff der Mächtigen

Unter den Rhönbädern ist Bad Kissingen unbestritten das meistbesuchte und mondänste. Wer Stille schätzt wird sich eher für Brückenau entscheiden, und wer Sinn für das schlichte Flair des Biedermeiers hat, ist in Bocklet besser aufgehoben. Kissingens Heilquellen waren schon früh bekannt, aber ihre unmittelbare Lage am Ufer der Fränkischen Saale gefährdete ihr Wasser durch die häufigen Hochwasser des kleinen, aber unberechenbaren Flusses. So gab es viele Jahrhunderte kaum eine Nutzung des heilenden Wassers, bis endlich Balthasar Neumann 1737 mit der Verlegung des Saalebettes und der ebenso kunstvollen wie technisch anspruchsvollen Fassung der Quelle einer unerwünschten Vermischung der verschiedenen Wässer Einhalt gebot. Kissingens Karriere als Kurort konnte beginnen, ließ sich aber unter fürstbischöflicher Herrschaft zunächst eher bescheiden an. Die Entwicklung zum Modebad europäischen Ranges setzte erst unter bayerischer Herrschaft ein. König Ludwig I. schätzte Kissingen sehr und ließ durch seinen Lieblingsarchitekten Friedrich von Gärtner einen Kursaal und den Arkadenbau im Münchner „Ludwigstraßenstil“ errichten. Damit war endlich ein Ambiente geschaffen, von dem sich die durchweg wohlhabenden Kurgäste angezogen fühlten. Zu den interessanten Besuchern dieser ersten Ära des Aufschwungs zählen der russische Dichter Iwan Turgenew, der Berliner Architekt Karl Friedrich Schinkel und General Wilhelm von Scharnhorst. Nicht immer führte die Kur zum erhofften Erfolg: Herzog Wilhelm I. von Nassau starb 1839 in oder vielleicht auch an der Kur. Aber selbst davon profitierten die Kissinger, denn der Herzog hinterließ eine Stiftung „zur Aussteuer würdiger Bürgerstöchter“. Einen besonderen Höhepunkt stellt das Jahr 1864 dar, als neben dem bayerischen König Ludwig II. auch der russische Zar, Kaiser Franz Joseph von Österreich und die Regenten Württembergs, Nassaus und Mecklenburgs nebst zahlreichen weiteren mehr oder weniger gekrönten Häuptern Kissingen zu ihrer Sommerresidenz machten. Österreichs Kaiserin Elisabeth gefiel es ebenfalls in Kissingen. Kurz vor ihrem Tod 1898 kurte sie wieder einmal in Kissingen und als sie dort von ihrem Mann besucht wurde, entstand das letzte Foto des Kaiserpaares. Die klassische Kur dieser Zeit ist allerdings weniger eine Maßnahme zur Beförderung der Gesundheit als vielmehr

eine Art geselliges Beisammensein der Mächtigen und Reichen aus Politik und Wirtschaft, bissweilen garniert durch den ein oder anderen Künstler. Anwendungen des Heilwassers werden alibiartig ausge-

Rechts: *Der 1838 eröffnete Arkadenbau verkörpert mit seinen zahlreichen luftigen Bögen eine Art Freizeitvariante des strengen Münchner „Ludwigstraßenstils".*

Unten: *Malereien, die an die italienische Renaissance erinnern, rahmen den Schmuckhof des Regentenbaus.*

halten, um sich über mehrere Wochen mit den Spitzen der Gesellschaft ohne den Druck des politischen Alltagsgeschäfts austauschen zu können. In manchem Bad à la Kissingen, Karlsbad, Wiesbaden oder Baden-Baden wurde im Sommer bisweilen mehr Politik gemacht als in den

eigentlichen Machtzentren Berlin, Wien, Sankt Petersburg oder London. Ein weiterer Vorteil war die Tatsache, dass man in der Kur nicht mit den Folgen der eigenen Politik konfrontiert wurde. Das passierte in Kissingen ausgerechnet dem treuesten Kurgast. Fürst Otto von Bismarck entging 1874 nur knapp dem Anschlag des Böttchergesellen Kullmann aus Magdeburg, eines „fundamentalistischen" Katholiken, der damit seinen Beitrag zur Beendigung des sogenannten Kulturkampfes Bismarcks gegen die katholische Kirche leisten wollte. Ein Museum in Bismarcks Kissinger Wohnung erinnert an dieses schockierende Ereignis, wie aber auch an die fünfzehn Kuraufenthalte, bei denen er mit nur bescheidenen Erfolgen versuchte, einige seiner 124 Kilos loszuwerden. Zur Zeit des Prinzregenten Luitpold war Kissingen schon längst zur „Sommerfrische Europas" aufgestiegen und wurde auf seine Initiative hin ein weiteres Mal durch großzügige Neubauprojekte aufgewertet. Ein Theater nach Plänen der berühmten Wiener Theaterspezialisten Fellner und Helmer wurde errichtet. Eine neue Wandelhalle entstand und mit dem Regentenbau erhielt Kissingen endlich eine ebenso repräsentative wie großzügige Bühne für musikalische Darbietungen und gesellschaftliche Auftritte. Der Regentenbau des Architekten Max Littmann avancierte dank seiner exzellenten Akustik rasch zu einem der beliebtesten

Oben: *90 Meter Länge reichen, um die Trinkkurhalle aus den Jahren 1910/11 zur größten weltweit zu machen.*
Mitte: *Für das alljährliche Rakoczy-Fest im Juli schlüpfen Kissingens Bürger und Bürgerinnen in die Rolle berühmter Kurgäste ihrer Stadt.*

Konzertsäle Europas und so waren sich nicht einmal so renommierte Orchester wie die Wiener Symphoniker und die Münchner Philharmoniker zu schade, allsommerlich in die Rolle eines Kurorchesters zu schlüpfen. Als der Regentenbau in der Kursaison 1913 eingeweiht wurde, ahnte wohl niemand, dass mit dem Ausbruch des Ersten Weltkriegs die große Zeit der europäischen Kurorte und damit auch Kissingens unwiderruflich zu Ende gehen würde. Die Großen dieser Welt fanden danach nur noch sporadisch den Weg an die Fränkische Saale, aber die noble Kulisse blieb zum Glück bis heute erhalten und lässt Kissingen in der mittlerweile inflationär angewachsenen Schar deutscher Heilbäder besonders glänzen. Die Kur weicht immer mehr dem Wellness-Urlaub und die großen Namen des Jetsets treffen sich heute viel lieber an Orten, deren hohe Temperaturen in einem direkten Verhältnis zum niedrigen Bekleidungsgrad stehen.

Kissingens Kurbauten sind nach wie dem Kurbetrieb vorbehalten. Besichtigungen von Regentenbau, Kurtheater und Arkadenbau sind aber im Rahmen einer Führung möglich. Informationen dazu erteilt die Tourist-Information im Arkadenbau.

Mitte: *Der Regentenbau bescherte Kissingen 1913 den würdigen Rahmen für gesellschaftliche Vergnügungen der Kur-High-Society.*
Unten: *Ohne Anregungen aus dem Jugendstil in dieser Form kaum denkbar: der Grüne Saal des Regentenbaus.*

Trimburg

VEB auf dem Pfaffenberg

Ursprünglich trug der Bergsporn des Pfaffenbergs hoch über dem Tal der Fränkischen Saale drei Burganlagen, nach dem Motto, „Es kann nicht schaden, immer mal eine Burg in Reserve zu haben". Die heutige Ruine ist der Rest der jüngsten dieser drei Wehranlagen, wobei es angesichts eines Alters von mehr als achthundert Jahren schwerfällt von „jung" zu reden. Als Bauherren sind die Herren von Trimberg überliefert. Sie konnten die Burg aber nicht lange behaupten und gaben sie schon im Laufe des 13. Jahrhunderts als Lehen an das Hochstift Würzburg. Sie diente fortan als Verwaltungssitz, weswegen sie als Symbol der verhassten Obrigkeit 1525 von Kissinger und Euerdorfer Bauern zerstört wurde. Es folgte wie auch später nach dem Dreißigjährigen Krieg der Wiederaufbau, endgültig zur Ruine machte die stolze Burg erst der Verkauf auf Abbruch nach 1803. Seit 1980 ist die Trimburg eine VEB, eine volkseigene Burg, denn sie ging in diesem Jahr in den Besitz der Gemeinde Elfershausen über. Seither erfreut sich die Ruine intensiver konservierender Pflege.

Die Trimburg kann besichtigt werden, wenn sie an den Wochenenden von Mai bis Oktober von verschiedenen Vereinen bewirtschaftet wird. Die Termine sind auf der Webseite *www.trimburg.com* zu erfahren.

Fränkische Saale

Vom Grabfeld zum Main

Ginge es korrekt zu, müsste die Fränkische Saale eigentlich Streu heißen, denn bei der Mündung des Rhönflüsschens in die Saale ist es nicht nur wasserreicher, es hat auch einen längeren Weg hinter sich. Dieser Umstand hört sich im wissenschaftlichen Jargon dann so an: „Die Fränkische Saale ist an ihrem Oberlauf in hydrogeologischer Sicht nicht der Hauptstrang des nach ihr benannten Flusssystems“. Gott sei Dank richtet sich unser Blick eher selten aus hydrologischem Blickwinkel auf Landschaften und so kann man unbeschwert von solchen Überlegungen, den reizvollen Lauf des im Grabfeld in der Nähe der thüringischen Grenze entspringenden Flusses auf seinen 140 Kilometern Strecke genießen. Die Saale schlängelt sich durch eine abwechslungsreiche Mittelgebirgsszenerie, durchfließt das Weltbad Kissingen und dessen Miniaturausgabe Bocklet und ergießt sich, kurz zuvor noch um den wasserreichsten Zufluss, die Sinn, verstärkt in Gemünden in den Main zu ergießen. Auf der Strecke spiegeln sich stolze Burgen wie die Trimburg, die Salzburg oder die Burg Saaleck ebenso in ihren Wassern wie so mancher Rebhang und erwachsene Menschen, die kleine weiße Bälle in kleinen Erdlöchern zu verstecken versuchen wie auf dem Kissinger Golfplatz. Der idyllische Fluss erfreut sich bei Wasserwanderern großer Beliebtheit, fordert doch sein langsam verträumtes Dahinfließen keine herausragenden Fähigkeiten bei der Beherrschung des Sportgeräts. Für Kanus und Faltboote reicht die Wasserführung der Saale meist aus, dass sie aber auch regelrechte Schiffe auf ihren Wellen trug, kann man sich nur schwer vorstellen. Bis ins 14. Jahrhundert führte sie aber deutlich mehr Wasser als heute und so vermerkt die Chronik für das Jahr 790, dass kein Geringerer als Karl der Große seine Pfalz in Salz bei Bad Neustadt von Worms aus mit dem Schiff ansteuerte. Dazu wieder die nüchterne Wissenschaft: „Der normale Wasserstand der Saale entsprach einem durchschnittlichen Hochwasser heutiger Zeit.“ Panta rhei – alles fließt.

B26
B276
3
Aschaffenburg
Lohr
B26
Schönbusch
Mespelbrunn
Rothenfels
3
Marktheidenfeld
Obernburg
B8
Homburg
Henneburg
Wertheim
3
Freudenberg
B469
Miltenberg
B47
Amorbach
B27

Spessart, Mainviereck und Odenwald

Bevor der Main Franken verlässt, hat er sich offenbar so in den Spessart verliebt, dass er ihn schlingenreich auf drei Seiten umfließt und damit im Westen und Süden vom Odenwald, im Osten von der Fränkischen Platte scheidet. Geologisch gibt es zwischen den beiden Mittelgebirgen keinen Unterschied, beide dominiert der rote Sandstein und das Landschaftsbild ist in beiden von waldreichen, welligen Hochflächen und tief eingeschnittenen Tälern geprägt. Sowohl im „Spechtswald“, im Spessart als auch im Odenwald, dessen Name sich vielleicht von „Wald der Oden“, also der Sagen, ableitet, sind die Böden für die Landschaft von sehr bescheidener Güte, was beide Landschaften lange ziemlich menschenleer ließ. Der größte Teil des Spessarts blieb daher für Jahrhunderte hauptsächlich Jagdrevier des Adels, allen voran der Mainzer Kurfürsten, und verdankt diesem Umstand seinen schier endlosen Wald, der zu den größten geschlossenen Mischwaldgebieten Mitteleuropas zählt. Die Besiedelung der Täler mit langgezogenen Straßendörfern erfolgte erst relativ spät, Städte sucht man im Herz des Spessarts vergeblich. Die entstanden entlang der begrenzenden Flüsse Main, Kinzig und Sinn und sind in ihren historischen Kernen bis heute durch die landschaftstypischen Baumaterialien Holz und Sandstein geprägt. Die Wälder des Spessarts dagegen wurden von Durchreisenden gemieden, die Armut vieler Spessarter trieb nicht wenige in die Neben- und Haupterwerbsräuberei. Schaurige Geschichten, wie sie Wilhelm Hauff in seinem Buch „Das Wirtshaus im Spessart“ erzählt, sind bis heute so populär, dass man über manches Fremdenverkehrsamt sogar Raubüberfälle als Event buchen kann. Wer sich nicht auf Wunsch ausrauben lassen möchte, kann Spessart und Odenwald aber auch einfach nur als naturnahe Erholungslandschaften genießen und in den kleinen Städten am Main die Zeugen einer langen Geschichte bestaunen.

Burg Rieneck

Ein Kleeblatt in der Wehrmauer

Hoch über dem Tal der Sinn, die hier Spessart und Rhön scheidet, liegt die Burg Rieneck. So, wie sie sich heute darbietet, ist sie eine recht eigenwillige Mischung aus Mittelalter und Mittelalterbegeisterung des 19. Jahrhunderts. Es ist daher nicht ganz leicht, aus dem Konglomerat der heutigen Bauten den Stammsitz der gleichnamigen Grafen, die im Mittelalter zu den wichtigsten Familien Mainfrankens zählten, herauszuschälen. Ursprünglich waren sie Mainzer Burggrafen und hatten vergeblich versucht, Besitzansprüche auf Burg Rheineck am Rhein, wovon sich der Familienname ableitet, durchzusetzen. Also versuchten sie hier zwischen den Machtsphären des Mainzer und Würzburger Bischofs sich ein eigenes Territorium aufzubauen. Mittelpunkt dieser Bestrebungen war zunächst die neu erbaute Burg Rieneck, bis sie dann 1295 das weitaus günstiger gelegene Lohr zu ihrem Hauptort erkoren.

Oben: *Die Burg Rieneck präsentiert sich als eine Mischung aus Mittelalter und 19. Jahrhundert.*

Im Grenzgebiet von Spessart und Rhön und im angrenzenden Maintal konnten sich die Rienecker so tatsächlich zu einem bedeutenden Machtfaktor entwickeln. Aber leider nicht bedeutend genug, denn schon im 14. Jahrhundert mussten sie ihre Stammlande vom Mainzer Erzbischof zum Lehen nehmen. 1559 erledigte sich das „Problem" Grafschaft Rieneck auf gänzlich unspektakuläre, nämlich auf biologische Weise: mit Philipp III. erlosch die gesamte Familie. Die benachbarten Territorialherren betätigten sich gerne als Leichenfledderer der stolzen Grafschaft. Den Namen trug fortan nur noch die Stammburg über der Sinn. Und diese erwarb um 1860 der Mediziner Franz von Rinecker, der sich aufgrund seines Namens mit den Grafen von Rieneck verwandt glaubte. Er investierte einen Großteil seines Vermögens in die Restaurierung der Burg, was beina-

he einem Neubau gleichkam. Zum Glück blieb aber wenigstens der siebeneckige Bergfried, das Kostbarste der Burganlage, unangetastet. Sein grobes Gewand aus staufischen Buckelquadern lässt kaum ahnen, dass sich im dritten Geschoss ein Juwel romanischer Sakralbaukunst verbirgt, eine kleeblattförmige Kapelle, die es so wohl nur ein einziges Mal in Europa gibt. Für den heutigen Besitzer der Burg, den Verband Christlicher Pfadfinderinnen und Pfadfinder, ein würdiger und weihevoller Ort für Meditationen über Gott und vielleicht auch über alle Vergänglichkeit auf dieser Erde am Beispiel der Rienecker Grafenfamilie.

Burg Rieneck ist Bundeszentrum des Verbandes Christlicher Pfadfinderinnen und Pfadfinder. Die Burg ist nicht öffentlich zugänglich.

Unten: *Einzigartig in Deutschland ist die romanische Burgkapelle in den bis zu acht Metern starken Mauern des Bergfrieds.*

Lohr

Spieglein an der Wand

Fährt man auf der A 3 durch den Spessart, überrascht ein braunes Hinweisschild, das zu einem Besuch in der „Schneewittchenstadt" Lohr animieren möchte. Schneewittchen, eine Lohrerin?
Vielleicht. Man könnte aus dem Grimm'schen Text Lohr als Schauplatz des Märchens herauslesen. Es gab ihn Lohr eine erfolgreiche Spiegelmanufaktur, deren Chef in der ersten Hälfte des 18. Jahrhunderts der Mainzer Amtmann von Erthal war. Er hatte eine bildschöne kluge Tochter namens Sophia, die nach dem Tod ihrer Mutter eine herrschsüchtige Stiefmutter erdulden musste. Damit hätte man einen Spiegel – die Lohrer Spiegel waren mit ihrem Dekor aus Sinnsprüchen oft „sprechende Spiegel" –, eine böse Stiefmutter und ein schönes Mädchen. Prinzen gab es ohnehin fast überall genug, die sieben Berge steuert der Spessart bei und die dahinter lebenden sieben Zwerge waren dieser Version nach kleinwüchsige Bergleute aus den Minen im Biebergrund. Und damit sind die wichtigsten Elemente des Märchens beisammen. Die Stadt Lohr hat diese Verortung dankbar aufgegriffen, ist heute Schneewittchenstadt und hat diesem Prädikat vor einigen Jahren durch eine überlebensgroße Skulptur eines scheinbar von Ecstasy aufgeputschten Schneewittchens monumentalen Ausdruck verliehen. Nicht nur das, man kann auch ein Schneewittchen mit Zwergendekor auftreten lassen und auf Schneewittchens Fluchtweg durch den Spessart wandern. Und wenn wir nicht gestorben sind, dann glauben wir's noch heute. Eigentlich brauchte Lohr keine Marketingsstrategie dieser Art, denn die Stadt ist kein verhärmtes Aschenputtel. Im Gegenteil: Die kleine Spessartmetropole nimmt

Oben: *Nicht wenigen Spessartbäumen war eine „zweite Karriere" als schmuckes Fachwerkhaus in der Lohrer Hauptstraße beschieden.*

durch ihren reichen Bestand an gepflegten Fachwerkhäusern und ihre schöne Lage in einem weiten Talkessel des Mains für sich ein. Die Grafen von Rieneck und die Kurfürsten von Mainz haben die Stadt viele Jahrhunderte hindurch geprägt und mit dem mehrfach umgebauten Schloss das größte Gebäude der Altstadt hinterlassen. Der schlichte Bau beeindruckt in erster Linie durch seine Baumasse und seine türmereiche Silhouette, Schmuck konnte man sich sparen, da keine Fürsten in ihm residierten, sondern höhere Verwaltungsbeamte. 1936 hielt das Spessartmuseum Einzug in das Schloss, dessen Mittelbau den Vorbildern der berühmten mittelalterlichen Wohntürmen Frankreichs, den Donjons, folgte. Auf zweitausend Quadratmetern erlebt man hier nicht nur die Geschichte der Stadt Lohr und ihrer Zünfte, sondern erfährt auch viel über den Spessart, seine Glasmacher, Jäger, Eisengießer und seine Räuber. Natürlich ist auch die einstige Kurmainzer Herrschaft ein Thema und damit die von ihnen gegründete, im 18. Jahrhundert berühmte Spiegelmanufaktur. Vielleicht lässt sich unter den Beständen sogar ein Spiegel finden, der Auskunft gibt, „wer die Schönste im ganzen Land ist".

Oben: *Ein alter Kolonialwarenladen empfängt die Besucher des Spessartmuseums im Schloss.*

Unten: *Schlanke Türme beleben den eher schlichten Bau des ehemaligen Schlosses der Mainzer Kurfürsten.*

Burg Rothenfels

Junges Leben in alten Mauern

Auf dem roten Felsen bauten die Edelfreien von Grumbach Mitte des 12. Jahrhunderts eine Burg. Den Baugrund erhielten sie vom benachbarten Kloster Neustadt, dass sich wohl einen gewissen Schutz durch die ritterlichen Herren versprach. Die betrieben allerdings eine eigene auf Mehrung von Besitz und Macht zielende Politik und brachten es bis in hohe Ämter wie das eines kaiserlichen Statthalters der Lombardei. Dass daraus keine langfristige Erfolgsgeschichte wurde, ist der Biologie geschuldet: 1243 erlosch die Familie im Mannesstamm. Nach einigen Besitzerwechseln konnte der Würzburger Fürstbischof schließlich 1474 alle Besitzrechte in seiner Hand vereinen und die Burg modernisieren lassen. Sie diente fortan dem Amtmann des Bischofs als Wohnsitz. Im Bauernkrieg und im Dreißigjährigen Krieg waren zwar Schäden zu beklagen, aber im Ganzen kam die Burg gut durch die Zeitläufte und wird 1803 Besitz der Fürsten Löwenstein-Wertheim-Rosenberg. Eine echte Nutzung erlebte das alte Gemäuer aber erst wieder, als eine katholische Jugendbewegung einzog. 1919 kaufen die Quickbornfreunde die Burg, um in ihr eine Tagungsstätte und Jugendherberge für die Reformbewegung der Quickbornjugend einzurichten. Unter dem bedeutenden Theologen Romano Guardini wurde Rothenfels sogar zu einem Experimentierfeld der Liturgischen Bewegung. 1939 wurde die Burg von den NS-Behörden beschlagnahmt und diente als Lager für Umsiedler und Flüchtlinge. Fünf Jahre nach Kriegsende erreichten die Freunde der Burg Rothenfels die Rückgabe der Anlage und etablierten dort ein bis heute reges Leben der Jugend im Sinne einer christlich-ökumenischen Spiritualität.

Öffnungszeiten:
Burg Rothenfels wird heute als Tagungsstätte und Jugendherberge genutzt. Die Innenräume sind daher nicht zu besichtigen.
Der Burghof, der Bergfried und die Kapelle sind tagsüber meist frei zugänglich.

Homburg Papiermühle

Wein, Papier und Wohlklang

Die „hohe Burg“ oder auch kurz Homburg ist einer der geschichsträchtigsten Orte am mittleren Main. Würzburgs erster Bischof, der heilige Burkard, soll im 8. Jahrhundert in der Höhle unter dem heutigen Schloss verstorben sein. Vielleicht stand damals schon eine Verteidigungsanlage auf dem Felsklotz aus Kalktuff. Burg und Schloss waren viele Jahrhunderte Verwaltungsmittelpunkt der näheren Umgebung und seit mindestens neunhundert Jahren wird auf dem sonnenreiche, steilen Kallmuth ein vorzüglicher Wein angebaut. Dass der Ort dennoch nicht wuchs, ist der Lage zwischen steilen Hängen und Fluss geschuldet. So blieb denn auch die Ansiedlung einer Papiermühle 1807 der einzige Versuch, hier so etwas wie Gewerbe anzusiedeln. Sie ist noch immer funktionsfähig und ein sehenswertes Industriedenkmal. Lohnenswert ist auch ein Besuch der bedeutenden Sammlung historischer Tasteninstrumente im Schloss. Auch sie sind wohlklingend funktionsfähig.

Öffnungszeiten: Schloss Homburg beherbergt heute Atelierräume und ein Museum historischer Tasteninstrumente – Besichtigung auf Anfrage. Die Papiermühle ist vom 1.5. bis 31.10. dienstags bis freitags von 10 bis 12 und von 14 bis 16 Uhr, und an Samstagen, Sonn- und Feiertagen von 10 bis 12 und von 14 bis 17 Uhr geöffnet.

Wertheim

Reichtum mit nassen Füßen

Ein Blick von der stattlichen Burgruine, dem einst prächtigen Burgschloss der einflussreichen Wertheimer Grafen und Ursprung der städtischen Entwicklung, offenbart Segen und Fluch der Lage. Mit Main und Tauber hatte man zwei bedeutende Verkehrswege direkt vor der Tür, nicht selten aber auch deren Wasser im Wohnzimmer. Die gräflichen Stadtgründer des 12. Jahrhunderts spekulierten wohl darauf, dass in „trockenen" Zeiten mehr Geld verdient wird, als bei Hochwassern im wahren Wortsinn wieder davonschwimmt. Das bescherte Wertheim über viele Jahrhunderte einen beachtlichen Wohlstand, den stattliche Fachwerkhäuser am Marktplatz und in den benachbarten Gassen noch heute bezeugen. Und mit dem wiederkehrenden Wasser hat man sich arrangiert – der Stadtbummel erfolgt dann eben auf Laufstegen, das letzte Mal geschehen 2011. Behutsam saniert und seit mehr als vier Jahrzehnten vom Durchgangsverkehr befreit, prunkt die Altstadt mit einem geschlossen erhaltenen historischen Stadtbild. Die Kulisse stimmt, aber reicht sie für eine lebendige Stadt der Zukunft? Mit dem Bau des Outletcenters „Wertheim Village" hatten nicht wenige befürchtet, dass die Geschäftswelt der Wertheimer Innenstadt leiden würde. Das hat sie, sie hätte es in Zeiten der großen Mobilität und des bequemen Interneteinkaufs aber auch ohne das Kommerz-Rothenburg nahe der Autobahn. Wie aber könnte sich ein historisches Zentrum voller Bauten, deren Erhalt und Restaurierung teuer ist, ohne die Einnahmen aus Geschäftsmieten erhalten lassen? Eine Frage, die nicht nur in Wertheim die Kommunalpolitik intensiv beschäftigen wird. Hoffentlich finden sich gangbare Wege, damit auch in Zukunft der ein wenig holprig gereimte Hausspruch stimmt: „Nirgends uff der Erde isses schöner als in Werthe".

Rechts: *Zu Füßen der Burgruine drängen sich Wertheims Altstadthäuser in den Mündungswinkel von Main und Tauber.*

Henneburg

Ruinen schaffen ohne Waffen

Auf die Frage, warum ausgerechnet auf diesem Berg eine Burg gebaut werden muss, hätten die Bauherren der Henneburg alles andere als die wahre Antwort gegeben. Die hätte dann wohl lauten müssen, weil die anderen entlang des Mains auch eine gebaut haben. Die Grafen von Hanau und Wertheim, der Mainzer Kurfürst und der Deutsche Orden zeigten mit der Burg Flagge und betonten ihren Anspruch, hier zu herrschen. Der militärische Nutzen der vom 12. bis zum 15. Jahrhundert erbauten Anlage war eher gering und gewohnt hat von den bauenden Herren sowieso niemand hier. Viel zu unbequem, trotz zweier Bergfriede und eines stattlichen Palas. Zuletzt lebte hier ein sich dauernd beschwerender Amtmann des Mainzer Kurfürsten und schon 1704 wird die Burg als ruiniert bezeichnet. Sie war ohne Feindeinwirkung zum Sanierungsfall geworden – ein Wunder, dass heute noch so viel steht und somit eine der schönsten mittelalterlichen Burgruinen Süddeutschlands zu bestaunen ist.

Öffnungszeiten: Die Ruine ist jederzeit frei zugänglich, allerdings sind bis 2021 wechselnde Teile der Burg wegen Sanierungsmaßnahmen gesperrt.

Hafenlohrtal

Mäandern fast ohne Menschen

Sie ist vornehmer Herkunft, die Hafenlohr, und tritt als klare Quelle unter der Mauer des Schlosses Rothenbuch hervor. Dort wurde sie in früheren Zeiten auch sogleich „dienstverpflichtet“ mit der Aufgabe, den Graben des Wasserschlosses zu füllen. Auf ihrem etwa sechsundzwanzig Kilometer langen Lauf zur Mündung in den Main hatte sie weitere Aufgaben zu erledigen, den Antrieb von Mühlrädern beispielsweise oder das Bewässern von Wiesen. Und hätte es nicht zahlreiche Bürgerproteste gegeben, müsste sie heute auch noch eine Talsperre als Trinkwasserspeicher füllen. All das ist Geschichte, die Hafenlohr darf als einziger längerer Bach im Spessart in ihrem Tal machen, was sie will. Über weite Strecken gibt es keine Besiedlung an ihrem waldreichen Lauf und so darf sie im meist breiten Talgrund nach Herzenslust mäandern. Wer ein wenig Glück hat, erlebt hier Eisvögel, Fischadler, Feuersalamander, Schlingnattern oder Flusskrebse in ihrer natürlichen Umgebung.

Aber bitte nicht stören!

Unten: *Die Hafenlohr darf über weite Strecken, was wir in Deutschland unseren Gewässern längst mit Begradigungen, Regulierungen und Dämmen ausgetrieben haben; nach Herzenslust mäandern!*

Miltenberg

Eine Stadt stapelt sich hoch

Von seiner Lage her ähnelt Miltenberg auf den ersten Blick den zahlreichen zwischen Berg und Main eingezwängten Städtchen wie Stadtprozelten, Freudenberg oder Klingenberg. Der zweite Blick stellt dann aber rasch fest, dass die Bürger Miltenbergs sich offenkundig deutlich mehr leisten konnten als die Bürger besagter Städtchen. Die prächtigen Fachwerkhäuser zwischen Würzburger und Mainzer Tor verraten, dass hier bei aller Beengtheit des Siedlungsraumes der Wohlstand durchaus über viele Generationen ein Zuhause hatte. Waren nun die Miltenberger fleißiger oder einfallsreicher als ihre Nachbarn? Sicher nicht, aber sie hatten das große Glück, dass ihre kleine Siedlung unter der Mildenburg für den Ortsherrn, den Mainzer Erzbischof, von herausragender strategischer Bedeutung war. Mitte des 13. Jahrhunderts war es nämlich dem Erzbischof gelungen, die unweit der Mudmündung gelegene pfälzische Stadt Wallhausen zu zerstören. Damit war die letzte Konkurrenz um die Vorherrschaft am Mainbogen zwischen Spessart und Odenwald ausgeschaltet. Wallhausens Tod war Miltenbergs Geburt. Es erhielt zunächst die Rechte einer Stadt und bald darauf das Stapelrecht, das sich für viele Generationen wie ein Abonnement auf einen Sechser im Lotto angenehm bemerkbar machte. Von da an mussten nämlich alle durch Miltenberg ziehenden oder auf dem Main fahrenden Kaufleute ihre Waren drei Tage in der Stadt zum Kauf anbieten. Den Miltenbergern erwuchs daraus ein einträglicher Zwischenhandel, und außerdem verdienten sie noch an der Beherbergung und Verköstigung dieser Kaufleute. 1367 gewährte man der Stadt auch noch das

Rechts: *Ein Kulissenmaler hätte ein Bühnenbild kaum theatralischer erfinden können: An den Hängen des düsteren Greinbergs thront die Mildenburg wie eine strenge Gouvernante über dem freundlichen Miltenberg.*

SIVOTA

Recht, eine zehntägige Messe, die Michaelis-Messe, heute ein großes Volksfest, abzuhalten, was Miltenberg endgültig zum wirtschaftlichen Zentrum zwischen Spessart und Odenwald aufsteigen ließ. So gefördert und geschützt durch den Landesherrn konnte der Stadt trotz ihrer unglücklichen Lage zwischen schattenreichem Greinberg und Main beachtlicher Wohlstand erwachsen. Es überrascht nicht, dass Miltenberg mit dem Ende des Mainzer Kurstaates, der damit verbundenen Aufhebung der allermeisten Vergünstigungen und dem Anschluss an Bayern 1816 auf die Stufe einer durchschnittlichen Landstadt zurückfiel. Was blieb, war allein der Export des an Rhein und Main als Werkstein sehr geschätzten Miltenberger Sandsteins. Schon die Römer nutzten den feinkörnigen, leicht marmorierten Stein, um Säulen und Grabmäler aus ihm zu hauen. Seine Beliebtheit hat sich über das Mittelalter, wie am Bau der Dome in Mainz und Frankfurt zu sehen, und das wilhelminische Kaiserreich bis zur unlängst wiederaufgebauten Frankfurter Altstadt erhalten. Heute hat Miltenberg, Bayerns kleinste Kreisstadt, kaum mehr wirtschaftliche Kompensation für seinen beengten Siedlungsgrund, außer der touristisch verwertbaren malerischen Lage zwischen Strom und Berg. Der Besucherstrom ist enorm, vor allem wenn Flusskreuzfahrtschiffe im Sommer anlegen. Dann liegen touristischer Fluch und Segen eng beieinander, denn es ist kaum anzunehmen, dass sich an den nicht eben unterernährten Schiffsgästen gastronomisch ähnlich viel verdienen wird wie an den Kaufleuten früherer Jahrhunderte.

__Links:__ Justitia leistet auf der zentralen Säule des Marktbrunnens den Fachwerkhäusern des alten Marktplatzes vor dem Schnatterloch Gesellschaft.

Die Hauptstraße

Fachwerkparcours mit Riesen

Sie scheint kein Ende zu nehmen, Miltenbergs Hauptstraße. Ziemlich genau zwei Kilometer lang verbindet sie seit dem 14. Jahrhundert Würzburger und Mainzer Tor, daran aufgereiht Fachwerkhäuser in allen nur erdenklichen Formen und Größen. Trotz des guten Sandsteins, den man gleich neben der Altstadt brechen kann, hielt man immer an der traditionellen Holzbauweise fest. Im Mittelalter wurde der Giebel zur Straße gestellt, dann wandelte sich die Mode und spätestens im 18. Jahrhundert war es dann üblich, die Traufseite zur Straße zu wenden. Zu den wenigen steinernen Unterbrechungen dieser Reihe zählen kaum Bürgerhäuser. Das elegante spätgotische ehemalige Mainzer Kaufhaus, die klassizistische Stadtkirche und der Adelshof aus der Zeit der Renaissance sind markante Bauten aus heimischem Sandstein. Selbst das repräsentativste aller Bürgerhäuser, das Gasthaus Zum Riesen, ist ein Fachwerkbau, allerdings von sehr beachtlichen Dimensionen. Alle Aufmerksamkeit auf sich ziehend besetzt es mit seiner erkergeschmückten Giebelseite eine der wenigen Straßengabelungen. Hundert Eichenstämme hatte der Stadtrat anno 1589 zur Errichtung einer Fürstenherberge bewilligt – sie alle können heute noch an Deutschlands angeblich ältestem Gasthaus, dessen Überlieferung bis ins 12. Jahrhundert zurückreicht, bewundert wer-

Oben: *„Dieser Bau steht in Gottes Hand, Zum Riesen wird er genannt", ließ der Bauherr anno 1590 an die Fassade seines noblen Hotelneubaus im Herzen Miltenbergs schreiben.*

den. Zu den berühmten Gästen im „alten Riesen“ zählt Albrecht Dürer, der hier seine Flandernreise unterbrach, ebenso wie Martin Luther, der hier den Erbacher Grafen für die Sache der Reformation gewonnen haben soll. Aber erst der Neubau Ende des 16. Jahrhunderts ließ das Haus zu der Fürstenherberge werden, die dem Stadtrat bei der Bauholzbewilligung vorschwebte. Die kamen dann auch, schließlich gab es sogar den Luxus „heimlicher Gemache“, also Toiletten. Die adeligen Generäle des Dreißigjährigen Krieges Wallenstein, Tilly und Pappenheim logierten im Haus, ob sie bezahlt haben, ist nicht überliefert. Maria Theresia findet sich ebenso auf der Gästeliste wie der Schwedenkönig Gustav Adolf. Ein kleiner Nebenverdienst für das Gasthaus war ab 1617 die Lieferung der Mahlzeiten für Inhaftierte der Hexenprozesse. Zehn Jahre später konnte sich der Wirt Lorenz Beck schließlich selbst damit beliefern, man hat ihn noch im gleichen Jahr als Hexer enthauptet und verbrannt. In weniger verhexten Zeiten lösten Prominente aus Film und Fernsehen die Blaublütigen als Klientel ab. Gäste waren Hans Albers, Heinz Rühmann und Elvis Presley. Letzterer wird vielleicht den unterirdischen Gang ins benachbarte Fräuleinhaus vermisst haben. Den soll es angeblich zur „diskreten Entspannung“ der herrschaftlichen Gäste gegeben haben.

Mitte: *Junges Leben inmitten alten Fachwerks bewahrt Miltenbergs historische Flaniermeile, die Hauptstraße, davor wie ein Museum zu wirken.*

Unten: *Die Schattenlage zu Füßen des Greinbergs trug dem ältesten Viertel Miltenbergs zwischen Marktplatz und ehemaligem Amtshaus den Namen „Schwarzviertel“ ein.*

Klosterkirche Amorbach

Katholische Putten, evangelische Predigt

Frankens Anteil am Odenwald ist nicht groß, aber mit der Klosterstadt Amorbach gehört ein kulturgeschichtlich bedeutsamer Ort dazu. Möglicherweise beginnt die fromme Tradition schon 734, als man im stillen Tal der Mud ein Kloster gründete. Dass der Gründer der heilige Amor gewesen sein soll, war eine gern geglaubte Legende. Sicher ist dagegen die frühe Bestimmung des Klosters zur Missionierung der heidnischen Sachsen. Reiche Schenkungen gaben dem Kloster von Anbeginn bis zur Auflösung 1803 wirtschaftliche Sicherheit. So erholte sich das Kloster von allen Rückschlägen wie Bauernkrieg, Reformation und Dreißigjährigem Krieg, konnte im 18. Jahrhundert eine neue Klosterkirche errichten und in heiter jubilierendem Rokoko von ersten süddeutschen Künstlern ausstatten lassen. Kaum war der Neubau des Konvents vollendet, fiel das Kloster als Entschädigung an das Fürstenhaus Leinigen. Aus diesem Grund leisten heute allerkatholischste Heilige und Putten protestantischen Gottesdiensten Gesellschaft. Ironie der Geschichte.

Öffnungszeiten: Die Abteikirche kann Montag bis Freitag von 10 bis 16.30 Uhr besichtigt werden, von Ende März bis Anfang November auch am Samstag, Sonntag und Feiertag von 11 bis 16 Uhr.

Seite 255: *Wer aus den dunklen Forsten des Odenwaldes kommend, die Benediktinerklosterkirche Amorbach betrat, glaubte gerne, in diesem lichtdurchfluteten Raum voller duftiger Rokokodekorationen zumindest ein Vorzimmer des Thronsaales Gottes betreten zu haben.*

Unten: *Üppig dekoriert drängt sich die Barockfassade vor die romanischen Türme der ehemaligen Abteikirche.*

Mespelbrunn

Ein Schloss wie eine Filmkulisse

So holzreich der Spessart ist, so arm ist er an Schlössern. Das dünnbesiedelte Mittelgebirge bot wenig Anreiz sich niederzulassen, schon gar nicht für den Adel. Auch die Familie Echter wäre sicher nicht ins einsame Waldtal gezogen, hätte nicht der Mainzer Kurfürst Hamann Echter, damals als Burgmann in Erbach im Odenwald zuhause, 1412 den „Platz zum Espelborn“ zum Bau eines Eigenheims überlassen. Es begann dann mit einem unbefestigten Weiherhaus, erst die unsicheren Zeiten der Hussitenkriege veranlassten Hamanns Sohn, ein befestigtes Haus mit Mauern und Türmen zu errichten. Mit dem großzügigen Umbau durch Peter Echter und Gemahlin Gertraud von Adelsheim, wandelte sich das Bild des Hauses bis 1569 in das einer wohnlichen kleinen Residenz der Renaissance. In diesem behaglichen Zuhause erblickte dann auch der berühmteste Sohn der Familie, Julius, der spätere Fürstbischof von Würzburg, das Licht der Welt. 1665 erlosch das Geschlecht der Echter und die erbenden Freiherren von Ingelheim durften sich dank gebührenpflichtiger Genehmigung durch den Kaiser fortan Grafen von Ingelheim genannt Echter von und zu Mespelbrunn nennen. Sie sind heute noch die Besitzer und Bewohner. Richtig populär wurde das Wasserschloss aber erst 1958 als Kulisse für die sehr freie Verfilmung von Wilhelm Hauffs „Das Wirtshaus im Spessart“, einem „reizend bunten, genussvoll gruseligen und heiter musikalischen Film“, wie das Handbuch V der katholischen Filmkritik vermerkt.

Öffnungszeiten:
Schloss Mespelbrunn kann nur mit einer Führung besichtigt werden. Sie finden von Ende März bis Anfang November täglich von 9 bis 17 Uhr nach Bedarf statt.

Rechts: *Mehr noch als seine Wassergräben schützte Schloss Mespelbrunn seine einsame Lage in den scheinbar endlosen Wäldern des Spessarts.*

Aschaffenburg Schloss Johannisburg

Renaissance minus Langeweile

Es ist schon imponierend, wie das Schloss Johannisburg den weiten Aschaffenburger Mainbogen beherrscht. Einen wirkungsvolleren Platz hätte der Mainzer Kurfürst Johann Schweikhard von Kronberg für seine wichtigste Nebenresidenz schwerlich finden können. Immerhin galt es, für den protokollarisch wichtigsten Fürsten des Heiligen Römischen Reiches Deutscher Nation ein Bauwerk zu schaffen, das dessen hohem Rang dauerhaft architektonisch Ausdruck verleiht. 1605 begannen nach den Entwürfen des Straßburger Baumeisters Georg Ridinger die Arbeiten an diesem vielleicht bedeutendsten Schlossbau der deutschen Renaissance. Dem ästhetischen Empfinden dieser Epoche entsprechend hatte Ridinger eine Vierflügelanlage mit Ecktürmen geplant, aber um Langeweile im Erscheinungsbild zu vermeiden, bezog er den gotischen Bergfried der 1552 größtenteils zerstörten Vorgängerburg in den Neubau ein. Dessen alles andere als symmetrische Stellung verhilft dem Schloss zu außerordentlich malerischen Gruppierungen der Türme, die je nach Betrachterstandort sehr unterschiedlich ausfallen. Eine echter Geniestreich! Schon nach neun Jahren

Bauzeit konnte der Mainzer Hofstaat einziehen und das Schloss bis zum Ende des Kurstaats 1803 standesgemäß nutzen. Über den ursprünglichen Zustand des Schlosses sind wir bestens unterrichtet, weil Georg Ridinger im vollen Bewusstsein, mit ihm sein Hauptwerk geschaffen zu haben, schon 1616 ein umfangreiches Kupferstichwerk zur Dokumentation drucken ließ. Seither hat sich viel verändert, wenig zum Guten. Ende des 18. Jahrhunderts ließ der aus Mainz vertriebene Kurfürst Friedrich Karl von Erthal das Innere im

Öffnungszeiten: April – 3. Oktober 9 bis 18 Uhr, 4. Oktober bis März 10 bis 16 Uhr, montags geschlossen.

***Oben und links:** Schloss Sankt Johannisburg ist eine der bedeutendsten Architekturschöpfungen der deutschen Renaissance. Sein Bauherr, der Mainzer Kurfürst, wollte mit dem Prachtbau seine herausragende Stellung unter den Fürsten des Reiches zum Ausdruck bringen.*

antikisierenden Zeitgeschmack umgestalten, womit die Einheit von Fassade und Raumzier verloren war. Und Bombenhagel und Artilleriebeschuss gegen Ende des Zweiten Weltkriegs ließen nur noch die äußere Hülle des Prachtbaus stehen. Zum Glück entschied man sich rasch für einen Wiederaufbau, bei dem Ridingers Stichwerk hilfreich war. Lediglich die Turmhelme und die Zahl der Fenster entsprechen nicht mehr ganz dem Original. Vom einstigen höfischen Glanz zeugt heute im Inneren nicht mehr viel. Vielleicht kann man die Bedeutung der Hausherren aus Mainz noch am ehesten in der exquisiten Gemäldesammlung mit vielen Werken der beiden Cranachs und vor allem flämischer und niederländischer Maler des 17. und 18. Jahrhunderts, darunter Werke von Rubens, erahnen. Außerdem beeindruckt der Hochaltar der Schlosskirche mit wunderbar feinen Alabasterreliefs des Hofbildhauers Juncker. Und was man auf keinen Fall verpassen sollte, ist ein Besuch der weltweit größten Sammlung von Architekturmodellen aus Kork. Hofkonditor Carl May und sein Sohn Georg haben ab 1792 den damaligen Zustand der antiken Bauten Roms detailgetreu festgehalten. 54 seiner Modelle sind in Aschaffenburg erhalten geblieben, darunter das des Kolosseums, das mit drei Metern Durchmesser größte existierende Korkmodell überhaupt.

Oben: *Damit nicht völlige Symmetrie das Auge langweilt, bezog Baumeister Georg Ridinger den Bergfried der im 16. Jahrhundert zerstörten Burganlage in den Neubau ein.*
Mitte: *Ein Höhepunkt unter den 54 Korkmodellen des Carl May ist das des Kolosseums in Rom.*

Schloss Schönbusch

Bois-Joli auf Englisch

Öffnungszeiten: Das Schloss Schönbusch ist von April bis 3. Oktober von 9 bis 18 Uhr täglich außer montags mit einer Führung jeweils zur vollen Stunde zu besichtigen. Der Park ist jederzeit frei zu begehen. Das Besucherzentrum des Parks ist von April bis 3. Oktober an Sams-, Sonn- und Feiertagen von 11 bis 18 Uhr geöffnet.

Der „Schöne Busch" vor den Toren Aschaffenburgs oder, wer es vornehmer mag, der „Bois-Joli" ist eine der ältesten Gartenschöpfungen im englischen Stil auf dem europäischen Kontinent. Die Mode kam aus England und war die Ablösung der streng geometrisch bepflanzten Schlossgärten nach französischem Vorbild durch eine Nachahmung der natürlichen Landschaft. Der Mainzer Kurfürst Friedrich Carl von Erthal konnte sich als Kind der Aufklärung für diese neue Form begeistern und ließ ab 1775 das Gelände der Fasanerie zu einem englischen Garten umgestalten. Der Planer des später begonnenen Englischen Gartens in München, Friedrich Ludwig Sckell, formte schließlich ab 1783 das heute noch erlebbare Erscheinungsbild des 120 Hektar großen Parks.

Mitte: *Ende des 18. Jahrhunderts ließ sich der vorletzte Mainzer Kurfürst mit dem „Schlösschen" ein stilvolles Wochenendhaus im Park Schönbusch vor den Toren Aschaffenburgs errichten.*

Unten: *Zu den belehrenden Attraktionen des Schönbuschs zählt ein Freundschaftstempel nach dem Vorbild des römischen Pantheon.*

Pompejanum

Antike im bayerischen Nizza

Bayerns zweiter König, Ludwig I., schätzte Aschaffenburg sehr. Vermutlich erinnerte es den gebürtigen Straßburger an die pfälzische Heimat seiner Familie. Außerdem erfreut sich die Stadt eines besonders milden Klimas und verbreitet gerade am Mainufer fast schon mediterranes Flair – Côte d'Azur mit Eichenlaub. Der passende Platz also für ein Bauwerk, dass die Antikonbegeisterung des Königs illustriert wie kein zweites. Besonders beeindruckt hatte den König das Haus der Zwillinge Castor und Pollux in Pompeji. Er ließ es durch seinen Hofarchitekten Friedrich von Gärtner kopieren und für die Verhältnisse am Main unter anderem durch einen Aussichtspavillon und eine Freitreppe bereichern. Das Pompejanum wurde schließlich im Jahr 1848, dem Jahr,

in dem der König wegen seiner Affäre mit der angeblich spanischen Tänzerin Lola Montez zum Rücktritt gedrängt worden war, vollendet. Man könnte auf den Gedanken kommen, dieses Haus nach des Königs Geschmack hätte möglicherweise als Liebesnest fern der Münchner Tagespolitik dienen sollen, aber der Baubeginn war bereits 1840 und die Intention des Königs war damals, die Bildung und den architektonischen Geschmack seiner Untertanen durch ein antikes Lehrbeispiel

zu verbessern. Und so haben die Aschaffenburger zwar eines der anschaulichsten Beispiele römisch-antiker Bau- und Wohnkultur an der vielleicht schönsten Stelle ihrer Stadt, aber geschmacksbildend hat das „Lehrbeispiel“ offensichtlich auf keinen einzigen Bauwilligen gewirkt. Ein Haus ohne Fenster in den Außenwänden, dafür mit einem Peristyl, einem offenen Innenhof, im Zentrum, ist selbst für das milde Aschaffenburger Klima vielleicht doch ein wenig zu optimistisch. Als Einblick in antikes Wohnen ist es dagegen anschaulicher als alle ausgegrabenen Fundamente antiker Wohnhäuser, zumal seit 1994 originale Stücke aus der Staatlichen Antikensammlung und der Münchner Glyptothek die Kopie bereichern.

Öffnungszeiten: 23. bis 31. März von 10 bis 16 Uhr, April bis 3. Oktober von 9 bis 18 Uhr, 4. bis 31. Oktober von 10 bis 16 Uhr. An Montagen außer an Feiertagen geschlossen.

Oben: *Einen Vorzug gegenüber dem Original am Fuße des Vesuvs hat Aschaffenburgs Pompejanum unbestritten: die schönere Lage!*

Links: *Für ein römisch-antikes Haus von Rang ist ein offenes Atrium im Herzen des Gebäudes unabdingbar – das des Pompejanums kommt aber klimabedingt nicht ohne Glasdach aus.*

Stiftskirche

Peter und Alexander

Aschaffenburg hat alamannische Wurzeln, was Grabungsfunde aus dem 3. Jahrhundert belegen. Aber erst mit der Gründung des Stiftes St. Peter im 10. Jahrhundert wird der Ort in Urkunden greifbar. Es war eine Stiftung Herzog Liudolfs von Schwaben, eines Sohnes Kaiser Ottos des Großen, was für eine große Bedeutung Aschaffenburgs spricht. Die großzügigen Schenkungen an das Stift ließen die Institution und die noch im gleichen Jahrhundert errichtete Stiftskirche zu Motor und Zentrum der Stadtentwicklung werden. Die Stiftskirche besetzt symbolhaft den höchsten Punkt des alten Stadtgebiets und stellte dessen Dominante dar, zumindest bis die Mainzer Erzbischöfe mit dem Burg- bzw. Schlossbau eine zweite hinzufügt. Das Verhältnis der Bürger zum Stift war nicht immer das beste. Vielleicht war der Bau des klotzigen Rathauses 1958 am Stiftsplatz in direkter städtebaulicher Konkurrenz zur Stiftskirche die Geste eines späten Triumphs über das Stift. Was die Bürger am Stift störte, war zum einen die Immunität der Stiftsherren, die nicht der Rechtsprechung unterlagen und keine Steuern zahlen mussten, und zum anderen der enorme Grund- und Immobilienbesitz in der Stadt und im Spes-

sart, der dieser Institution beneidet viel Einfluss verlieh. Außerdem waren die Stiftsherren an keine Ordensregel gebunden, konnten in eigenen Höfen wohnen und nicht wenige der Stiftsherren ließen ihre geistlichen Obliegenheiten von bezahlten Geistlichen erledigen, um einen überraschend weltlichen Lebensstil zu pflegen. Das Stift existiert schon seit über zwei Jahrhunderten nicht mehr, aber Stiftskirche und Stiftsplatz geben noch immer Zeugnis von dessen langer Geschichte und bilden Aschaffenburgs ruhende Mitte. Von besonderem Reiz ist die Staffelung der Bauten. So hat man im Lauf der Jahrhunderte den nördlichen Turm der Stiftskirche völlig zurückgebaut und den südlichen mit einem eleganten gotischen Abschluss versehen. Das steigerte die räumliche Tiefenwirkung des Ensembles. Die Barockzeit sorgte dann mit der doppelläufigen Freitreppe für die große Inszenierung. Nur der etwas üppig dekorierte neugotische Schaugiebel trägt vielleicht ein bisschen zu dick auf – der Platz verkraftet auch das.

Oben: *Mit dem Fachwerkbau der Löwenapotheke und den Stiftsgebäuden bildet die Stiftskirche Sankt Peter und Alexander in Aschaffenburg eines der eindrucksvollsten Architekturensembles am Untermain.*
Links: *Das weltabgeschiedene Geviert des Kreuzgangs der Stiftskirche zählt zu den schönsten seiner Art aus der Epoche der Romanik.*

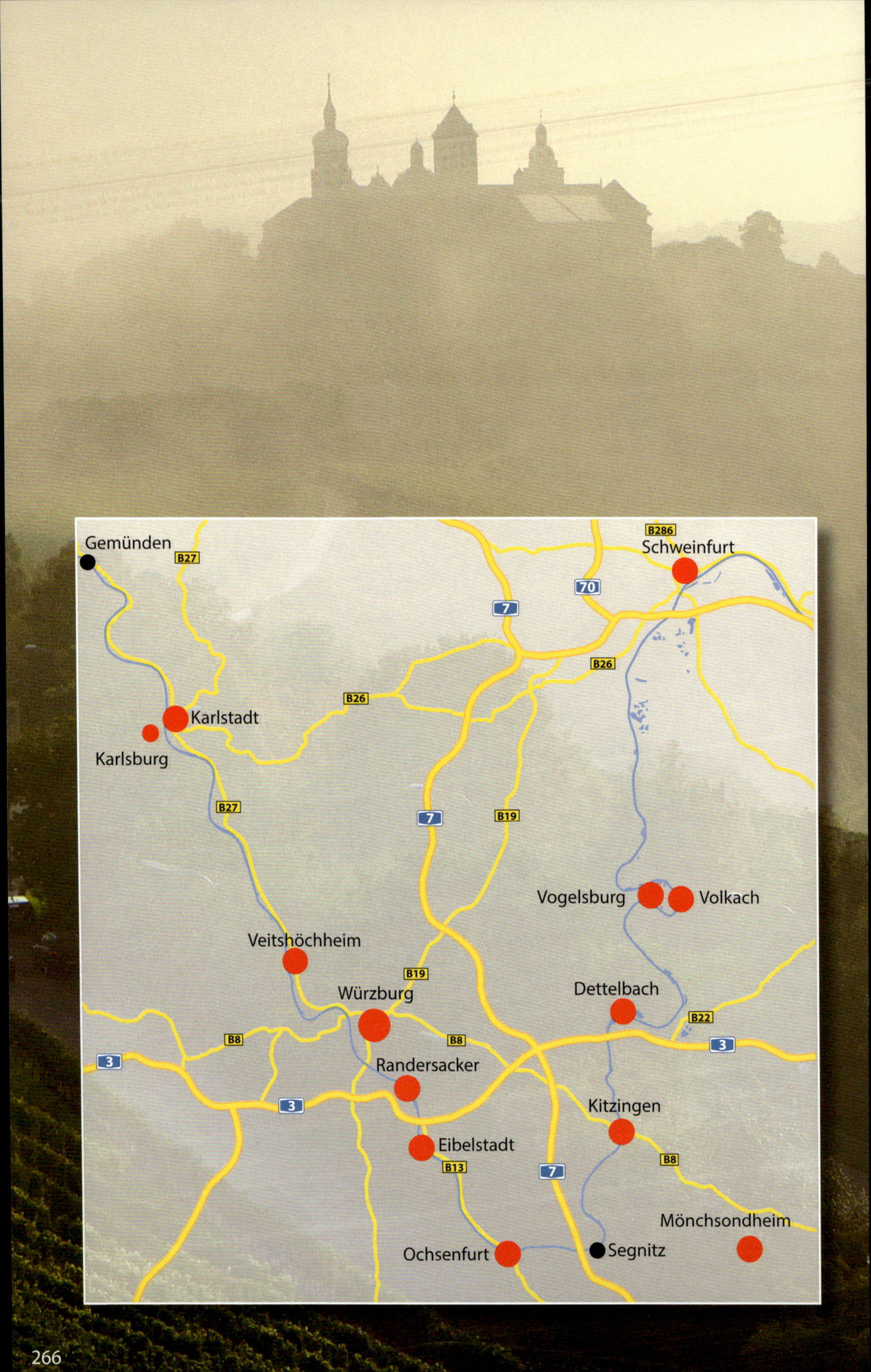
Gemünden
B27
B286
Schweinfurt
70
7
B26
B26
Karlstadt
Karlsburg
B27
7
B19
Vogelsburg
Volkach
Veitshöchheim
B19
Würzburg
Dettelbach
B22
B8
B8
3
3
3
Randersacker
Kitzingen
Eibelstadt
B13
7
B8
Mönchsondheim
Ochsenfurt
Segnitz

Würzburg und fränkisches Weinland

Wenn Rhön und Fichtelgebirge für die rauen Landschaften stehen, dann ist das Fränkische Weinland entlang des Mains mit seiner Metropole Würzburg der liebliche Gegenpol dazu. Sanfte, oft rebbestandene Hänge verbinden den Main mit den fruchtbaren Hochflächen. Die Landschaft taugt nicht zum Dramatischen, so wie Würzburg, ihr Zentrum, sich durch Unaufgeregtheit und maßvolle Dimensionen auszeichnet. Selbst das Klima fällt selten durch extreme Ausschläge auf. Die günstigen Bedingungen lockten früh schon fränkische Siedler und so rückt die Region schon im 7./8. Jahrhundert, früher als beinahe alle anderen Gegenden Frankens, mit einer fränkisch-thüringischen Herzogsfamilie ins Licht der Geschichte. Zur gleichen Zeit halten Christentum und Weinbau Einzug und der 742 gegründete Bischofssitz Würzburg entwickelt sich rasch zum geistigen und wirtschaftlichen Zentrum. Das Land am Main zwischen Karlstadt, Ochsenfurt und Schweinfurt war und ist bis heute stark von Landwirtschaft und Weinbau geprägt und Würzburg hat seine unbestrittene Stellung als dominierendes Zentrum bis heute halten können. Das gibt der Landschaft wie den Menschen etwas in sich selbst Ruhendes. Würzburgs ehemaliger Slogan „Würzburg, die Provinz auf Weltniveau“ hat das vermutlich eher unbeabsichtigt ziemlich treffend benannt. Würzburg ist nicht München oder Dresden, die bisweilen schon mal für Vergleiche herangezogen werden. Das ist eine andere Liga. Aber es ist ja auch nicht verkehrt, sich nach oben zu orientieren.

Würzburg

Weihrauch, Wein und Wissenschaft

Müsste man Würzburgs Charakteristika in drei Worten zusammenfassen, wäre die Aufzählung von Weihrauch, Wein und Wissenschaft sicher die treffendste. Der Weihrauch steht für die Anfänge Würzburgs, denn die Stadt wurde im Jahr 742 Bischofssitz und ist es bis heute geblieben. Die Bischöfe waren nicht nur die Oberhirten ihrer Diözese, sie waren auch die weltlichen Herren bis 1803. Beinahe alle historischen Großbauten wurden von ihnen initiiert: die Festung Marienberg als mittelalterliche Machtdemonstration gegenüber der Bürgerschaft ebenso wie die Residenz als repräsentativer Ausdruck barocken Herrscherwillens. Wenig verwundert daher auch die große Zahl an Klöstern. Zahlreicher als in jeder anderen deutschen Stadt recken sich daher noch heute Kirchtürme in den Himmel. Ein Erbe, das Stadtbild und Mentalität geprägt hat, sonst hätte man nicht nach der Katastrophe des Luftangriffs am 16. März 1945 alle 35 schwer beschädigten Kirchen wiederaufgebaut. Dieser 16. März ist bis heute tief im kollektiven Gedächtnis verwurzelt. Über 300.000 Brandbomben entfachten einen Feuersturm, der das alte Würzburg unwiederbringlich hinwegfegte. Unwiederbringlich? Dass allgemeine Bild in Würzburgs Straßen ist fraglos eines, das für die deutschen Wiederaufbaujah-

…e typischer ist als für das alte Würzburg. Aber der Maßstab wurde so einfühlsam gewählt, dass die wiederhergestellten Bauten wie Dom, Residenz, Kirchen, Festung und Rathaus in diesem Ensemble nach wie vor dominieren können. Mit dem Glauben kam auch der Wein. Man brauchte ihn zur Feier der Messe und so ist Wein schon seit 1200 Jahren ein Bestandteil des Würzburger Wirtschafts- und Festlebens. Böden und Klima waren dem Weinbau günstig, brachten gute Erträge und machten „Frankens Gold“ zu einem begehrten Exportartikel. Weinberge rahmen bis heute die Stadt und drei der größten deutschen Weingüter, Hofkeller, Juliusspital und Bürgerspital, haben hier ihren Sitz. Vielleicht profitiert auch das dritte „W“ von den beiden anderen. Dank der Geselligkeit war der Umgang mit Büchern vertraut und ein guter Silvaner wird vielleicht schon so manche verfolgenswerte Idee gezeitigt haben. 1402 wurde erstmals eine Universität in Würzburg gegründet. Vierzehn Nobelpreisträger haben bis heute an dieser Universität geforscht und gelehrt und mit 28.000 Studenten ist sie der wichtigste Wirtschaftsfaktor der kleinen Großstadt am Main.

Oben: *Von der Festung gesehen wirkt die Würzburger Innenstadt fast wie eine gewachsene alte Stadt. Glücklicherweise gibt es eine einzuhaltende Höchsthöhe für Hausbauten im historischen Kern – die Kirchtürme haben daher immer noch die Lufthoheit in Würzburgs Zentrum.*

Kiliansdom

Der Kiliansdom markiert kraftvoll den Mittelpunkt des mittelalterlichen Würzburg und ist bis heute städtebauliches Zentrum geblieben. Ob sich der erste, 788 geweihte Salvatordom am selben Platz erhob wie der heutige Kiliansdom, ist unklar, auf jeden Fall aber tat es der Nachfolgebau, der ab 855 entstand. Den Grundstein zur bestehenden Kathedrale legte der aus der Kaiserfamilie der Salier stammende und von 1034 bis 1045 amtierende Bischof Bruno. Vorbild für den Dombau war die im Bau befindliche Speyerer Kathedrale und so wie in Speyer die Maximilianstraße als „via triumphalis" auf die Domfassade führt, so endet auch die breite Würzburger Domstraße mit dem Dom. 1188 weihte man den endlich vollendeten Dom dem Apostel Andreas. Im Wesentlichen ist der Dom noch immer die romanische Kathedrale des 11. und 12. Jahrhunderts – die viertgrößte ihrer Epoche in Deutschland. Im Laufe der Jahrhunderte änderten Zeitgeschmack und Liturgieveränderungen mehrfach das innere Erscheinungsbild. Die Gotik brach neue, größere Fenster ein, die Renaissance wölbte die zuvor flach gedeckten Schiffe ein und die barocke Begeisterung für das Gesamtkunstwerk führte zu einer Neuinterpretation des Raumes durch den

voluminösen Stuck des Italieners Pietro Magno. Der noble Zweiklang aus hellem Stuckdekor und wuchtigen dunklen Barockaltären trug dem Dom sogar den Beinamen „Thronsaal Gottes“ ein.
Der Bombenhagel 1945 ließ die Dachstühle und die hölzerne Ausstattung in Flammen aufgehen. Ein Jahr später stürzte das Langhaus ein. Der Wiederaufbau führte zu einer uneinheitlichen, spröden Innenraumgestaltung, die einerseits der Erhaltung des historischen Bestandes Rechnung trug, andererseits aber auch den veränderten Anforderungen an die Liturgie nach dem Zweiten Vatikanischen Konzil genügen musste. 1967 weihte man den wiederhergestellten Dom ein. Sein Patrozinium ging vom heiligen Andreas auf die Bistumspatrone Kilian, Kolonat und Totnan über.

Der Dom ist von Montag bis Samstag von 10 bis 17 Uhr und sonn- und feiertags von 13 bis 18 Uhr geöffnet. In der Regel sind dann auch Kreuzgang und Sepultur zugänglich. Öffentliche Führungen finden von Dienstag nach Ostern bis zum 1. November montags bis samstags um 12.30 Uhr und sonn- und feiertags um 14 Uhr statt.

Oben: *Blickfang für die ganze Weite des Hauptschiffes ist der Erlöser im goldenen Glanz.*
Mitte: *Die elegante zweischiffige Sepultur dient heute den Domkapitularen als Grablege.*
Unten: *Der spätgotische Kreuzgang am Dom überrascht durch sein originelles Rippengewölbe.*
Seite 270: *Der viertürmige Kiliansdom beherrscht eindrucksvoll das Zentrum des alten Würzburg.*

Grafeneckart

Unweit der Alten Mainbrücke erhebt sich als Auftakt der Domstraße gebieterisch streng Würzburgs Rathaus, der Grafeneckart eines der ältesten Rathäuser Deutschlands. Das überrascht, denn die Bürgerschaft konnte sich nie vom gängelnden Regiment ihrer Fürstbischöfe befreien. Sie kämpfte zwar generationenlang um die Reichsunmittelbarkeit, war mitunter ganz nah am Ziel, aber letztlich triumphierte des Bischofs Macht. Vielleicht liegt darin der Grund, warum die sonst so freundlich gebaute Stadt sich hier so spröde und zugeknöpft gibt. Architektur kann mitunter sehr ehrlich sein: Die beiden wichtigsten Bauten der Domstraße, Rathaus und Dom, jeweils den Anspruch ihrer Hausherren vertretend, zeigen einander ihr abweisendstes Gesicht! Der Kern des Rathauses entstand in einer Zeit, als der Bau von den Verwaltungsbeamten des Bischofs genutzt wurde. Die unteren Geschosse des 12. Jahrhunderts zeugen noch vom einstigen Wehrcharakter. Einer der Bewohner, ein gewisser „comes“ Eckart, wurde im Jahr 1200 vor seinem Amtssitz ermordet. Es muss ein aufsehenerregender Mord gewesen sein, trägt doch das Rathaus noch heute seinen Namen: Grafeneckart. 1316 erwarb die Bürgerschaft den Bau und zog mit ihren Vertretern dort ein. Ein Höhepunkt war der Besuch des deutschen Königs Wenzel 1397. Man bewirtete ihn in dem Raum, der seither seinen Namen trägt, dem Wenzelsaal. Diese bedeutende romanische Raumschöpfung war für den wenig bedeutenden, mit seinem

Wenzelsaal

Amt überforderten König eine Bühne für große Versprechungen, denen keine Taten folgten. Reichsfreiheit für Würzburg hieß die Losung. Nichts wurde daraus, die Bürger verloren drei Jahre später die entscheidende Schlacht gegen den Bischof und der „viel versprechende“ König wurde just im selben Jahr von den Kurfürsten abgesetzt. Danach flackerten zwar immer wieder Streitigkeiten mit dem Bischof auf, aber selbst der letzte energische Versuch, im Bauernkrieg 1525 im Windschatten aufständischer Bauern doch noch die Reichsfreiheit für die Stadt durchzusetzen, scheiterten mit dem Scheitern der Bauern. 1453 hatte man immerhin schon den Turm auf eine Höhe von 55 Metern aufgestockt und damit nicht nur eine Dienstwohnung für den Türmer in luftiger Höhe samt dessen Arbeitsplatz als „höchste Feuermeldestelle“ geschaffen, sondern auch ein bewusstes Symbol städtischen Selbstbehauptungswillens geschaffen. Als spätester Fassadenschmuck kam der „Grüne Baum“, eine aufgemalte Linde hinzu. Sie erinnert an die Ende des 16. Jahrhunderts umgestürzte Gerichtslinde, die etwa dort stand, wo heute der elegante, von der Gestalt der Frankonia bekrönte barocke Vierröhrenbrunnen die Blicke auf sich zieht. So eindrucksvoll der Grafeneckart auch sein mag: Entschieden wird in seinen Mauern heute nichts mehr, das Stadtparlament tagt im breitlagernden Bau links daneben.

Das Rathaus kann mit Wenzelsaal, dem Sitzungssaal des Stadtparlaments und dem Gedenkraum zur Zerstörung im Zweiten Weltkrieg vom 1. Mai bis 30. Oktober jeweils um 11 Uhr mit einer kostenlosen Führung besichtigt werden.

Oben: *Der Wenzelsaal im ersten Geschoss des Grafeneckart gehört zu den wenigen gut erhaltenen Profanräumen des 13. Jahrhunderts in Deutschland. Er dient heute kleineren Empfängen.*

Seite 272: *Das Neue verdoppelt das Alte: Eine Kaufhausfassade spiegelt den selbstbewussten historischen Rathausbau, dessen aufgemalte Linde, hinter der sich der Wenzelsaal befindet, daran erinnert, dass der Standort des Vierröhrenbrunnens einst Gerichtsort war.*

Alte Mainbrücke

Zwölf Heiligenfiguren

Gerne wird darüber gestritten, ob Würzburgs Alte Mainbrücke oder die Steinerne Brücke in Regensburg Deutschlands älteste Flussbrücke sei. Die Streithähne können getrost voneinander ablassen: Dieser Titel gebührt der Drusus-Brücke über die Nahe in Bingen. Wenn es aber um die Schönheit geht, dann ist die Siegespalme der Alten Mainbrücke kaum vorzuenthalten, denn nicht nur die Brücke selbst mit ihren Heiligenfiguren, sondern auch die Ausblicke müssen keine Konkurrenz fürchten. Fast alles, was Würzburg im Besonderen ausmacht, ist von hier aus zu sehen. Solche Überlegungen wird der Baumeister der 1133 fertig gestellten Vorgängerbrücke, der Dombaumeister Enzelin, wohl kaum angestellt haben, war für ihn als Brückenbaulaie doch die Stabilität seiner kühnen Konstruktion sicher wichtiger als touristisch später vermarktbare

Ausblicke. Von besagter Brücke ist heute freilich nicht viel mehr vorhanden als ein paar Pfeilergründungen. Die eleganten heutigen Bögen schwingen sich erst seit dem ausgehenden 15. Jahrhundert nach dem Vorbild der alten Frankfurter Mainbrücke über den Strom. Was die Würzburger Brücke, die ziemlich genau die Hälfte des gesamten Mainlaufs markiert, aber so einzigartig werden ließ, kam erst ab 1725 zur Aufstellung. Der damalige Fürstbischof Christoph Franz von Hutten gab dem Düsseldorfer Maler Lünenschloß den Auftrag, zwölf Heiligenfiguren für die Brücke zu entwerfen. Sein Nachfolger aus dem Hause Schönborn tauschte das Heiligenpersonal dann teilweise aus, weil er statt der Lokalheiligen Aquilin und Arn lieber seine Namenspatrone Friedrich und Karl sehen wollte. Dass heute schon die zweite Generation von Figuren die Brücke ziert und die im Krieg gesprengten Brückenbögen Rekonstruktionen sind, tut dem Brückengenuss keinen Abbruch – eher schon die weingetränkte Traube von Schoppenfetzern an der Mainmühle.

Oben: *Heilige, Eilige und weniger Eilige im letzten Licht eines Sommertages.*

Mitte: *Unter Aufsicht des heiligen Totnan wird für die Brückenflaneure musiziert.*

Seite 274 unten: *Ob die Alte Mainbrücke die schönste Verbindung zweier Flussufer in Deutschland ist, darüber kann man vielleicht noch streiten – unstrittig ist sie aber die „frömmste".*

Nachfolgende Seiten: *Der Dreiklang Alte Mainbrücke, Festung und Käppele gehört sicher zu den schönsten Stadtbildern Deutschlands.*

Festung Marienberg

Gleich aus welcher Himmelsrichtung man sich Würzburg nähert, die Festung Marienberg ist der alles beherrschende Blickfang. Sie war eine steinerne Mahnung des Bischofs an die Würzburger Bürgerschaft, sich mit ihrer Untertanen-

rolle zu begnügen. Die Geschichte des Marienberges oder des „Wirceberg“, wie sein ursprünglicher Name lautet, beginnt aber nicht erst mit dem Bau der bischöflichen Burg. Funde aus keltischer Zeit begründen die Annahme, dass der Berg schon damals Sitz eines Fürsten war. Ob später dann die fränkisch-thüringische Herzogsfamilie der Hetane um 700 hier residierte oder ob das „Castello Virteburch“ aus Würzburgs erster urkundlicher Erwähnung 704 eine Befestigung auf dem Berg bezeichnet, ist unklar. Und selbst über das Alter der Rundkirche zu Ehren Mariens im inneren Burghof ist nichts Zweifelsfreies in Erfahrung zu bringen. Fest steht nur, dass die Festung ihren Namen von dieser Kirche ableitet. Den festen Boden historisch belegbarer Tatsachen betritt man erst um 1200 mit Bischof Konrad von Querfurt. Er ist der Begründer des „Festen Hauses“ auf dem Marienberg. Die wachsenden Auseinandersetzungen mit der um politische Selbständigkeit kämpfenden Bürgerschaft und der Beginn des Ausbaus eines fürstlichen Territorialstaats beschleunigten die Arbeiten. Aus dieser Zeit haben sich Teile des Palas im Fürstenbau und der freistehende runde Bergfried erhalten. Später ließ Rudolf von Scherenberg die Burg am Vorabend von Bauernkrieg und Reformation gründlich sanieren und militärtechnisch updaten. Das geschah gerade rechtzeitig, denn unter Bischof Scherenberg erlebte die Burg einen Vorgeschmack des Bauernkriegs. Im Sommer 1476 versuchten gut tausend aufgebrachte Bauern und Bürger den

Oben: *Je durchschlagskräftiger die Geschütze wurden, desto mehr Mauern musste man dem Feind entgegenstemmen. Aus der Luft bieten die spitzen Bastionen und die strenge Regelmäßigkeit der Bastionsmauern ein besonderes ästhetisches Erlebnis.*

Seite 278: *Die Festung wacht über Weinberge, Sankt Burkard und den Main.*

vorreformatorischen Volksprediger Hans Beheim aus der Festungshaft zu befreien, aber als der Bischof seine Burgbesatzung hieß über die Köpfe der Menge hinwegfeuern, ließ, verscheuchten allein schon Pulverdampf und Knallerei die Menge. Im Frühling 1525 war mit solchen Mitteln nichts mehr gegen die zornigen Bauern auszurichten. Sie belagerten den Marienberg, das steinerne Symbol ihrer Unterdrückung. Ihre Wut war groß, ihr Erfindungsreichtum fast noch größer. Sie hatten mit Hilfe von Mineuren begonnen Stollen in den Berg zu treiben, um die Burg von ihrem Felssockel zu sprengen! Der Plan und die Belagerung scheiterten, beim nachfolgenden Strafgericht geizte man nicht mit dem Blut der Unterlegenen. Mit einem Großbrand 1600 kam das Ende der mittelalterlichen Burg. Bischof Julius Echter nutzte die Gelegenheit, die gewachsene alte Anlage durch ein regelmäßiges Schloss in modernen Renaissanceformen zu ersetzen. Auch die Wehranlagen erfuhren eine Modernisierung – allerdings keine ausreichende, wie die fast mühelose Erstürmung durch die Schweden schon 1631 zeigte. Der Schock dieser einzigen militärischen Niederlage führte schon bald zum Bau gewaltiger, unbezwingbar erscheinender Bastionsanlagen. Damit war aus dem repräsentativen Fürstensitz eine reine Festungsanlage geworden – mit dem Bau der Residenz in der Stadt ab 1720 endete jedes höfische Leben auf dem Berg. Die Festung fristete ihr Dasein von da an bis zur Zerstörung 1945 als nur sparsam gepflegter Kasernenstandort. Der Wiederaufbau eröffnete die Chance, störende An- und Umbauten des 19. Jahrhunderts zu entfernen. Ende der 1980er Jahre waren die Arbeiten beendet und die Festung beherbergt heute Kongressräume, Dienstwohnungen, das Fürstenbaumuseum und das Museum für Franken.

Oben: *Das spätmittelalterliche Scherenbergtor und der Kiliansturm aus der Zeit der Renaissance wachen über den einzigen Zugang zum Innenhof der Festung.*
Links: *Im Zuge der barocken „Nachrüstung" des Marienberges errichtete man 1652/53 das Neutor, das sein reicher Figurenschmuck auch als Denkmal für den Friedensschluss nach dem Dreißigjährigen Krieg ausweist.*

Seite 280: *Militärische Sicherheit, pures Überleben und Seelenheil versprechen Bergfried, Brunnenhaus und Marienkirche im innersten Hof der Festung.*

Käppele

Kleinod am Nikolausberg

Namen leiten mitunter in die Irre. Wer zur Marienwallfahrtskirche Käppele pilgern möchte, darf nicht auf den Marienberg steigen, er muss auf den Nikolausberg. Von dessen nordöstlichem Grat grüßt die schwungvolle Doppelturmfassade der Wallfahrtskirche Mariä Heimsuchung, volkstümlich Käppele genannt. Das Versprechen der Fassade, ein Gewächs reinsten Rokokos zu sein, wird vom Innenraum großzügig eingelöst. Balthasar Neumann ist der geistige Urheber dieses stimmigen Ensembles, das in seiner Wirkung lediglich durch die später angebaute, Gnadenkapelle gestört wird. Das 1749 vollendete Käppele war eines der letzten Werke des Baugenies und auch hier blieb er „seinem" Thema in der Sakralbaukunst treu: der Verschmelzung von Langbau und Zentralraum. Wer den Raum betritt, spürt sofort, um was es Neumann ging, aber erst die nüchterne Analyse verdeutlicht, wie geschickt die Mittel eingesetzt wurden, um unaufdringlich den gewünschten Eindruck zu erzielen. Im Zentrum erhebt sich eine Kuppel, die an ein geblähtes Segel erinnert. Sie ist die sammelnde Mitte, ist die Verkörperung des Zentralraumgedankens. In allen vier Himmelsrichtungen öffnen sich Anräume, die dem Grundriss Kreuzesform verleihen. Da die Anräume in der Hauptachse zum Hochaltar tiefer sind als die der Querachse, erhält der Raum wie selbstverständlich eine Richtung. Damit gelang Neumann einmal mehr die Verschmelzung eines längs gerichteten Raumes mit einem Zentralraum. Neumanns Raumschöpfung fand im Stuckateur Feichtmayr und dem Freskant Günther kongeniale Interpretatoren. Sie sorgten dafür, dass das Käppele mehr ist als die Summe der einzelnen künstlerischen Beiträge, dass es ein Gesamtkunstwerk geworden ist. Sosehr die Kunst-Wallfahrer der Hauptraum beeindruckt, so sehr steht für die Marien-Wallfahrer die Gnadenkapelle von 1778 im Mittelpunkt des Interesses. Sie ist gleichsam der Audienzsaal des Vesperbildes, das ein Fischerjunge an dieser Stelle um 1640 in einem verwahrlosten Bildstock aufgestellt hatte. Vor dieser Pietà beteten die Schäfer und Weinbergsleute besonders gerne und bald zeitigten die Gebete Wunder. Es entstand eine spontane Volkswallfahrt, die der Bischof nach hinhaltendem Widerstand schließlich offiziell absegnete. Wie lebendig diese Wallfahrt geblieben ist, zeigt ein Besuch im angrenzenden Mirakelgang. Hier belegen Dankesgeschenke wie Rosenkränze, Votivbilder, Wachsaugen und Wickelkinder die Wirksamkeit des Gebets.

Oben: *Festung Marienberg und Wallfahrtskirche Käppele – Wucht grüßt Eleganz über den Leistengrund.*

Rechts: *Die Dachlandschaft macht zum einen deutlich, dass es sich um eine Doppelkirche handelt, und legt zum anderen nahe, dass sich der Name Käppele von den vielen Kappen der Dächer ableitet.*

Lebensader Main

Wo die Heiligen der Alten Mainbrücke auf den Strom hinunterblicken, hat der Main ungefähr die Hälfte seines 527 km langen Weges zum Rhein zurückgelegt. Unentschlossen, als könne er sich von diesem anmutigen Land nicht losreißen, wendet er sich mal nach Norden, mal nach Süden und kommt nur recht langsam nach Westen voran. Trotz seiner Umwege war der Fluss seit jeher Frankens wichtigster Lastenträger. Würzburgs Alter Kranen hätte sicher deutlich mehr zu heben gehabt, wenn es in früheren Zeiten nicht so unsäglich viele Zollstellen am Fluss gegeben hätte. Schon Albrecht Dürer berichtet von seiner Mainreise, dass er zwischen Würzburg und Frankfurt zwölfmal Zollstellen passierte. Das verteuerte die Schifffahrt ungemein – die meisten, die beim Schiffsverkehr abkassierten, hätten mehr kassiert, wenn sie weniger kassiert hätten! Der Main war und ist aber nicht nur Schiffeträger, er war auch jahrhundertelang Nahrungslieferant. Würzburgs Fischerzunft zählt zu den ältesten in Deutschland und der Fischreichtum des Mains bescherte den Fischern früher

ein auskömmliches Einkommen. Von den „Meefischli", die traditionell mit Kopf und Schwanz gegessen werden, bis hin zu Wels, Aal, Hecht und Zander reicht die Palette der verzehrbaren Fische des Mains. Es fehlt nur ein Fisch, der heute sehr geschätzt, früher weniger geachtet wurde: der Lachs. Noch im 19. Jahrhundert gab es in Würzburg Dienstboten und Hausangestellte, die in ihren Arbeitsverträgen ausdrücklich darauf bestanden, wöchentlich nicht mehr als zwei Mal Lachs essen zu müssen! Möchte man in Würzburg so etwas wie eine Prachtstraße für die Sinne küren, dann kann es nur der Main sein! Schade, dass auf ihm keine Gondeln verkehren, von ihnen aus hätte man die eindrucksvollsten Panoramen des sich linksmainisch auftürmenden Festungsberges einerseits und des rechtsmainischen Kirchturmballetts mit immer neuen Choreographien andererseits. Anders als etwa in Dresden wurde der Main in früheren Jahrhunderten aber nicht in dieser Weise gesehen. Im Gegenteil: Der Fluss wurde eher als Bedrohung wahrgenommen. Nicht nur wegen der vielen Hochwasser. Nein, es war vielmehr die Möglichkeit, dass Feinde die Stadt per Schiff von dieser verletzlichen Seite aus hätten angreifen können. So hatte Würzburg bis zu seiner Entfestigung im 19. Jahrhundert dem Main keine einzige freundliche Fassade zugekehrt, nur gewaltige barocke Festungsmauern. Erst in unseren Tagen erfährt das Mainufer eine ganz neue Interpretation als Freizeit-, Kultur- und Erholungszone.

***Oben:** Würzburgs charaktervolle Türme gruppieren sich gerade vom Main aus gesehen zu eindrucksvollen Ensembles.*

***Seite 284:** „Karibisches Feeling" mit Festungsblick: der Stadtstrand auf dem Ludwigkai.*

Alter Kranen

Was wohl nur wenige wissen: Unser Wort Kran hat seine Wurzel im Wort Kranich, dessen langer gebogener Hals wohl als idealer Vergleich erschien. Und mit diesem Wort beginnt auch die Würzburger Kranengeschichte. 1571 vermachte der Domherr Sigmund Fuchs von Wonfurt 300 Gulden „zur Uferbebauung eines Cranichs". Der Bau fiel aber ins Wasser, weil dasselbe im folgenden Jahr die angelieferten Baumaterialien wegschwemmte. In den folgenden zweihundert Jahren verschlissen die Diskussionen um die Bauart, so viel Energie, dass für den Bau selbst keine übrig war. Schließlich machte Fürstbischof Adam Friedrich von Seinsheim den Kran zur Chefsache und nach Plänen von Franz Ignaz Michael Neumann wurde das technische Wunderwerk 1767–73 gebaut. Des Bischofs Wappen ziert daher im Verein mit Franconia und Moenus, der Personifikation des Mains, dem Fluss zugekehrt das gefällige Bauwerk. Zeitgenossen rühmten es als „eine Sehenswürdigkeit, wie kaum etwas vorzüglicher am Main und Rhein zu schauen, ein Werk, das an Schönheit, Festigkeit, Größe und Majestät wenig seines gleichen habe". Leider musste es schon nach 73 Betriebsjahren in Pension gehen.

***Unten:** In zwei Treträdern sorgten jeweils zwei Windenknechte für Heben und Senken der Lasten.*

ersten Menschenpaares zu schmücken. An dieser prominenten Stelle kündeten zwei Jahre später „zirlich und kunstlich“ gearbeitete Figuren von hohem Können des Meisters. Eine bessere, dazu noch bezahlte Reklame hätte sich Meister Til kaum erhoffen können. Die Marienkapelle ist aber auch städtebaulich von großer Bedeutung, vermittelt sie doch wie ein Gelenk zwischen den ungleichen Marktplätzen. Am Oberen Markt muss ihr reicher Chor seit dem 18. Jahrhundert mit dem benachbarten Falkenhaus um die Gunst der Betrachter ringen. Überquellendes Rokokodekor lässt das einstige Gasthaus wie eine steingewordene Hochzeitstorte erscheinen. Die Baukommission bewilligte für diese Verschönerung des Stadtbildes der Bauherrin, der Witwe Meißner, „nur“ acht Jahre Steuerbefreiung, sie hatte mit der Prachtentfaltung auf fünfzehn Jahre spekuliert.

Oben: *Himmelstrebend steil die Marienkapelle und breitlagernd dekorreich das Falkenhaus – erstaunlich, welche Harmonie aus einem Gegensatz entstehen kann!*

Mitte: *Für des Lesens Unkundige klärt ein Falke auf dem mittleren Giebel über den Namen des nach weitgehender Kriegszerstörung wiederaufgebauten einstigen Gasthauses auf.*

Residenz

Die Residenz – „Europas schönstes Pfarrhaus“. Gleichgültig, ob dieser Ausspruch Napoleon oder Kaiser Joseph II. zuzuschreiben ist, benennt er doch das Besondere der Würzburger Residenz treffend. Das Schloss wäre einer königlichen Residenz würdig, böte den passenden Rahmen sogar für kaiserliche Empfänge, war aber letztlich „nur“ Staatsschloss eines deutschen Provinzbischofs, ein „Pfarrhaus“ mit enormen Ambitionen. Diese Ambitionen führten zu einem Projekt, das alle Maßstäbe – vor allem die Würzburger! – des 18. Jahrhunderts sprengte. Misst man das Bauwerk nüchtern an seiner eigentlichen Aufgabe, nämlich der, einem geistlichen Fürsten ein angemessenes Zuhause zu bieten, kann das Urteil nur lauten: Fehlplanung! Warum also ein Bauwerk dieser Größe, dieser Qualität und dieses Anspruchs ausgerechnet in Würzburg? Eine Antwort gibt der Blick auf die politische Situation des dahindämmernden Heiligen Römischen Reiches Deutscher Nation im frühen 18. Jahrhundert. Deutschland war damals ein Potpourri zahlloser, meist kleiner Fürstentümer, Grafschaften, Reichsstädte, Fürstbistümer und anderer Winzigkeiten. Die geistlichen Staaten bildeten die schwächsten Glieder in dieser Kette, da ihr Überleben nicht vom egoistischen Interesse eines Familienclans getragen wurde. Der Fürstbischof war lediglich ein Staats-Verwalter auf Lebenszeit. Das machte die geistlichen Fürstentümer für ihre weltlichen Nachbarn zu begehrten Objekten und es zeigte sich immer wieder, dass die Staaten unterm Krummstab sich gegen diese Bedrohung kaum wehren konnten. So wird rasch klar, dass ein Bauwerk wie die Residenz ein Mittel der Politik war. Seine Botschaft lautete: Das Fürstbistum Würzburg ist ein vitaler Staat,

Rechts: *Allein schon durch die alle Maßstäbe des alten Würzburg sprengenden Dimensionen veranschaulicht das einstige Zuhause der Fürstbischöfe, wer Herr im Hause Würzburg war.*

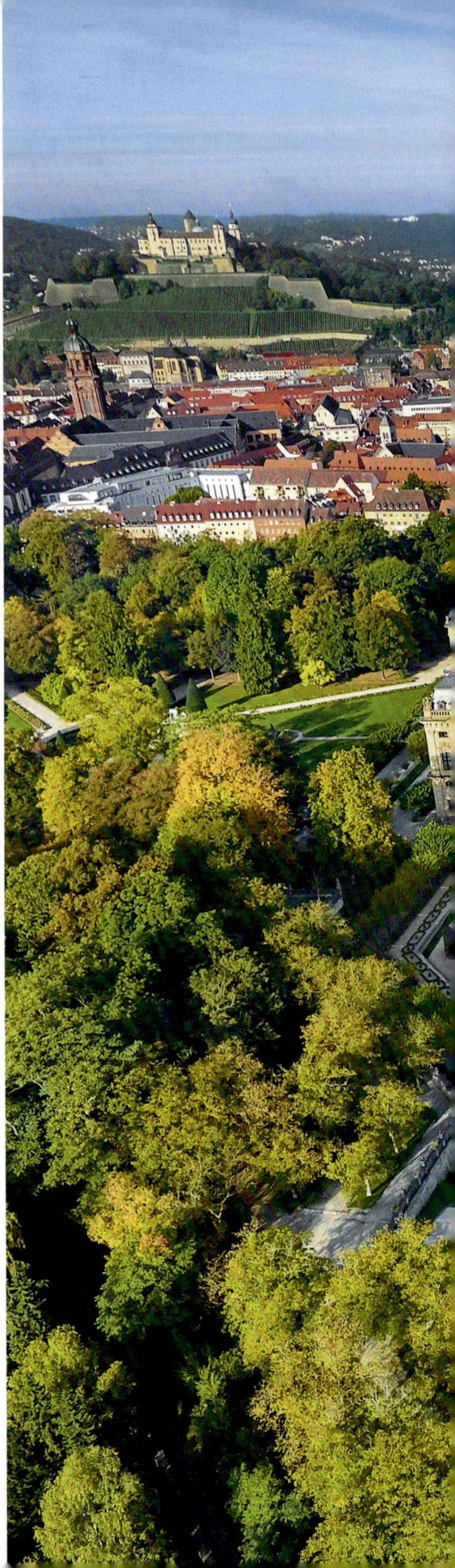

es möchte weiterhin auf der politischen Landkarte des Reichs vertreten sein! Darüber hinaus ist die Residenz aber auch ein Denkmal für das eigenartige Gebilde mit dem sperrigen Namen Heiliges Römisches Reich Deutscher Nation. Die Tatsache, dass der ganze Haupttrakt des Schlosses dem Kaiser „reserviert" war, dass er in übertragenem Sinne Hausherr war und dass der Schmuck des Hauptfestsaals das Thema Kaiser, Reich und Kirche zum Inhalt hat, macht die Residenz zum künstlerisch bedeutendsten Denkmal der alten Reichsidee! Natürlich bedurfte es für den Glücksfall Residenz auch noch anderer Voraussetzungen. Würzburg hatte das Glück, in den entscheidenden Phasen von zwei Fürstbischöfen aus der gleichermaßen ehrgeizigen wie kunstsinnigen Familie Schönborn regiert zu werden. Johann Philipp Franz von Schönborn begann 1719 mit der Planung für das barocke Großprojekt und Friedrich Karl von Schönborn sorgte energisch für die Vollendung des mittlerweile zum Prestigeprojekt der Familie gewordenen Baus im Jahr 1744. Außerdem gelang hier eine Finanzierung, ohne einen finanziell überschuldeten Staat zu hinterlassen. Den Grundstock lieferte eine „Entschädigungszahlung" eines gewissen Gallus Jakob von Hohlach. Dieser unter dem Vorgänger einflussreiche Beamte hatte Amts- und Privatgeschäfte aufs Einträglichste miteinander zu verbinden verstanden. Als diese „Unregelmäßigkeiten" aufgedeckt worden waren, einigten sich die Parteien auf eine Zahlung des Herrn von Hohlach in Höhe von ungefähr 600.000 Gulden an den Bischof, auch weil man beiderseits die endlosen Prozessdauern und die horrenden Kosten des Reichskammergerichts fürchtete. Nun fehlte dem Bischof nur noch ein geeigneter Architekt. Seine Wahl fiel auf den Architekten-Neuling Balthasar Neumann, der sich für das Riesenprojekt gerade einmal durch die Planung von drei Reihenhäusern empfohlen hatte! Mithin war die Entscheidung für Neumann eine sehr mutige, aber auch eine vom festen Glauben an das Talent des jungen Mannes getragene. So waren die Säulen des damals größten Schlossbauprojekts in deutschen Landen ein frisch gewählter unerfahrener Bischof, ein frisch gekürter unerfahrener Hofbaumeister und der überraschende Geldsegen aus Gaunerhand. Es grenzt fast an ein Wunder, dass diese drei Säulen tatsächlich als solides Fundament für

Die Residenz ist von April bis Oktober täglich von 9 bis 18 Uhr und von November bis März täglich von 10 bis 16.30 Uhr zu besichtigen. Die Kasse schließt 30 Minuten vor Ende der Öffnungszeit. Ein Teil der Räume ist nur mit einer Führung zu besichtigen. Der Hofgarten ist täglich bis Einbruch der Dunkelheit, spätestens bis 20 Uhr, geöffnet.

dieses Wundwerk taugten. Die Gesamtrechnung ging auf: Würzburgs geistlicher Staat bekam ein unübersehbares Zeichen seines Selbstbehauptungswillens und die kinderlosen Schönbornbischöfe „ihr Kind“ für den eigenen Nachruhm! Schöne Fassaden allein genügten nicht. Zur standesgemäßen Nutzung musste auch die Ausstattung allerhöchste Ansprüche befriedigen. Mit heimischen Kräften allein war das nicht zu machen, also rief man aus vielen Teilen Europas Künstler und Handwerker in die Residenzstadt. Sie sollten dafür sorgen, dass die Einrichtung des Palastes dem aktuellen Stand des Zeitgeschmacks entsprach. Modern war in den 1740er Jahren das Rokoko und so sind der Kaisersaal und vor allem die Kaiserzimmer diesem Stil verpflichtet, dessen Hauptornament, die Rocaille, sich aus der Muschelform herleitet. Der Stuckateur Antonio Bossi entwickelte Rocaillen mit besonders hitzigen Formen und zerrissenen Umrisslinien und schuf damit das, was man mitunter als „Würzburger Rokoko“ bezeichnet. Leider war es ihm nicht vergönnt, das allgemeine Lob für sein

Oben: *Nobel und staatstragend dominiert die stadtseitige Fassade der Residenz den heute leider meist zugeparkten Residenzplatz.*

Unten: *Der Sonnengott Apoll schwebt über dem Gemälde im 30 x 18 m großen Treppenhausgewölbe.*

Nachfolgende Seiten: *Neumanns Raumschöpfung und Tiepolos grandioses Fresko verhalfen dem Treppenhaus zu Weltruhm.*

Gesamtwerk zu ernten, da er seine letzten Lebensjahre als Bewohner des Bürgerspitals in geistiger Umnachtung verdämmerte. Möge dieses traurige Ende eines „Workaholics“ allen Überfleißigen Mahnung sein! Unter den vielen Künstlern waren vor allem die Maler von besonderer Wichtigkeit. Ihre Werke konnten Geschichten erzählen und je höher die Qualität ihrer Arbeiten war, desto mehr Gewicht verliehen sie der transportierten Botschaft. Man hatte in Würzburg allerdings nicht nur gute Erfahrungen mit dieser Spezies Künstler gemacht. Ein Versuch, das Treppenhaus ausmalen zu lassen, scheiterte kläglich, weil man einem Schwindler namens Visconti aufgesessen war. Der Herr kam aus Italien, wo bekanntermaßen alle guten Künstler herkamen, und versprach dem ungeduldigen Fürstbischof Greiffenclau, das Treppenhausgewölbe in kürzester Zeit auszumalen. Angeblich um „Werksspionage“ zu vermeiden, durfte während seiner Tätigkeit niemand das Treppenhaus betreten. Als neugierige, vielleicht auch neidische Malerkollegen dennoch einen Blick hinter die Gerüste riskierten, sahen sie die jungfräuliche Wand! Das vorgeschossene Geld für

Honorar und Farben hatte Herr Visconti aufgebraucht oder beiseitegeschafft, so blieb nichts anderes, als diesen „Filou“ mit Schimpf und Schande über die Landesgrenzen zu jagen. Auch der Oberschwabe

Oben: *Höhepunkt der Raumfolge und Zentrum des gesamten Residenzbaus ist der Kaisersaal. Neumann, Tiepolo und Bossi schufen für Staatsempfänge und Feste des Fürstbischofs einen der künstlerisch ausgewogensten Festsäle der gesamten Epoche.*

Mitte: *In seinem Fresko verlegt Tiepolo die Hochzeit von Kaiser Friedrich Barbarossa mit Beatrix von Burgund aus dem Würzburg von 1156 in die Barockzeit.*

Johann Zick empfahl sich mit seiner Ausmalung des Gartensaals nicht für die höheren Aufgaben, die im Treppenhaus und im Kaisersaal warteten. So verfiel man auf die Idee, den damals berühmtesten Freskomaler nach Würzburg zu holen: Giovanni Battista Tiepolo. Dieser Stern am europäischen Kunsthimmel war für einen fränkischen Provinzpotentaten eigentlich unerreichbar fern, aber mit dem Angebot eines fürstlichen Honorars gelang es den Maestro, mit seinen beiden Söhnen über die Alpen zu locken. Neumann war auf die glückliche Idee gekommen, dem Angebotsschreiben Zeichnungen der auszumalenden Räume beizulegen, in der Hoffnung, den künstlerischen Ehrgeiz des gefeierten Malers anzustacheln. Und tatsächlich erkannte Tiepolo hierin die Chance, sein Lebenswerk mit einer spektakulären Leistung zu krönen. Neumann plus Tiepolo – die Summe konnte nur Weltkunst sein! Neumanns technisch höchst innovatives stützenloses Gewölbe, das, sich wie ein riesiges Segel über dem weiten Treppenraum blähend, einen Raum von einzigartiger Weite ermöglichte, war wie geschaffen für die farbenfrohen Illusionen Tiepolos. Das Thema des Bildes war vom Auftraggeber Carl Philipp von Greiffenklau vorgegeben und folgte bekannten Vorbildern wie dem des Bildes über der Gesandtentreppe des Versailler Schlosses. An den vier Seiten des Gewölbes haben die vier Erdteile ihren großen Auftritt, während sich über ihnen ein farbenprächtiger Himmel dehnt, der die Bühne für den Musengott Apoll und seine mehr oder weniger göttlichen Begleiter abgibt. Unten, erdverhaftet, die Zone des Irdischen, darüber die ideale immaterielle Welt, geprägt vom sanften Regiment der Musen. Zwei unvereinbare Welten, mag es auf den ersten Blick scheinen, aber es gibt einen Mittler zwischen diesen Sphären: den Fürstbischof von Greiffenklau. Sein Profilbild in ovalem Rahmen schwebt zwischen diesen beiden Welten. Er sieht sich als Statthalter Apolls auf Erden und lässt an seinem Musenhof durch sein Mäzenatentum die Künste blühen; er bereitet Apoll eine Heimstatt auf Erden. Dahinter steckt eine bereits bekannte Botschaft:

Unten: *Eine der ungewöhnlichsten Dekorationsschöpfungen des Rokoko ist das Spiegelkabinett, dessen verspiegelte und bemalte Wände die Raumgrenzen aufzuheben scheinen.*

Würzburgs geistlicher Staat hat eine zu wichtige Aufgabe, als dass man auf ihn verzichten könnte! Tiepolos zweites großes Würzburger Werk ist da schon deutlich konventioneller. Seine Malereien im Kaisersaal sind gekonnte Variationen vorangegangener eigener Bildschöpfungen – der Meister recycelte sich mitunter selbst! Dennoch verfehlen auch sie, im Verein mit der delikaten Dekoration des Raumes und den teuren Materialien, ihre Wirkung nicht. Die Hochzeit Kaiser Friedrich Barbarossas mit Beatrix von Burgund im Jahre 1156 ist ebenso Thema wie ein 1168 in Würzburg abgehaltener Reichstag. Beide Episoden klären über die Rollenverteilung von geistlicher und weltlicher Macht im alten Reich auf. So zeigt Tiepolo in einer gekonnten Inszenierung, wie der Kaiser dem Würzburger Bischof den Titel eines Herzogs in Franken bestätigt. Tiepolo gab damit dem Hausherrn die schönste künstlerische Argumentationshilfe, wenn er seine Gäste auf die Rechtmäßigkeit seiner weltlichen Macht hinwies. 1803 endete die weltliche Herrschaft der Bischöfe, das Fürstentum ging als „Entschädigungsmasse" an Kurbayern. Damit war der Palast nur noch eine Art Ferienwohnung, kein Machtzentrum mehr, sieht man vom kurzen Intermezzo des Habsburgers Ferdinand von Toscana ab, der hier für wenige Jahre ein Großherzogtum Würzburg regierte. Selten genug hielten sich die Wittelsbacher im Schloss auf. König Ludwig I. bewohnte mitunter die wohnlicheren Teile des Hauses, in reiferen Tagen brachte er sogar die blutjunge Lola Montez als „erotischen Jungbrunnen" ins ehedem keusche Bischofsschloss. Prinzregent Luitpold erblickte hier das fränkische Licht der Welt. Die seltene Nutzung konservierte bis zum Bombenangriff des 16. März 1945 in etwa das Bild, das sich zur Zeit der letzten Bischöfe bot. Alle Flügel brannten aus, was an Einrichtung nicht ausgelagert war, wurde vernichtet – überdauern konnten nur die Räume, die Neumann mit Steingewölben überfangen hatte: die großen Säle des Mittelbaus und die Hofkirche. Zum Glück sorgte bald

Oben: *Seit 1922 entführt Mozarts Musik anlässlich des alljährlichen Mozartfestes für ein paar Stunden in die galante Welt des alten höfischen Würzburg.*

der amerikanische Kunstschutzoffizier John D. Skilton dafür, dass die Gewölbe der wichtigsten Säle ein Notdach erhielten. Dank der so geretteten Haupträume entschied sich der Freistaat Bayern für eine weitgehende Wiederherstellung der wichtigsten Raumfluchten. Die Leistung der Künstler und Handwerker kann nicht hoch genug gewürdigt werden, waren doch die Vorlagen zur Wiederherstellung oft nur Schwarzweißfotos und Dias, somit also sehr bescheiden. Das Ergebnis kann sich sehen lassen – angesichts des 1987 fertig gestellten Spiegelkabinetts behauptete noch einer, heutige Handwerker und Künstler könnten nichts mehr!

Der Hofkeller ist im Rahmen einer Führung zu besichtigen. Die Termine sind freitags 16.30 und 17.30 Uhr und samstags, sonntags, feiertags 10, 11, 12, 14, 15, 16 Uhr.

Oben: *Im Stückfasskeller der Residenz lässt es sich bis hin zu den bekannten närrischen Weinp roben feiern. Ein „Stück" ist übrigens eine alte fränkische Maßeinheit von rund 1200 Litern.*

Mitte: *Große Fässer beinhalteten entweder besonders reiche Jahrgänge oder Beamtenbesoldungsweine – heute dienen sie nur noch als Kulisse für Weinproben.*

Frankenwein

Die Popularität des Frankenweins hat eine lange Tradition, war es doch das größte Weinanbaugebiet des alten Reichs. Frankens Weine wurden für ihre Güte gerühmt und zu den Spitzenerzeugnissen zählten und zählen auch noch die Weine, die an den steilen Hängen des Würzburger Talkessels gedeihen. Selbst von der Innenstadt aus, Weinberge zu sehen verleiht der Mainfrankenmetropole ein ganz eigenes Flair! Weinanbau und Weinhandel waren zentrale Säulen des Wirtschaftslebens, so sehr sogar, dass über Jahrhunderte das Brauen und der Ausschank von Bier verboten oder stark eingeschränkt waren Zu hohe Weinpreise konnten regelrechte Tumulte auslösen und die Häcker galten gar als Berufsstand, der zu besonderen Temperamentsausbrüchen neigte und daher als politischer Unruheherd immer verdächtig war. Wein kursierte als „zweite Währung“, denn viele Steuern wurden in Form von Naturalien eingetrieben und nicht selten diente Wein auch als Entlohnung, wie die einstigen Beamtenfässer im Hofkeller unter der Residenz belegen. Als bei Pestepidemien 1681 die Zahl der Erkrankten wesentlich geringer ausfiel, als zu erwarten war, schrieb man diesen Erfolg dem empfohlenen Genuss des Frankenweins zu. Damit war der absatzfördernde Slogan „Frankenwein – Krankenwein“ geboren. Norddeutschland und Bayern zählten zu den traditionellen Absatzregionen. Da man nie vor Weinfälschern sicher sein konnte, ging das Bürgerspital 1718 dazu über, seine Weine in bauchige Flaschen abzufüllen und zu versiegeln. Einer „wunderbaren

Weinvermehrung“ auf dem Weg zum Kunden wurde damit ein Riegel vorgeschoben. Für die bauchige Flasche bürgerte sich der Name Bocksbeutel ein. Manche meinen, der Hodensack des Ziegenbocks habe bei einem vergleichenden Blick sehr viel Übereinstimmendes geboten. Andere wollen einen „Buchsbeutel“, der das Gebetbuch barg, erkannt haben. Wie dem auch sei, der Bocksbeutel macht den Frankenwein schon im Regal unverwechselbar und nach ein paar Schoppen vermehren sich die Herleitungsmöglichkeiten des Flaschennamens ganz wie von selbst.

Rechts: *Bis an die Mauern der Kirche Sankt Burkard reichen die Weinberge der Lage Schlossberg.*

Unten: *Das gibt es in keiner anderen deutschen Großstadt: Die Weinberge am Osthang der Festung reichen bis ins Herz der Stadt. Würzburg und Wein: „Vinopolis“.*

Veitshöchheim

Lustwandeln mit Belehrung

Für den kleinen Urlaub zwischendurch schätzten die Würzburger Fürstbischöfe Veitshöchheim als Ziel sehr. Ursprünglich befand sich hier ein Jagdschloss mit angeschlossener Haltung jagdbarer Tiere. Mitte des 18. Jahrhunderts erweiterte Balthasar Neumann das kleine Jagdschloss zu einem veritablen Sommerhaus für Aufenthalte des Bischofs ohne Hofgesellschaft. Was dann noch fehlte, ein großzügiger Garten für abendliche Feste im Freien und zum Lustwandeln, wurde vom großen Gartenfreund auf dem Würzburger Bischofsstuhl, Adam Friedrich von Seinsheim, ab 1763 angelegt. Die zur Verfügung stehende Fläche wurde möglichst geometrisch in drei große Zonen aufgeteilt, eine Wäldchenzone, eine Zone der Hainbuchentunnel und die größte Zone um den See herum. Ein Heckentheater für kleine Opernaufführungen wurde eingerichtet und der ganze Garten mit allegorischen und mythologischen Gestalten in Stein bevölkert. Lehrreich war so ein Spaziergang durch den Garten, aber nur für den Gebildeten, der die Figuren zu deuten wusste und sich ein bisschen in der Gedankenwelt der Freimaurer auskannte. Das einfache Volk, das zu fürstbischöflichen Zeiten ganz im Sinne der Aufklärung in den Garten durfte, hat sich wohl eher an den Pflanzen und Wasserspielen delektiert. In Deutschlands schönstem Rokokogarten war und ist eben für jeden etwas dabei!

Der Hofgarten ist täglich von 8 bis zum Einbruch der Dunkelheit, spätestens 20 Uhr, geöffnet. Die Wasserspiele sind von April bis Oktober von 13 bis 17 Uhr jeweils zur vollen Stunde für einige Minuten in Betrieb. Das Schloss kann von April bis 15. Oktober von 9 bis 18 Uhr täglich, außer montags, mit einer Führung besichtigt werden.

Oben: *Der zum Sommerschloss umgebaute einstige Jagdsitz am Rande des Hofgartens.*

Seite 303: *Ein Luftbild verdeutlicht die geradezu mathematisch exakte Konzeption des Hofgartens.*

Karlstadt

Planstadt des Mittelalters

Wo sich das Maintal in fruchtbare Flächen weitet, liegen Karlstadt und Karlburg. Die jüngere Siedlung ist heute die größere, ja sogar Kreisstadt des Kreises Main-Spessart. Das Dorf Karlburg geht auf die frühe fränkische Siedlungszeit zurück und zählt damit zu den ältesten Siedlungen Frankens. Karlstadt dagegen ist eine mittelalterliche Gründungsstadt. Um 1200 stampfte man im Auftrag des Würzburger Bischofs Konrad von Querfurt entlang einer mainparallelen Hauptstraße rasterförmig eine neue Stadt aus dem Boden. Regelmäßige Stadtplanungen dieser Zeit kennt man vor allem aus den Gebieten der sogenannten deutschen Ostkolonisation, Schlesien, Pommern oder Ostpreußen zum Beispiel. Hier im Kernland des Reiches gab es aufgrund der dichten Besiedlung keine Flächen mehr für solche Unternehmungen. Daher musste man für das neugegründete Karlstadt auch ein Gebiet aus der Karlburger Gemarkung herausnehmen, was die Karlburger bis heute schmerzt. Dass eine Stadtgründung damals überhaupt Erfolg hatte, lag am beachtlichen

Bevölkerungswachstum des 12. und 13. Jahrhunderts. Und man musste mit allerlei Vergünstigungen um die neuen Bürger werben. Steuerbefreiungen, kostenloses Baumaterial und kostenlose Baugrundstücke hießen die Köder, mit denen man auf Neubürgerfang ging. Die Argumente im Falle Karlstadts müssen gut gewesen sein, denn die Stadt wuchs rasch zur zweitgrößten des Fürstbistums nach Würzburg heran. Allein die ungewöhnlich stattlichen Bauten, die die Hauptstraße zwischen Oberem und Unterem Tor noch heute säumen, legen Zeugnis für eine erfolgreiche Stadtgründung und für lange anhaltenden Wohlstand ab. Letzteres war nicht selbstverständlich, denn nicht jeder Platz war sorgfältig gewählt, wie man an manch kleiner Mainstadt am Spessartrand sehen kann. Karlstadt war eine Erfolgsgeschichte, weil seine Lage auch in wirtschaftlicher Hinsicht gut gewählt war. Ob Bischof Konrad mit seiner Gründung in erster Linie auf einen solchen Erfolg und damit mittelfristig auf vermehrte Steuereinnahmen abzielte, darf bezweifelt werden. Es war wohl eher eine strategische Gründung, denn die Bürger seiner Residenzstadt neigten zu einer gewissen Aufsässigkeit, strebten nach Reichsfreiheit, und da war es doch von Vorteil, eine Art Ausweichresidenz zu besitzen. Vermutlich hat deswegen die Karlstädter Kirche mit dem heiligen Andreas auch den gleichen Patron hat wie der damalige Würzburger Dom. Karlstadt hat seinen Altstadtkern weitgehend unbeschadet über die Zeiten gerettet, seit einigen Jahrzehnten auch hervorragend saniert.

Oben: *Von steilem Kalkfels grüßt die Karlsburg hinunter in das Altstadtidyll der Maingasse.*

Links: *Stattliche Fachwerkhäuser aus drei Jahrhunderten säumen die Hauptstraße.*

Ruine Karlsburg

Eine Schenkung Pippins

Neunzig Meter über dem Main erhebt sich die auch als Ruine noch imponierende Wand des gotischen Palasgebäudes der Karlsburg. Die Mauern gehören zum jüngsten Teil dieser ältesten Burganlage Frankens. Ihre Geschichte beginnt bereits im 8. Jahrhundert und ist eng mit der Gründung des Bistums Würzburg verbunden, denn König Pippin der Jüngere schenkte 751/753 den Königshof „Castellum Karloburg" mit sämtlichen Einkünften dem zehn Jahre zuvor gegründeten Bistum. Damals hat es schon eine Burganlage auf dem Berg gegeben, bewohnt von Personen aus hohen sozialen Schichten, wie kostbare Bodenfunde nahelegen. Der Platz war damals wohl genauso bedeutsam wie Würzburg selbst, denn im Karlstädter Talkessel ermöglichten zwei Furten einer wichtigen Straße vom fränkisch-karolingischen Kernland gen Osten den Übergang über den Main. Die Karlsburg wurde in den folgenden Jahrhunderten mehrfach ausgebaut und neu befestigt, bis sie im 13. Jahrhundert überraschenderweise verkleinert wurde. Ein eher seltener Vorgang, der für die zurückgehende Bedeutung der Burg spricht, der aber auch ihre Verteidigungsfähigkeit verbesserte, weil man nun einen tiefen Halsgraben zur Bergseite anlegte. Außerdem hatte man zu Füßen der Burg auf dem gegenüberliegenden Ufer um 1200 die Stadt Karlstadt gegründet, wohin vermutlich viele Verwaltungsaufgaben der Burg übertragen wurden. Der Rest der Burggeschichte ist schnell erzählt. In der Karlsburg sahen die aufständischen Bauern ein Symbol der verhassten Obrigkeit, einen steinernen Repräsentanten des Fürstbischofs. Im Mai 1525 fackelten sie die ganze Anlage ab. Die Burg verlor ihre Dächer, die Aufständischen ihre Köpfe: Neun der Rädelsführer dieser Erhebung und des Brandes wurden bereits im August des gleichen Jahres auf dem Karlstädter Marktplatz enthauptet.

Oben: *1525 verwandelte der Zorn der aufständischen Bauern die seit dem 8. Jahrhundert bestehende Karlsburg in eine Ruine.*

Ruine Homburg

Ruinen schaffen ohne Waffen

Weitab von den großen Verkehrsströmen erhebt sich hoch über einem Seitental der Wern die Ruine der Burg Homburg. Die Geschichte der Burg beginnt 1018, als Reinhard von Hohenberg auf dem Setzberg eine eigene Burg errichten ließ, nachdem er zuvor mit seinem Bruder gemeinsam die Wasserburg Adolphsbühl im nahen Adelsberg gebaut hatte. Wahrscheinlich folgte er damit dem damaligen Trend zur Höhenburg in imponierender Lage. Die Hohenberger entwickelten sich in der Folge zu einem bedeutenden Adelsgeschlecht, das sogar den Rang von Erbmarschällen am Würzburger Hof bekleidete. Doch selbst höchste Ämter schützen nicht vorm Aussterben. 1381 erlosch die Familie, das Erbe ging an den Schwiegersohn aus Bickenbach. Da hätte man sich vor der Hochzeit mal die Kontoauszüge zeigen lassen sollen – die Familie

war hochverschuldet und verkaufte 1469 Burg und Herrschaft an den Würzburger Bischof. Der ließ hier nur noch einen Amtmann wohnen, bis es dem zu unbequem wurde und die stolze, nie besiegte Burg im 18. Jahrhundert zum Steinbruch für die Bauern der Umgebung wurde. Ruinen schaffen ohne Waffen.

Oben: *Immer noch imponierend recken sich die Ruinen der Kernburg in den blauen Winterhimmel.*

Unten: *Aus der Luft werden die bescheidenen Abmessungen der Kernburg auf schmalem Bergsporn und der vielfach größeren Vorburg deutlich.*

Randersacker

Ewig Leben am Main

Kaum ein fränkischer Weinort ist so sehr in rebbestandene steile Hänge gebettet wie das vor den Toren Würzburgs gelegene Randersacker. Im „Premium-Weinort“ wird schon seit dem 8. Jahrhundert Wein angebaut, mehr als fünfzehn Weingüter setzen auf etwa zweihundert Hektar Fläche diese Tradition auf den sonnenverwöhnten Muschelkalkhängen fort. Alle Einzellagen zusammen finden sich in der Großlage mit dem programmatischen Namen „Ewig Leben“. Die zweite Nutzung dieser Muschelkalkhänge, die Steingewinnung, spielt heute keine Rolle mehr. Die vielen Steinbrüche auf der Hochfläche lieferten unter anderem Baumaterial für Rathäuser in Berlin und Leipzig, das Berliner Olympiastadion und das Nürnberger Opernhaus.

Eibelstadt

Fußball, Feuerwehr und Wein

Die Kulisse des barocken Eibelstädter Rathauses mit der dahinter sich aufbauenden Stadtkirche Sankt Nikolaus schreit geradezu nach einem Straßenweinfest. Dieser Schrei wird zweimal jährlich erhört, wenn die Fußballer und die freiwillige Feuerwehr allsommerlich zum Schoppen laden. Alle sind zufrieden: Die Schoppenfetzer können „fetzen“, die Vereine füllen ihre Vereinskasse ein wenig nach und der große Marktplatz ist voller Leben. Selten genug.

Das Weinfest der Fußballer findet in der Regel Anfang Juni, das der Feuerwehr meist Mitte Juli statt.

Ochsenfurt

Bierinsel im Weinsee

Ochsenfurt ist die Bierstadt im Fränkischen Weinland. Zwei traditionsreiche Brauereien bieten dem allgegenwärtigen Silvaner und Müller-Thurgau Paroli. Aber auch sonst hatte Ochsenfurt als Stadt im Maintal ein gewisse Sonderrolle, weil es nicht nur auf den Main, sondern auch sehr stark auf sein reiches bäuerliches Hinterland, den Ochsenfurter Gau, ausgerichtet war. Gelenkstelle zwischen dem reichen Ackerland und dem verkehrsreichen. Main zu sein, brachte über viele Generationen soliden Wohlstand, den man in den fachwerkreichen Gassen heute noch erleben kann. Auch was die Herrschaft anging, stellte Ochsenfurt eine Ausnahme dar: Es gehörte viele Jahrhunderte lang dem Würzburger Domkapitel, nicht dem Bischof. Es hat sich mit Ochsenfurt eine eigene Machtbasis geschaffen, die Wirtschaft der Stadt gefördert und die ungewöhnlich starke spätmittelalterliche Stadtbefestigung gesponsert. Man wollte natürlich auch die eigenen Einnahmen schützen und deswegen fiel die Stadtmauer am Zehnthof, dem einstigen Finanzamt des Domkapitels, besonders stark aus. Und die ungewöhnliche Höhe der Türme dieser Stadtmauer ist wohl auch eher einem gewissen Hang zur Prahlerei

als militärischer Notwendigkeit geschuldet. Während die Stadtmauer noch heute anschaulich macht, wie groß die berechtigte Furcht der Menschen vor den ständigen Kriegen der Vergangenheit war, so geben die beiden hervorragend erhaltenen historischen Rathäuser Aufschlüsse über die ständige Sorge um die nötige Disziplin in einer kleinen Stadt des späten Mittelalters. Eine solche städtische Gemeinschaft musste zusammenhalten, musste wachsam sein und daher duldete man nicht allzu große individuelle Freiheiten. Zänkische Frauen zum Beispiel mussten, in Halseisen eingespannt, einander zugewandt schon mal ein paar Tage am Pranger verbringen. Eine öffentliche Ehrenstrafe, die eindring-

lich zum friedlichen Nebeneinander mahnt – der dazu benutzte „Balkon" ist inklusive Halseisen noch am alten Rathaus zu sehen. Die Hasskommentare im Internet wären vielleicht eine passende Gelegenheit, diesen schönen alten Brauch wiederaufleben zu lassen – nicht nur für Frauen! Am neueren, heute noch genutzten Rathaus findet sich unter der Freitreppe ein Ort, an dem eher Männer unfreiwillig verweilten: das Narrenhäusle. Das war keine Heimstatt für Karnevalisten, sondern eine öffentliche Ausnüchterungszelle, in der man aufgegriffene Betrunkene dem Spott der Allgemeinheit preisgab. Und über all dem lag noch die ständige Erinnerung an das irdische Ende des Menschen, wenn zur vollen Stunde der Tod, von der unsichtbaren Mechanik der Kunstuhr im Rathaustürmchen bewegt, sein Stundenglas umdrehte und zur sinnvollen Nutzung des kurzen Daseins mahnte.

Oben: *Am Uhrtürmchen des Ochsenfurter Rathauses erinnert ein Skelett mit Stundenglas und Pfeil an die Vergänglichkeit.*

Links: *Fachwerk schmückt Ochsenfurts Bürgerhäuser in der Hauptstraße, nur das Rathaus repräsentiert in Stein.*

Kitzingen

Weinhandelsstadt am Main

1482 wurde in Kitzingen das älteste bekannte deutsche Weingesetz erlassen. Die Bürgerschaft, für die damals der Weinhandel ein außerordentlich wichtiger Wirtschaftsfaktor war, befürchtete, dass der Ruf dieses Exportgutes Schaden nehmen könnte, aber als Begründung für diese Maßnahme gegen die Beimischung von allerlei Weinfremdem musste die Sorge um die Gesundheit herhalten. Der Genuss des verunklärten Weins würde „dem menschlichen und sonderlich dem weiblichen Geschlecht viel und merklich Beschwerden, Krankheit und Siechtum, Abgang und verderben“ bescheren. Weinpanschern wurde neben Strafgeldern das Ausschlagen der Fassböden und das Verschütten ihres Weins angedroht.

Viel gefruchtet scheint dieses Gesetz nicht zu haben, denn rasch kamen wieder die üblichen Beschwerden über gestreckten und gepanschten Wein – der Geiz sei an all dem schuld, vermerkt eine Chronik aus dem 16. Jahrhundert. Die große Zeit des Kitzinger Weinhandels war sicher das 19. Jahrhundert, in dem es besonders viele jüdische Weinhändler gab, was sich unter anderem im großzügigen Bau der Synagoge niederschlug. Aber auch heute noch ist Kitzingen bedeutender Weinumschlagplatz, nicht zuletzt wegen der im Stadtteil Repperndorf angesiedelten Gebietswinzergenossenschaft, und im Landkreis Kitzingen steht mehr als jeder dritte Rebstock Frankens. Der Wein findet sogar schon in der Gründungslegende des Klosters Kitzingen eine Rolle. In einem Sommer um das Jahr 745 soll die Tochter Karl Martells, eine gewisse Hadeloga, vom Schloss auf dem Schwanberg ihren Schleier mit dem Wind auf die Reise geschickt haben, um mit dem „Landeplatz“ einen geeigneten Ort für eine Klostergründung zu finden. Der Schäfer Kitz fand den in einem Weinstock verfangenen Schleier am rechten Ufer des Mains, wo flugs ein Frauenkloster gegründet wurde, das nach dem Schäfer den Namen Kitzingen erhielt. Man kann sich kaum vorstellen, dass es anders gewesen sein könnte. Jedenfalls hat es diese Hadeloga gegeben und sie war die erste Vorsteherin des Benediktinerinnenklosters Kitzingen bis zu ihrem Tod 750, etwa siebzig Jahre später erfolgte sogar ihre Heiligsprechung. Das Motiv für die Klostergründung könnte aber vielleicht eher in der Sicherung des Mainübergangs gelegen haben. Dem Kloster stand später der Brückenzoll zu und die Brücke über den Main hatte für die Siedlung ebenso viel Bedeutung wie das Kloster oder der Weinbau – noch heute ist sie einziger Bestand-

Rechts: *Turmwettstreit im Kitzinger Abendhimmel: Doppeltürme der Synagoge, dazwischen der Turm des Deuster-Schlosses, der Marktturm und die beiden Stadtkirchen.*

Unten: *Kitzingens Schokoladenseite ist die Mainfront mit den Kirchen der Stadt und der historischen Mainbrücke.*

teil des Stadtwappens. Kloster und Stadt waren nicht immer Freunde, was heute noch städtebaulich erlebbar ist, liegen doch Klosterbezirk und Marktplatz beziehungslos nebeneinander und das Straßennetz des alten Kitzingen ist auf die Mainbrücke ausgerichtet, nicht auf das ältere Kloster. Obwohl das Kloster in den Quellen oft als Reichskloster bezeichnet wird, kamen Kloster und Stadt letztlich unter die Herrschaft des Würzburger Bischofs. Als dieser Ende des 15. Jahrhunderts finanziell ein wenig klamm war, verpfändete er die Stadt an den Markgrafen von Ansbach. Diese führten wenig später die Reformation ein und als der Bischof 1629 überraschenderweise das Pfand einlöste, mussten die protestantischen Bürger dem katholischen Landesherren huldigen. Der versuchte es mit einer Rekatholisierung, die allein mit guten Worten keinen durchschlagenden Erfolg hatte. Letztendlich mussten gut 1000 Bürger die Stadt ihres Glaubens wegen verlassen und trotzdem blieb Kitzingen ein konfessionell gespaltener Ort mit allen daraus resultierenden Animositäten. Der Wettstreit der Kirchtürme beider Bekenntnisse im Stadtbild scheint heute noch den Kampf um die „Lufthoheit" über Kitzingens Seelen zu illustrieren. Im 18. und vor allem 19. Jahrhundert erlebte die Stadt dank des florierenden Weinhandels wieder einen beachtlichen Aufschwung 1906 zählte man knapp hundert Weinhändler unter den immerhin schon 10.000 Einwohnern der Stadt. Fünf Jahre später schien eine ganz andere Flüssigkeit den Kitzingern glänzende Zukunftsaussichten zu eröffnen. Man war 1911 bei Bohrungen auf Wasser mit 18 bis 26 Prozent Salzgehalt gestoßen – dem Aufstieg zu „Bad Kitzingen" als Soleheilbad schien nichts mehr im Wege zu stehen. Man baute zwar ein schickes Kurbad, das „Luitpoldbad", aber der Erste Weltkrieg zerstörte alle Hoffnungen auf eine Karriere als zweites Kissingen. Statt weißer Kittel bekamen die Kitzinger nach dem Krieg Uniformen zu sehen, denn die Stadt wurde Militärstandort samt Flugplatz. In die

Oben: *Die „Kleine bayerische Gartenschau" 2011 hat den Kitzingern einen flussnahen Stadtpark am Etwashäuser Mainufer beschert. Im Hintergrund die Mondseeinsel mit dem Freibad.*

Kasernen zogen nach dem letzten Krieg US-Soldaten ein – in der heißen Phase des Kalten Krieges lebten hier neben 20.000 Kitzingern noch bis zu 12.000 amerikanische Soldaten. Dieses nicht immer einfache Nebeneinander ist seit dem weitgehenden Abzug der Amerikaner auch schon wieder Geschichte. Apropos Geschichte: Wer sich für die Geschichte der Fastnacht interessiert, ist in Kitzingen gut aufgehoben. Dieses Museum steht, nicht wo begeistert Alaaf, Helau und Narri-Narro gerufen wird sondern hier, im Mainfränkischen. 1967 im Falterturm, dem Stadtmauerturm mit der narrenschiefen Haube, gegründet, hat es nun sein Zuhause in benachbarten Bürgerhäusern gefunden. Darauf ein dreifaches …

Das Fastnachtsmuseum ist von Dienstag bis Sonntag von 13 bis 17 Uhr geöffnet, letzter Einlass ist um 16.30 Uhr.

Oben links und Mitte: *Das Deutsche Fastnachtsmuseum verdankt seine Entstehung der Initiative eines Exil-Kölners in Kitzingen. Heute ist die Sammlung in einstigen Bürgerhäusern untergebracht.*

Oben rechts: *Der Falterturm, erster Standort des Fastnachtsmuseums, schien mit seiner schiefen Haube geradezu prädestiniert für ein närrisches Museum.*

Mönchsondheim

Gaden für den Krieg

Heute im Zeitalter 4.0 scheint uns die Welt der kleinen Bauern und Handwerker schon so weit entfernt, dass man kaum noch Schnittmengen mit unserer digitalen Welt ausmachen kann. Es ist aber noch keine zwei Generationen her, dass man sich auf den Feldern plagte und oft noch in Verhältnissen lebte, wie im 19. Jahrhundert. Die Erinnerung an diese untergehende Welt wollten die Macher des Kirchenburgmuseums wachhalten und gründeten 1975 einen Museumsverein. Die Mönchsondheimer Kirchenburg entpuppte sich als geeigneter Ort für eine Präsentation, da die Fruchtgaden kaum mehr genutzt wurden. Weil nur Städte ihre Siedlung ummauern durften, hatten die Bauern im Spätmittelalter ihre Kirche mit einer Wehrmauer umzogen und dort Fruchtspeicher für den Kriegsfall eingebaut. Die hervorragend erhaltene Anlage ist mittlerweile liebevoll saniert und beherbergt Zeugnisse alten Handwerks, des Weinbaus und eine Lehrerwohnung.

Das Kirchenburgmuseum ist von Mitte März bis 31. Oktober von Dienstag bis Sonntag und an Feiertagen von 10 bis 18 Uhr geöffnet. Vom 1. November bis 1. Dezember ist samstags, sonntags, feiertags von 10 bis 16 Uhr geöffnet.

Oben: *In den Fruchtgaden der Kirchenburg, die einst die Vorräte der Bauern vor dem Feind schützten, lädt heute ein Museum zur Zeitreise in die Welt des alten Handwerks und Weinbaus.*

Mitte: *Zum Dorfplatz hin zeigt die Kirchenburg mit Torbau und Mesnerhaus ein freundliches Fachwerkgesicht.*

Dettelbach

Darf's ein Türmchen mehr sein?

Als die Dettelbacher wohl kurz nach der Erhebung zur Stadt im Jahr 1484 ihre Stadtmauer errichten ließen, muss beim Turmbau auf die klassische Metzgersfrage „Darf's ein bisschen mehr sein?" wohl jemand sehr laut mit ja geantwortet haben. Eine sinnvollere Erklärung bietet sich kaum für den Bau von 52 Türmen in der Befestigung einer so kleinen Stadt wie Dettelbach an. Wollte man den potentiellen Belagerer damit vielleicht psychologisch geschickt entmutigen? Oder hat es gar den Feind zur Erstürmung erst recht angestachelt, weil er sich gedacht hat, dass bei so viel Türmen sicher auch sehr viel zu holen ist? Man weiß es nicht, nur eins ist sicher, wenige Jahre nach dem Bau dieser Türme waren sie durch die Weiterentwicklung der Waffentechnik auch schon wieder überflüssig geworden.

Die Dettelbacher hatten Glück, dass es im Grunde nie zu einer ernsthaften Erprobung der Wehrtauglichkeit ihrer Stadtmauer kam. Mit ihren 37 mehr oder weniger erhaltenen Türmen gibt sie heute ein höchst malerisches Bild, scheint sie das wehrhafte Mittelalter bestens zu verkörpern. Aber nicht nur diese stolze Turmparade macht Dettelbach interessant. Auch die Tatsache, dass die Stadt 1484 aus der Zusammenfassung zweier Siedlungen entstanden ist, hat bemerkenswerte Spuren hinterlassen. Das eindrucksvolle spätgotische Rathaus wurde als Brücke über den Dettelbach, der die beiden Siedlungen trennte, errichtet, sodass sich keine der beiden Stadthälften benachteiligt fühlte. Ein Rathaus als Brücke zwischen den Menschen – wäre auch heute eine schöne Idee.

Oben: *Schließt man aus der Zahl der Tore und Türme auf die Wohlhabenheit der Dettelbacher, muss es hier im 16. Jahrhundert viel zu beschützen gegeben haben.*

Die Volkacher Mainschleife

Ein Prosit auf Lump, Ratsherr und Maria

Unbestrittenes Zentrum fränkischer Weinherrlichkeit ist die sonnenverwöhnte Volkacher Mainschleife. Hier gedeihen Silvaner, Müller-Thurgau, Kerner und Co. besonders prächtig. Sei es an besonders steilen Hängen wie dem „Escherndorfer Lump“ oder sei es fast wie in einem Weingarten wie dem „Volkacher Ratsherr“. „Ratsherr“ und „Lump“ blicken zum Main hinunter. Der kann sich von der schönen Gegend scheinbar gar nicht losreißen und umzieht mit einer großen Schlinge einen Höhenrücken, dessen annähernd höchste Stelle das einstige Kloster Vogelsburg besetzt. Es war Sitz einer Urpfarrei, abgelöst von einer Burg, die die Herren von Castell 1283 in ein Karmeliterkloster umwandelten, um eine würdige Erbgrablege zu etablieren. Richtig floriert hat das Kloster nie, es gab zu viel mönchische Konkurrenz um Seelen und Spenden in unmittelbarer Nachbarschaft. Heute beherbergen die schlichten Bauten ein Hotel mit besten Aussichten. Der Blick reicht über den Main bis zur Wallfahrtskirche Maria im Weingarten. Auch sie war anfangs eine Pfarrkirche für die gesamte Mainschleife, bis die einzelnen Dörfer groß genug waren, dass

sich eigene Pfarreien lohnten. Zum Glück ließen sich 1332 bei der Kirche Beginen nieder und versorgten Arme und Kranke. Zu ihrer Zeit etablierte sich ein erster Wallfahrtsbetrieb, der das heute noch vorhandene Gnadenbild, eine Pietà, zum Ziel hatte. Als sich dann eine neu gegründete Marienbruderschaft der Wallfahrtspflege

Oben: *Inmitten von Weinbergen, Obstbäumen und Spargelfeldern erfreut sich die Mainstadt Volkach einer Lage, die den Menschen im Mittelalter wie ein Vorgeschmack aufs Paradies erschienen sein muss.*

Links: *Die Kirche der Vogelsburg liegt an einem Platz, den schon die Kelten mit Abschnittswällen befestigt hatten.*

Nachfolgende Seiten: *Das ehemalige Kloster Vogelsburg beherrscht die schmalste Stelle des Höhenrückens inmitten der Mainschleife.*

annahm, führte das zur Auflösung der Beginenklause, zu einem Kirchenneubau und zum neuen Marienpatrozinium. Die Bemühungen um Förderung der Wallfahrt sollten 1521 mit dem Auftrag für Tilman Riemenschneider, eine Madonna im Rosenkranz zu schnitzen, ihre Krönung finden. Leider ein wenig zu spät, denn die Reformation brachte die Wallfahrt fast zum Erliegen. Sie hatte sich zwar nach dem Dreißigjährigen Krieg ein wenig erholt, kann aber bei weitem nicht mit der heutigen Wallfahrt der Kunstfreunde zu Riemenschneiders lyrisch-sanfter Rosenkranzmadonna mithalten. Und die wäre beinahe ihres Ziels beraubt worden. In der Nacht vom 6. auf

den 7. August 1962 stahlen Einbrecher die Madonna und zwei weitere wertvolle Ausstattungstücke. Sie waren sich wohl im Klaren darüber, dass die Stücke ihres hohen Bekanntheitsgrades wegen unverkäuflich waren; der Raub war Deutschlands erster Fall von Kunstnapping. Es wurde Lösegeld verlangt, durch den Chef-

Die Wallfahrtskirche Maria im Weingarten ist im März und November freitags bis sonntags von 10 bis 17 Uhr und von April bis Oktober täglich von 10 bis 17 Uhr geöffnet.

Oben: *: Idyllisch liegt die Wallfahrtskirche Maria im Weingarten inmitten der Weinlage Volkacher Ratsherr.*

Unten: *Bis 1524 schnitzte Tilmann Riemenschneider mit der Maria im Rosenkranz für die Wallfahrtskirche Maria im Weingarten eines seiner letzten Bildwerke.*

redakteur des „Stern", Henri Nannen, bereitgestellt, und gegen die Zahlung von 50.000 Mark kamen die wertvollsten Stücke zurück. Die beiden Haupttäter wurden 1967 verhaftet und später verurteilt. Volkachs anmutige Lage, Wein-, Obst- und Spargelanbau und ein gepflegtes historisches Stadtbild sind gute Gründe, die Stadt zu besuchen. Wenn man ein wenig Glück hat, erlebt man im Vorübergehen, wie die Symbolfigur der Weinlage Ratsherr zu einem launigen Empfang vor dem Rathaus lädt. Dieses Rathaus beeindruckt mit einer Freitreppe, deren beide Läufe sich in einer Verkündlaube unter einem hübschen Fachwerkerker treffen. Von dort wurden dem staunenden Volk die Beschlüsse des weisen Stadtrates mitgeteilt. Man kann in Volkach sogar heute noch für viele Jahrhunderte sagen, was das Volk zu hören bekam, weil die Ratsprotokolle beinahe lückenlos erhalten sind. Und mit dem Salbuch von 1504 existiert sogar eine einzigartige Sammlung von Gesetzen und Verordnungen mit sprechenden Illustrationen. Es berichtet, wie die Weinberge vor Frevlern geschützt wurden, wer was wann verkaufen durfte, wie empfindlich Strafen bei Zuwiderhandlungen ausfielen oder wie es um die todkranken Menschen im Siechenhaus bestellt war. Als fortschrittliches Gemeinwesen hatte Volkach damals natürlich auch ein städtisch betriebenes Bordell, das unter der Aufsicht eines Stadtrates, des Hurenwirts, stand. Er wird in der Illustration dargestellt, wie er gerade schwört, die ihm anvertrauten „Töchter" anständig zu behandeln. Das Wort Frauenhaus hatte damals eine ganz andere Bedeutung.

***Unten:** Volkachs „gute Stube", den Marktplatz, beherrscht das Rathaus mit doppelläufiger Freitreppe und Verkündlaube.*

Schweinfurt

Ein bisschen krumm nehmen es einem die Schweinfurter schon, wenn man ihre Stadt ausschließlich mit Industrie in Verbindung bringt. Schließlich war Schweinfurt einst eine der sechs fränkischen Reichsstädte und hatte ein Leben vor den Kugellagern. Im prachtvollen Rathausbau in den Formen der reifen Renaissance lässt sich der Bürgerstolz der Reichsstädter heute noch erfahren. Und man ist auch stolz darauf, dass in Schweinfurt 1652 die älteste dauerhaft existierende naturforschende Akademie der Welt, die Leopoldina, gegründet worden ist. Aber für die Gegenwart ist Schweinfurt eben die fränkische Industriestadt schlechthin, hat etwas mehr sozialversicherungspflichtige Beschäftigte als Einwohner und die zweithöchste Einpendlerquote Deutschlands. Und dank Schweinfurt läuft vieles weltweit rund! SKF, Sachs, Deutsche Star und Kugelfischer sind die großen Unternehmen der Wälzlagerindustrie. Die Herstellung von Kugellagern scheint den Schweinfurtern beinahe zur zweiten Natur geworden zu sein, gibt es doch nur wenige Zentren dieser Größe, die sich einer Sache in solchem Ausmaß verschrieben, ja ausgeliefert haben. Konjunkturschwankungen, vor allem in der Autoindustrie, sind am Pegelstand Schweinfurter Produktionsziffern un-

schwer ablesbar. Warum sich diese Industrie gerade hier so stark entwickelt hat, ist leicht zu erklären. Die Arbeiter brauchten für diese Präzisionsarbeit sehr spezielle Fertigkeiten und so ist es leicht einsichtig, dass neue Firmen gleichen Metiers da gegründet wurden, wo sich die passenden Leute für Maschine und Werkbank finden lassen. Warum man damit aber ausgerechnet in Schweinfurt begonnen hat, ist wie in vielen ähnlichen Fällen den Einfällen Einzelner zu verdanken. Philipp Fischer erfand für das Fahrrad die Tretkurbel und sein Sohn Friedrich entwickelte 1883 die Kugelschleifmaschine. Das brachte ihm den Namen „Kugel-Fischer" und Schweinfurt seinen wichtigsten Industriezweig ein. Der Mensch definiert sich ja nicht über Arbeit allein, Kultur gehört auch dazu und so ist aus dem industriell verdienten Geld mittlerweile auch viel Kultur geworden. Zwei der jüngsten Beispiele sind das rundum gelungene Museum für die Sammlung Schäfer, eine der wichtigsten Kollektionen deutscher Malerei des 19. Jahrhunderts, und die Kunsthalle Schweinfurt im ehemaligen Ernst-Sachs-Bad. Friedrich Rückert, der bedeutendste Sohn der Stadt, hätte heute an seiner Geburtsstadt mit ihrem Theater, den zahlreichen Museen und dem regen Kulturleben sicher seine Freude und wäre vielleicht mit ihrem Namen, Schweinfurt, dem er so gerne das „Sch" gestrichen hätte, versöhnt.

Seite 324: *Versonnen blickt eine der Musen des Rückertdenkmals auf die prächtige Renaissancefassade des Rathauses.*

Mitte: *Das von Philipp Moritz Fischer zwischen 1845 und 1853 erfundene Tretkurbelfahrrad, Urmutter aller Fahrräder.*

Unten: *Die Stadtkirche Sankt Johannis zeigt in ihren ältesten Teilen den Übergang von der Romanik zur Gotik so anschaulich wie kein anderes Gotteshaus Mainfrankens.*

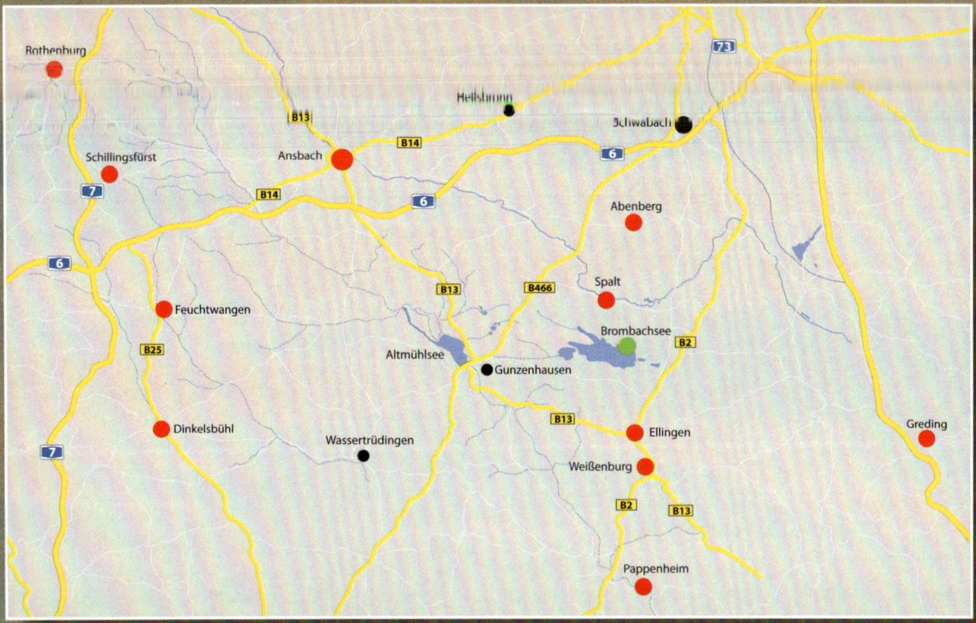
Rothenburg
Heilsbronn
Schwabach
73
B13
B14
Ansbach
Schillingsfürst
7
B14
6
6
Abenberg
6
Spalt
B13
B466
Feuchtwangen
Brombachsee
B2
B25
Altmühlsee
Gunzenhausen
B13
Ellingen
Greding
Dinkelsbühl
Wassertrüdingen
Weißenburg
7
B2
B13
Pappenheim

Rangau und Seenland

Frankens Süden ist eine vermittelnde Landschaft. Man spürt die Einflüsse des benachbarten altbairischen wie des schwäbischen Raums – in den Stadtbildern, im Dialekt, aber auch auf den Tellern, wo sich Klöß, Spätzle und Semmelknödel um den Rang der Lieblingsbeilage streiten. Die alten und neuen Verkehrswege der Region sind Teil der großen Verkehrsachsen im Herzen Europas. Das offene Land war immer auch Durchzugsgebiet, was im Positiven die Menschen offen für Neues machte und im Negativen der Gegend viel Leid durch Truppendurchzüge in historischer Zeit mit sich brachte. Zudem durchzieht die Region die europäische Hauptwasserscheide zwischen Donau und Rhein, was schon Karl den Großen animierte, Main und Donau mit einem Kanal miteinander zu verbinden. Es scheiterte damals an den unzulänglichen Mitteln, erst dem Bayernkönig Ludwig I. glückte die Realisierung der Idee einer großen europäischen Wasserstraße. Da war Franken aber schon Teil Bayerns, zuvor teilten sich viele Herren das Land an Tauber, Rezat, Wörnitz und Altmühl. Die bedeutendsten waren sicher die Hohenzollern, die nicht nur ihrer markgräflichen Residenz Ansbach ihren Stempel aufdrückten. Die Eichstätter Fürstbischöfe zählen ebenso zu den gestaltenden Kräften wie der in Ellingen ansässige Deutsche Orden oder die Grafen von Hohenlohe im Westen. Dazwischen konnten sich die drei stolzen Stadtrepubliken Rothenburg, Dinkelsbühl und Weißenburg behaupten. Das vielfältige Erbe dieser Region ist fraglos eine Reise wert und hat in den letzten Jahrzehnten durch die Stauseen des sogenannten Fränkischen Seenlandes eine weitere besuchenswerte Attraktion hinzugewonnen.

Rothenburg

Viel Mittelalter für sehr viele Selfies

Vor einigen Jahren behauptete ein Autor der ZEIT, Rothenburg sei die schönste japanische Kleinstadt. Keine allzu kühne Behauptung, denn Rothenburg ist eine schöne Stadt und wenn die zahllosen Transferbusse ihre japanische Fracht abladen, ist die alte Reichsstadt für ein paar Stunden fest in fernöstlicher Hand. Nippons Töchter und Söhne bestaunen Schneeballen, Kuckucksuhren, Weihnachtsträume und Fachwerkidyllen. Viel Fremdes strömt hier auf sie ein: Amerikaner suchen verzweifelt ihren Busparkplatz, Holländer hasten auf der Suche nach ihrem Wohnmobil durch die fußmassagetauglich gepflasterten Gassen und Chinesen nutzen irgendwas, das ihnen alt erscheint, als Hintergrund fürs 2489. Selfie. So ist das Stadtbild zum meistfotografierten Deutschlands geworden, hilft doch das „Plönlein“ vielleicht einen Tapetenriss in Osaka zu überdecken und der „Meistertrunk“ stimmt motivisch auf schöne Stunden in einer Bostoner Hausbar ein. Feuilletonisten mag das stören, aber welche Alternative hat eine Stadt wie Rothenburg, um die Konservierung des historischen Erbes zu finanzieren? Vermutlich ist der Tourismus immer noch die stadtbildschonendste Geldquelle zur Erhaltung der historischen Bausubstanz. Rothenburgs Geschichte lehrt unmissverständlich, dass nichts bleibt, wie es war.

Alles begann im 12. Jahrhundert mit einer Stauferburg, für die man Wald gerodet hatte, was wohl zum Namen Rothenburg geführt hat. Vor den Toren dieser Reichsburg entstand eine Siedlung, die Keimzelle der späteren Reichsstadt. Bald bekam sie dank staufischer Förderung Stadtrechte, wuchs rasch und wurde 1274 reichsunmittelbar, also eine sich selbst regierende Stadtrepublik. Knapp hundert Jahre später verdoppelte ein neuer Mauerring die Stadtfläche. Rothenburg erreichte den Höhepunkt seiner Entwicklung und erwarb ein fast 400 Quadratkilometer großes Landgebiet. Die regierenden Patrizier lebten meist von den Einkünften aus ihren ländlichen Gütern – eine Handelsstadt war Rothenburg nie. Rothenburg führte Mitte des 16. Jahrhunderts die Reformation ein und wurde in den Dreißigjährigen Krieg, der die Kraft der Stadtrepublik für immer brach, hineingezogen. Ohne sonderliche Bedeutung dämmerte die einst stolze Stadt dem Ende ihrer Selbständigkeit 1803 entgegen und fiel hochverschuldet an Bayern. Bald darauf entdeckten die Romantiker die Stadt, in der die Zeit scheinbar stehengeblieben war, und der Tourismus wurde ein bis heute wachsender Wirtschaftszweig. Ende offen.

Unten: *Hoch über den Steilhängen des Tals der jungen Tauber baut sich Rothenburgs Stadtsilhouette vom Siebersturm bis zum Spitaltor mit seiner Bastion auf und illustriert eindrucksvoll den Namenszusatz „ob der Tauber".*

Rathaus

Die Gelenkstelle zwischen den beiden wichtigsten Stadträumen Rothenburgs, dem Marktplatz und der Herrengasse, betonen die beiden prächtigsten Giebelfassaden der Stadt. Sie gehören dem Rathaus, das in seiner heutigen Erscheinung aus zwei Bauzeiten stammt. Das mittelalterliche Rathaus bestand aus zwei Bautrakten, von denen ein Brand 1501 nur den westlichen Teil mit dem schlanken Turm verschonte. Die Planung für den Trakt zum Marktplatz hin vertraute man Nickel Hoffmann, der zuvor die Rathäuser von Merseburg, Hof und Schweinfurt gebaut hatte, an. Der Baumeister brachte aus seiner sächsischen Heimat den Erkerturm als neues Gestaltungselement mit. Er bildet heute den großartigen Blickfang für die Übereckansicht des Rathauskomplexes und stellt ein architektonisches Scharnier zwischen Marktplatz und Herrengasse dar. 1578 war der Bau nach sechsjähriger Bauzeit vollendet und Rothenburg hatte einen „Bürgerpalast", der das Selbstbewusstsein der Stadtrepublik materialisierte und in jeden Wettbewerb mit Fürstenschlössern der Zeit treten konnte. Das Rathaus symbolisiert mithin auch die letzten guten Jahrzehnte, bevor der Dreißigjährige Krieg die Wirtschaftskraft und politische Bedeutung Rothenburgs vernichtete.

Oben: *Der Rathausneubau der Renaissance ist städtebaulich genial für die Übereckansicht komponiert. Die Ratstrinkstube gefällt mit geschwungenem Giebel und dem Spielwerk des „Meistertrunks".*

Plönlein

Es gibt zwar keine Statistik darüber, aber die Chancen stehen gut, dass das sogenannte Plönlein, was sich von Planum ableitet und einfach nur kleiner Platz bedeutet, die meistfotografierte Straßengabelung Deutschlands ist. Wüsste man nicht, dass es sich dabei um ein über Jahrhunderte gewachsenes Ensemble handelt, könnte man es glatt für eine Filmkulisse halten. Als solche hat das Plönlein auch schon mehrfach Karriere gemacht, beginnend mit Walt Disneys „Pinocchio". Was uns heute so malerisch erscheint, war bei seiner Entstehung ein notwendiges und kostspieliges Ärgernis. Kurz nach der Straßengabelung endete die Stadt und so musste man zwei Tortürme in engster Nachbarschaft bauen – welche Kosten! Und da in einer mittelalterlichen Stadt Fläche ein kostbares Gut war, hat man auch in die Gassengabelung ein Haus hineingestellt, das dank der Topographie über zwei Erdgeschosse verfügt.

Unten: *Durch den uhrgeschmückten Siebersturm führt die Straße Richtung Augsburg und durch das Kobolzeller Tor erreicht man die Tauberbrücke.*

Röderbogen und Rödertor

Rothenburgs Stadtmauer ist eines der eindrucksvollsten Denkmäler für das Schutzbedürfnis des mittelalterlichen Menschen und eine eindeutige Widerlegung der Mär von der guten alten Zeit zugleich. Zahlreiche Fehden und die ständige Bedrohung durch „umherziehendes Volk“ schienen bedrohlich genug, um Leben und Gut durch Mauern zu sichern. Die Rothenburger durften schon in der Stauferzeit einen ersten Mauerring, der unter anderem in Gestalt von Röderbogen und Markusturm noch präsent ist, errichten. Da die Stadt rasch wuchs, entschloss man sich Mitte des 14. Jahrhunderts zu einem neuen, weit vorgeschobenen Mauerring, den man bis etwa 1410 fertigstellen konnte. Die gelungene Bauanstrengung sagt viel über die damalige Finanzkraft der Rothenburger Bürgerschaft, denn der Bau einer etwa dreieinhalb Kilometer langen, bis zu zehn Meter hohen Mauer mit sechs hohen Tortürmen und etwa vierzig Mauertürmen war ein beachtlicher Kraftakt für ein Gemeinwesen von sicher nicht mehr als 3000 Einwohnern. Die Mauer erfüllte ihre Aufgabe für gut zweihundert Jahre, mit dem Aufkommen durchschlagskräftigeren und zielgenaueren Kanonen und den großen Söldnertruppen endete die Sicherheit hinter hohen Mauern. Im Dreißigjährigen Krieg gelang es kaiserlichen

Oben: *Röderbogen und Markusturm waren Teil der um 1200 errichteten Stadtbefestigung.*
Seite 333: *Der Zugang zum eigentlichen Rödertor ist durch zwei Vortore gesichert.*

Truppen 1631, die Mauern zu überwinden, und nur der berühmte „Meistertrunk“ des Altbürgermeisters Nusch soll damals die Stadt vor völliger Zerstörung bewahrt haben. Dreieinviertel Liter Wein soll er in einer Art „Wetten, dass..?-Aktion“ in einem Zug in sich hineingeschüttet haben, worauf General Tilly der Trinkfestigkeit Respekt zollend die Verschonung Rothenburgs angeordnet habe. Die Geschichte ist zwar nicht wahr, aber gut erfunden, illustriert sie doch bestens, wie dieser Krieg aus dem Ruder gelaufen war, keine Regeln mehr kannte und Wohl und Wehe weitgehend vom Zufall abhingen. Die Mauern wurden danach nicht mehr so recht gebraucht, aber zum Abbruch waren weder Wille noch Geld vorhanden. Bomben beschädigten im Zweiten Weltkrieg etwa einen Kilometer Mauerstrecke, mit Spenden, an die angebrachte Tafeln erinnern, wurde wiederaufgebaut. Und im wiederhergestellten Rödertor gibt es nun ein kleines Museum für John McCloy, den Berater des US-Präsidenten, der die Beschießung Rothenburgs durch amerikanische Truppen verhindert hat. McCloys Mutter hatte Rothenburg auf einer Reise kennengelernt und ihrem Sohn von der Schönheit der alten Stadt vorgeschwärmt. Da sage noch einer, Tourismus zahle sich nicht aus!

Rothenburger Museen

Braucht man in einer Stadt wie Rothenburg, die ein so perfektes Museum ihrer selbst ist, überhaupt ein Museum, das Geschichte präsentiert? Eine eher rhetorische Frage, denn das heutige Rothenburg zeigt zwar ein altes Gesicht, ist aber dennoch eine lebendige Stadt der Gegenwart und glänzt natürlich mit allen zivilisatorischen Errungenschaften, sei es Straßenbeleuchtung, WLAN-Hotspots oder McDonald's. Was unser Alltagsleben ausrangiert hat, das kann nur im Museum überleben, und so zeigt das Reichsstadtmuseum in den Gebäuden eines mit Einführung der Reformation aufgelösten Dominikanerinnenklosters Zeugnisse der achthundertjährigen Stadtgeschichte. Seit 1933 ist das einstige Kloster, von dem sich noch die mittelalterliche Küche erhalten hat, Präsentationsort für historische Wohnkultur, Handwerksgeschichte, alte Waffen, Gemälde und – nicht zu vergessen – Zeugniss der einst bedeutenden jüdischen Gemeinde. Auch Fassadenteile, an denen der Zahn der Zeit schon zu erfolgreich genagt hat, wie die Figuren der sieben Todsünden und sieben Tugenden, sind zu sehen. Und man sollte nicht versäumen, die zwölf Tafelbilder der Passion Christi, die sogenannte Rothenburger Passion, die 1494 für den Lettner der Franziskanerkirche gemalt wurden, einer Betrachtung zu würdigen.

Sie sind wohl die künstlerisch wertvollsten Stücke des Museums. Neben dem RothenburgMuseum gibt es noch eine beachtliche Zahl größerer und kleinerer Museen zu sehr unterschiedlichen Themen. Weihnachtsfreunden lässt das Deutschen Weihnachtsmuseum auch bei heißen 30 Grad den Schnee leise ins Gemüt rieseln. Das Historiengewölbe im Rathaus zeigt Szenen aus der Stadtgeschichte und im Grafikmuseum im Dürerhaus gibt es Radierungen von Dürer bis Janssen zu sehen. Das vielleicht bedeutendste unter Rothenburgs Museen aber ist das Mittelalterliche Kriminalmuseum. Der Name lässt vielleicht vermuten, dass hier zu sehen ist, was der „Tatortreiniger" so alles weggeräumt hat, aber hinter dem etwas reißerischen Namen verbirgt sich

eine sehenswerte Sammlung zur Rechtsgeschichte und Rechtspflege. Die Anfänge der Sammlung lagen in der „Rothenburger Folterkammer", die natürlich die Erwartungen der Besucher auf wohliges Grauen erfüllte. Mittlerweile hat sich das Museum nicht nur durch den Umzug in die ehemalige Johanniterkomturei räumlich vergrößert, sondern auch mit etwa 50.000 Exponaten zu mehr als tausend Jahren deutscher und europäischer Rechtsgeschichte zu einem der bedeutendsten Rechtskundemuseen Europas entwickelt. Wer sich schließlich vom Phantasie anregenden Anblick der sogenannten „Eisernen Jungfrau", der Mundbirne oder der Streckbank losgerissen hat, erfährt hier Anschauliches zu den Themen Strafprozess, Rechtssymbolik und Hexenprozessen. Und man könnte die Frage stellen, warum es nicht heute für Handyschwätzer ebensolche Ehrenstrafen gibt wie einst für tratschende Frauen.

Oben: *Diese wenig bequeme Sitzgelegenheit gehört zur Sammlung der Folterinstrumente im Mittelalterlichen Kriminalmuseum.*

Links: *Die Klosterküche, eine der ältesten in Deutschland, ist im RothenburgMuseum zu bewundern.*

Gerlachschmiede

Besser als mit dem Bau der Gerlachschmiede hätte man das spitz zulaufende Grundstück unweit der Stadtmauer nicht ausnutzen können. Außerdem ist der Standort unter Sicherheitsaspekten mit großem Bedacht gewählt. Schmiede haben dauernden Umgang mit offenem Feuer, also steht die Schmiede weitgehend frei und nah an der Stadtmauer, ein Brand hätte sich von hier kaum durch die dichtbebaute Stadt fressen können. Und dennoch sind das schmucke Gebäude und seine Nachbarschaft einem Brand zum Opfer gefallen. Am 31. März 1945 morgens um 10 Uhr 30 prasselten aus 16 Flugzeugen einer US-Luftstaffel zahllose Spreng- und vor allem Brandbomben auf das nichts ahnende Rothenburg nieder. Rothenburg war dabei nur ein Ausweichziel für ein großes Öllager bei Ebrach im Steigerwald, das im Nebel nicht gefunden wurde. Der Nebel war Ebrachs Glück und Rothenburgs Unglück. Gut ein Drittel der Altstadt ging in Flammen auf, darunter auch die Gerlachschmiede. Mit viel Liebe zum Detail wurde sie bis 1951 originalgetreu wiederaufgebaut.

Das Burgtor

Mit der Burg fing alles an, denn die Geschichte der Stadt beginnt mit dem Bau einer Burg der Grafen von Comburg-Rothenburg im späten 10. Jahrhundert. Die neueste Forschung vermutet deren Standort auf einem Bergsporn in der Nähe des Spitaltors. Der Stauferkönig Konrad III. entschied sich für seinen Burgbau um 1142 für einen neuen Standort, einen Bergsporn, der auf drei Seiten steil zur Tauber abfällt, dem heutigen Burggarten. Damit fiel der Startschuss zur Entwicklung einer städtischen Siedlung vor den Toren der Burg, heute noch erkennbar im breiten Straßenzug der Herrengasse, die auf das Burgtor zuführt. Von der gut zweihundertfünfzig Meter langen, von zwei stolzen Bergfrieden bewachten Reichsburg ist außer der Blasiuskapelle nichts geblieben. Das Interesse des Reichs an der Reichsburg war nie besonders groß und so kam es schon 1314 zu einer Verpfändung und das verheerende Erdbeben von Basel soll 1356 auch die Burg stark beschädigt haben. Kaiser Karl IV. gestattete den Bürgern, Steine von der Burg als Baumaterial zu holen, wenig später kauften sie die noch vorhandenen Burgmannensitze und ließen aus Sicherheitsgründen 1407 die Befestigungen abreißen. Was aber stehen blieb, ist das Burgtor, der Stadtmauerturm, der die Stadt vor der Burg schützen sollte. Er ist Rothenburgs ältester Turm.

Heiligblutaltar

Es ist heute schwer vorstellbar, dass Rothenburg auch einmal ein wichtiger katholischer Wallfahrtsort war, aber bis zur Reformation zog es die Pilger in Scharen zur Reliquie des Heiligen Blutes Christi. Zur würdigen Präsentation dieses Schatzes hatte die Stadt Rothenburg am Vorabend der Reformation den berühmten Bildschnitzer Tilman Riemenschneider in Würzburg mit der Schaffung eines neuen Hochaltars beauftragt. Man überließ damals nichts dem Zufall und machte dem Meister in einem noch erhaltenen Vertrag von 1501 genaue Vorgaben, wie groß alles werden soll und welche Figuren zu sehen sein sollen. Riemenschneider mag sich damals darüber geärgert haben, dass der Rothenburger Schreinermeister Harschner den Auftrag für das Gehäuse bekommen hat, denn damit war mit weniger Mühe und Kunstfertigkeit letztlich mehr verdient. Dennoch gab Riemenschneider sein Bestes und schuf ein einmaliges Kunstwerk, indem er das Letzte Abendmahl auf neue Weise interpretierte. Um einen Tisch sitzen Jesus und seine zwölf Apostel. Keiner von ihnen denkt mehr an das Pessachmahl, denn die Botschaft vom Verrat Jesu bewegt sie und sie diskutieren miteinander, versuchen vielleicht zu ergründen, wer der Verräter sein könnte, währenddessen Jesus dem Verräter Judas ein Stück Brot reicht. Und es ist dieser Verräter Judas, der im Zentrum des Altares steht, nicht Jesus! Unerhört! Ein Appell an alle Betrachter zur Erforschung des eigenen Gewissens.

Die Jakobskirche ist von Januar bis März und im November täglich von 10 bis 12 und 14 bis 16 Uhr geöffnet. April bis Oktober von 9 bis 17 Uhr und im Dezember von 10 bis 16.45 Uhr.

Links: *Die Abendmahlsszene des Heilig-Blut-Altars von Tilman Riemenschneider in der Jakobskirche.*

Tauberbrücke

Rothenburgs berühmte Doppelbrücke ist ein schönes Beispiel dafür, welche Anstrengungen man auf sich nimmt, um Anstrengungen zu vermeiden. Zur Überquerung der im Sommer oft nur wenige Zentimeter tiefen Tauber hätte man kein so aufwendiges Bauwerk errichten müssen. Durch das „Übereinanderstapeln" zweier Brücken ersparte man den Handelszügen des späten Mittelalters immerhin ein paar Meter Ab- und Anstieg. Das beinahe römisch-antik anmutende, 125 Meter lange Bauwerk entstand um 1330 und war für den damaligen Warenverkehr ein gutes Argument, den Weg über Rothenburg zu nehmen. Leider ist weder über die Baumeister noch die Kosten etwas bekannt, aber die solide aufgemauerte Brücke hat sehr lang wartungsfrei ihren Dienst getan. Erst Ende des 18. Jahrhunderts gab es Ausbesserungen und dann musste man 1791 vier eingestürzte Bögen der oberen Reihe wiederherstellen. Es ist bemerkenswert, dass die Konstruktion so lange überdauert hat, stehen doch die oberen neun Bögen völlig regellos auf den sechs unteren. Da hatte niemand eine Belastungsrechnung vorgenommen. Völlig sinnlos sprengten die zurückweichenden deutschen Truppen am 16. April 1945 das Bauwerk – die kampflose Besetzung Rothenburgs durch die US-Army einen Tag später hat diese Aktion um keine Minute verzögert. Der Wiederaufbau in den Fünfzigerjahren brachte eine Verbreiterung um mehr als einen Meter.

Der Kappenzipfel

Wer im Mittelalter eine Stadtmauer baute, musste darauf achten, dass ihre Länge nicht die Verteidigungsfähigkeit einer Stadt übersteigt, denn man musste schließlich die Wehrgänge auch mit Verteidigern besetzen können. Unter diesem Aspekt betrachtet war es eine mutige Entscheidung, das vor den Mauern gelegene Spital und die wichtige Rossmühle in den Mauerring einzubeziehen. Dadurch entstand der sogenannte „Kappenzipfel“, denn die Spitalvorstadt hängt der „Kappe der Stadt“ wie ein „Zipfel“ an – ein Blick auf den Stadtplan verdeutlicht das. Damit gab es viel zu verteidigende Mauer, aber wenig Bewohner, die das hätten tun können. Deswegen behielt man noch ein inneres Tor, den Siebersturm bei, sodass man nach einer Eroberung des Viertels die Stadt dort hätte weiter verteidigen können. Außerdem rüstete man das Spitaltor später mit der kräftigsten und modernsten Bastion Rothenburgs für schweres Geschütz nach.

Oben: *Im Zentrum des Kappenzipfels liegen die langgestreckten Spitalgebäude. Der hohe Faulturm, in dem man Schwerverbrecher verfaulen ließ, dominiert die Stadtmauer.*

Links: *Die zweistöckige Tauberbrücke ist Blickfang und Aussichtspunkt zugleich.*

Schillingsfürst

Residenz mit Jenischem Beiklang

Weithin grüßt von einem steilen Ausläufer der Frankenhöhe ein mächtiger Baublock, umwachsen von Wald, ins Tal der jungen Tauber. Was aus der Ferne nur als Umriss wahrnehmbar ist, entpuppt sich aus der Nähe als prächtiges Barockschloss. Eine merkwürdige Lage für ein barockes Residenzschloss, schätzte man in dieser Epoche vor allem die Ebene als Bauplatz für solche Projekte, schon allein wegen der Möglichkeit, wunderbare ornamental gestaltete Gärten um die Schlösser anlegen zu können. In Schillingsfürst ist das anders, weil das Schloss auf den Fundamenten einer mittelalterlichen Burg errichtet wurde. Die wurde 1632 im Dreißigjährigen Krieg zerstört und erst am Ende des 17. Jahrhunderts begann man einen Neubau zu planen, diesmal aber keine Burg, die vielleicht wiederum Soldaten zur Belagerung animiert hätte, sondern ein modernes Residenzschloss. Bauherren waren die Grafen von Hohenlohe, die für die Planung des Schlosses den hessischen Hofbaumeister Louis Remy de la Fosse ausliehen. Der Bau gibt sich aber weder hessisch noch französisch, was die Wahl des Baumeisters nahelegen würde, sondern spanisch. Der Bauherr hatte eine Reise nach Spanien unternommen und an den Formen des alten Madrider Stadtschlosses Gefallen gefunden. 1744 wurde die Familie in den Reichsfürstenstand erhoben, was wohl dazu antrieb, das Schloss mit der Anlage einer Residenzstadt aufzuwerten. Da sich für dieses Projekt kaum seriöse bauwillige Interessenten finden ließen, siedelte man 1757 sogar mittellose Siedler an, die ihre Geheimsprache, das „Jenisch" mitbrachten. Gesprochen wird diese von Bettlern, Vagabunden und fahrendem Volk.

Unten: *U-förmig öffnet sich der Ehrenhof des Schillingsfürster Schlosses.*

Feuchtwangen

Eine Reichsstadt auf Zeit

Feuchtwangens Geschichte beginnt mit dem Benediktinerkloster Sankt Salvator, das im 9. Jahrhundert als Reichskloster genannt wird. Daneben gründeten die Staufer im hohen Mittelalter eine Stadt, die sich rasch zur Reichsstadt entwickelte, womit Feuchtwangen danach aus zwei unabhängigen Siedlungen bestand. Fatal für Feuchtwangen war der gewaltige Finanzbedarf Kaiser Karls IV. – er verpfändete kurzerhand Stift und Stadt 1376 an die Hohenzollern. Das Pfand wurde nie wieder eingelöst, die Träume, zu einer Stadtrepublik wie Dinkelsbühl oder Rothenburg aufzusteigen, waren für immer ausgeträumt. Es blieb immerhin ein gepflegtes historisches Stadtbild.

Oben: *An das Klosterleben vor der Reformation erinnert der schöne romanische Kreuzgang, heute stimmungsvolle Kulisse der Kreuzgangfestspiele.*

Dinkelsbühl

Städtebauliches Juwel des Mittelalters

Zweifellos liegt Rothenburg eindrucksvoller, es hatte die größere Bedeutung als Reichsstadt und seine Stadtmauern sind mächtiger, aber was die erhaltene historische Bausubstanz der Bürger- und Handwerkerhäuser angeht, übertrifft Dinkelsbühl die Reichsstadt ob der Tauber bei weitem. Innerhalb der gut erhaltenen Stadtmauer mit ihren zahlreichen Türmen und Toren beeindrucken die lückenlos erhaltenen Giebelreihen der behäbigen Bürgerhäuser. Selten lässt sich in einer deutschen Stadt das feine Gespür der mittelalterlichen Stadtplaner und Baumeister für Rhythmus und Raum im Stadtorganismus so unverdorben bewundern wie in den breiten Gassen um die Stadtkirche Sankt Georg. Damit für das Auge keine Langeweile aufkommt, sind die Häuser nicht in geraden Fluchtlinien aufgereiht, sondern´ leicht versetzt angeordnet. Ein kleines Mittel mit großer Wirkung, wie ein Blick entlang der Segringer Straße eindrucksvoll illustriert. Die Harmonie dieses Stadtbildes könnte leicht zu dem trügerischen Schluss verleiten, in ihm auch einen Spiegel harmonischer Zeiten zu sehen. Dinkelsbühl musste um seine Reichsfreiheit hart ringen, musste Verpfändungen durch die Kaiser überstehen, immer wieder neues Geld in die weit aufgerissenen Rachen der begierigen Nachbarmächte werfen, um endlich Herr im eigenen Haus zu werden. Als man das geschafft hatte, endgültig 1398, konnte man sich schließlich den Zwistigkeiten in der eigenen Stadt mit ganzer Energie widmen. Patrizier und Handwerker waren in Dinkelsbühl die Parteien, die am häufigsten gegeneinander in den Ring stiegen. Man einigte sich schließlich auf einen Kompromiss bei der Besetzung der Ratsstühle. Ähnlich hielt man es nach Einführung der Reformation, als ei-

__Rechts:__ Im sorgfältig restaurierten Hezelhof mit seinen Fachwerklauben kann man heute als Tourist übernachten und damit eines von „vierzig Sightsleeping Hotels" in Bayern genießen.

Rezeption

nige wenige Ratsherren sich weiterhin bei Weihrauch und Rosenkranz besser aufgehoben fühlten. Diese Konflikte lähmten die Handlungsfähigkeit der Stadtrepublik, der Dreißigjährige Krieg zerstörte ihren Wohlstand und so blieb das historische Stadtbild mangels Mittel von Modernisierungswünschen unbehelligt. Heute ein Glücksfall für den, der historische Stadtbilder schätzt!

Die Kinderzeche mit Volksfest, historischem Festzug und Festspiel findet immer an den beiden Wochenenden um den dritten Montag im Juli statt.

Rechts: *Bei der Kinderzeche führt die „Kinderlore" den Zug an. Sie soll mit den Dinkelsbühler Kindern 1632 den schwedischen Obrist von Sperreuth so gerührt haben, dass er die Stadt verschonte.*

Unten: *Das Deutsche Haus am Weinmarkt ist mit seiner Ende des 16. Jahrhunderts errichteten Fassade eines der prächtigsten Fachwerkhäuser Frankens.*

St. Georg

Am „aftermontag nach mitvasten“ 1448 legte man den Grundstein für den Neubau der Stadtpfarrkirche Sankt Georg. Der Vorgängerbau war für die stark gewachsene Einwohnerschaft der Reichsstadt zu klein geworden und, was wohl entscheidender war, mittlerweile viel zu altmodisch. Im Wettstreit der aufstrebenden Reichsstädte war ein repräsentativer Kirchenbau Statussymbol und „weicher Standortfaktor“, wenn man finanzkräftige Zuzügler anlocken wollte. Als Baumeister wählte man Nikolaus Eseler den Jüngeren, auf den Vater, den „älteren Eseler“, hatten schon die Rothenburger für den Bau der Jakobskirche vertraut. Die Wahl war gut getroffen, den nach den Plänen Nikolaus´ entstand bis 1499 eine der harmonischsten Raumschöpfungen der europäischen Spätgotik: eine dreischiffige Hallenkirche, die Weite atmet, Eleganz verströmt und der gesamten städtischen Gemeinde einen Versammlungsort bietet.

Stadtmauer

„Stadtluft macht frei", hieß es im Mittelalter. Gemeint war damit, dass man als Stadtbewohner eine Reihe von Privilegien genoss, die einen vor dem Zugriff des Fürsten bewahrten. Freiheit ist in diesem Fall relativ zu verstehen, denn frei in heutigem Sinne war man in einer mittelalterlichen Gesellschaft nirgendwo. Aber man genoss als Städter zahlreiche Privilegien, man war beispielsweise weder zu Frondiensten noch zu Kriegsdiensten verpflichtet. Und da Dinkelsbühl eine freie Reichsstadt war, bedeutete das unter anderem, dass kein Bürger vor ein auswärtiges Gericht gestellt werden konnte. Bei der damaligen juristischen Praxis oft ein nicht zu unterschätzender Vorteil. Das sichtbare Zeichen für all diese Vergünstigungen war die Stadtmauer, denn sie war nicht nur schützender Wall, sondern auch eine Rechtsgrenze. Innerhalb der Mauern galt ein anderes Recht als außerhalb. Darin liegt ein Grund, warum man in vielen Fällen nicht schon im 18. Jahrhundert die nutzlosen mittelalterlichen Stadtmauern niederlegen ließ. Dinkelsbühl verfügt heute noch über ihre gesamte zweieinhalb Kilometer lange Stadtmauer, unterbrochen nur von den vier großen Toren, die in alle vier Himmelsrichtungen aus der Stadt hinausführen. Bereits im frühen 13. Jahrhundert umwehrte man die damals noch kleine, fast kreisrunde Siedlung mit einer ersten Mauer, von der sich aber nur noch beim Wörnitztor Reste finden. Nach 1372 begann man mit dem Bau des erweiterten Mauerrings, zu dem einst mehr als fünfzig Türme, Basteien und Tore gehörten. Zur Finanzierung musste auch in Dinkelsbühl die Getränkesteuer herhalten. Ein Vollrausch war damals also eine geradezu selbstlose, die Sicherheit der Mitbürger befördernde Sache! Da die Wirtschaftskraft und vielleicht auch der Durst ab dem 17. Jahrhundert stark nachließen, wurde die mittelalterliche Wehr nicht mehr durch moderne Bastionen für schweres Geschütz nachgerüstet. Heute sind die meisten Vorwerke und einige der sogenannten Zwinger zwar verschwunden, aber dank eines Erlasses des bayerischen Königs Ludwig I. im Jahr 1826 unterblieben weitere Abbrüche, sodass die Dinkelsbühler Stadtmauer zu den wenigen vollständig erhaltenen Stadtmauern Deutschlands zählt.

Oben: *Rothenburger Weiher, Parkwächterhäuschen und Faulturm bilden ein stimmungsvolles Ensemble an der Nordflanke der mittelalterlichen Stadtmauer.*
Rechts: *Während das Nördlinger Tor den Zugang zur Stadt von Süden schützte, musste eine Wehrmauer mit zwei Türmen die Radstatt der Stadtmühle beschirmen. Heute beherbergt die Stadtmühle das Museum 3. Dimension.*

Ansbach

Residenzstadt der Hohenzollern

Es ist den Nürnbergern sicher bis heute ein kleines Ärgernis, dass ihre große stolze Stadt vom kleinen Ansbach aus regiert wird. Dass Ansbach 1806 Sitz der Regierung des ursprünglich Rezatkreis genannten Regierungsbezirks Mittelfranken wurde, lag sicher daran, dass die Stadt schon seit Jahrhunderten mit dem Regieren und vom Verwalten lebte, was man nun von Nürnberg nicht sagen kann. Hier war die entsprechende Infrastruktur wie ein gänzlich leerstehendes riesiges Schloss bereits vorhanden und genügend Beamte gab es sowieso.

Dabei schienen Ansbachs Anfänge auf eine ganz andere Karriere hinzusteuern. Viel weiß man nicht über die Frühzeit, aber für das Jahr 748 ist die Gründung eines Benediktinerklosters durch den Edelfreien Gumbert, der beinahe Bischof von Würzburg geworden wäre und nach seinem Tod als Heiliger verehrt wurde, überliefert. Spätestens im 12. Jahrhundert, der Würzburger Bischof war mittlerweile Ortsherr, gab es Vögte für den weltlichen Schutz des Klosters. Die schützten es so innig, dass es sukzessive in ihren Besitz überging und auch dem Würzburger Bischof die Herrschaft aus der Hand genommen werden konnte. Daran konnte auch der Versuch der Stauferkaiser, aus Ansbach eine Reichsstadt zu machen, nichts ändern. Sie initiierten zwar die gemeinsame Ummauerung von Kloster und Stadt und gaben Ansbach damit den charakteristischen eiförmigen Grundriss, aber letztlich fehlten ihnen die Mittel, die komplizierten Machtverhältnisse zugunsten des Reiches zu wenden. Am Ende der Verwertungskette der erwähnten Schutzfunktion stand schließlich 1331 der Kauf von Stadt und Kloster Ansbach durch den Nürnberger Burggrafen Friedrich IV., womit sich die Hohenzollern für die nächs-

Rechts: *Der Martin-Luther-Platz ist ein im Mittelalter angelegter Straßenmarkt. Das einstige Landhaus und die charaktervolle dreitürmige Gumbertuskirche bilden den repräsentativen Blickfang.*

ANSBACH

ten 475 Jahre in Ansbach etablierten. Nachdem sie am Südende der Stadt eine Wasserburg errichteten und Ende des 14. Jahrhunderts die fränkischen Besitzungen der Hohenzollern geteilt wurden, begann Ansbachs Karriere als Residenzstadt. Die Einführung der Reformation bedingte die Auflösung des altehrwürdigen Klosters und danach konnten die Markgrafen schalten und walten, wie sie wollten. Man sieht das Ansbach noch heute an. Es wandelte sich vor allem in der Barockzeit zur typischen Hof-, Adels- und Beamtenstadt, geprägt durch viele Palais- und Verwaltungsbauten, unbelästigt durch allzu viel bürgerlich-kaufmännische Geschäftigkeit. Dieses beschauliche, wenig einträgliche Dasein gepaart mit einer verschwenderischen Hofgesellschaft kostete immens viel Geld. Am Ende der Regierung des sogenannten „wilden Markgrafen“ 1757 war der Schuldenstand der kleinen Markgrafschaft auf fünf Millionen Gulden angewachsen! Der Nachfolger, Markgraf Alexander, mühte sich nach Kräften diese Schulden abzubauen, aber selbst nach dreiunddreißig Regierungsjahren betrug der Schuldenstand immer noch 1,5 Millionen Gulden. So macht regieren wenig Freude und Alexander beschloss kurzerhand seine Markgrafschaft an seine preußische Verwandtschaft zu verkaufen. Aber auch ohne diesen Verkauf wäre Alexander der letzte Markgraf gewesen – er hatte keine Kinder. So waren ihm dank einer jährlichen Leibrente von 300.000 Gulden noch ein paar schöne Jahre als Fürst a. D. mit seiner neuen Gattin, Lady Craven, Pferde züchtend, in England vergönnt. Ansbach dagegen versank in einer Art Dornröschenschlaf und hatte dann auch noch das Pech oder Glück, je nachdem, wie man es sieht, 1806 bayerisch zu werden. Sitz wenigstens

Oben: *Hinter dem Chor von Sankt Gumbertus liegt der Beringershof, ein ehemaliger Stiftshof, der mit seinen beiden Treppentürmen und den Fachwerkloggien ein besonders malerisches Bild bietet.*

der Regierung eines Regierungsbezirks zu werden, war das einzige Trostpflaster, das die neuen bayerischen Herren den Wunden der ausrangierten Residenzstadt aufzulegen vermochten. Fast unzerstört durch die Kriege gekommen ist Ansbach heute eines der besten Beispiele für eine Residenzensemble im Deutschland des Barocks und Rokokos. Wer sich in Ansbach auf historische Spurensuche begibt, wird aber auch jenseits dieses höfischen Ambientes fündig. Da gibt es zum Beispiel die schöne gotische Pfarrkirche Sankt Johannis. Sie war im späten Mittelalter der Stolz der Ansbacher Bürger, denn sie ersparte ihnen den Gang in die Klosterkirche Sankt Gumbertus. Es existiert außerdem noch eine bestens erhaltene Synagoge aus dem 18. Jahrhundert. Ein Wunder angesichts der Tatsache, dass Ansbach zu den Städten gehörte, in denen die Nationalsozialisten ihre frühesten und größten Erfolge hatten. Die Synagoge lag Mauer an Mauer mit Bürgerhäusern in einer engen Gasse und so befürchtete man in der Reichspogromnacht, dass eine in Brand gesteckte Synagoge einen Brand des ganzen Straßenzugs zur Folge haben könnte. Und Ansbachs bis heute größtes Mysterium ist der rätselhafte Kaspar Hauser, der hier die Jahre vor seinem Tod 1833 durch eine rätselhafte Messerattacke verlebte. Bis heute reißen die Spekulationen über seine Identität nicht ab, war ein badischer Prinz, ein Mitglied einer anderen Familie des Hochadels oder nur ein Hochstapler? Zahllose Bücher, Filme und Untersuchungen haben versucht Licht ins Herkunftsdunkel zu bringen, aber die Inschrift auf seinem Denkmal im Hofgarten wird wohl nicht neu geschrieben werden müssen: „HIC OCCULTUS OCCULTO OCCISUS“ – heißt: „Hier wurde ein Geheimnisvoller auf geheimnisvolle Weise getötet“.

Oben: *Das Herrieder Tor ist ein barock umgestalteter Torturm der mittelalterlichen Stadtbefestigung.*

Markgräfliche Residenz

Regieren und residieren waren in den Tagen des Absolutismus eins. Für beides schien man ungeheuer viel Raum zu benötigen. Diesen Schluss legen die beachtlichen Ausmaße der Residenz in Ansbach nahe. Brauchte ein Provinzpotentat des 18. Jahrhunderts einen Palast mit endlosen Raumfluchten, Orangerien, Sommer- und Jagdschlösser? Schließlich hatte die Markgrafschaft Brandenburg-Ansbach damals höchstens so viele Einwohner wie die Stadt Ludwigshafen heute. Natürlich gab es für diesen Aufwand keine wirkliche Notwendigkeit, aber solche Fragen hätte im 18. Jahrhundert keiner gestellt, zumindest nicht öffentlich. Ansbachs „Wilder Markgraf“, Carl Wilhelm Friedrich, hätte sich solche Unverschämtheiten verbeten, seine Legitimation zum Herrschen, zum Repräsentieren leitete sich von der höheren Geburt, vom Gottesgnadentum her. Warum also dem ordinären Menschenvolk Rechenschaft geben? – Dabei profitierte durchaus auch das „Menschenvolk“ von den kostspieligen Launen seines Herrschers, denn das ganze Geld wurde schließlich von Handwerkern, Künstlern, Händlern, Musikern, Hofbeamten und einer Heerschar von Bediensteten verdient. Ansbach im Allgemeinen und seine Residenzen im Besonderen sind hervorragend erhaltene Beispiele für fürstlichen Geltungsdrang, mit dem man selbst in den Kleinsten der vielen deutschen Kleinstaaten versuchte, Frankreichs Sonnenkönig, Ludwig XIV., nachzueifern. Uns Nachgeborenen erfreut, was Duodez-Fürsten wie die Ansbacher Markgrafen für un-

sere Augen hinterlassen haben, müssen wir uns doch nicht mehr mühen, die von den erlauchten Herrschaften angehäuften Schuldenberge abzutragen. Markgraf Carl Wilhelm Friedrich ließ repräsentieren, bauen und feiern, was das Zeug hielt. Leider überstieg das Geltungsbedürfnis die wirtschaftlichen Möglichkeiten der nicht eben strukturstarken oder besonders fruchtbaren Markgrafschaft. Hinzu kam noch seine ausgeprägte Leidenschaft für die Falknerei. Er unterhielt die größte Falknerei des gesamten Heiligen Römischen Reiches Deutscher Nation! Eigene Falkenmaler porträtierten die jagdtauglichen

Die Residenz kann nur im Rahmen einer Führung besichtigt werden. Öffnungszeiten sind: April bis September 9 bis 18 Uhr und Oktober bis März 10 bis 16 Uhr, außer montags. Die Führungen finden jeweils zur vollen Stunde bis eine Stunde vor Schließung statt.

Seite 354/355: *Der „Anscavallo" des Bildhauers Jürgen Goertz setzt vor der Hauptfassade der Residenz einen modernen und zugleich surrealen Akzent.*

Unten: *Loggien verleihen den strengen Fassaden des Innenhofs südländische Leichtigkeit.*

Tiere. Sie sind in liebevolleren Porträts überliefert als des Markgrafen Gattin, zu der sich Carl Wilhelm Friedrich übrigens zahlreiche erotische Alternativen offenhielt. Schließlich rettete ein Schlaganfall den Markgrafen vor dem Staatsbankerott. Sein einziger Sohn und Nachfolger, Markgraf Alexander, sah sich letztlich 1792 gezwungen, den aussichtslosen Sanierungsfall an die preußischen Verwandten zu verkaufen. Damit endet Ansbachs Karriere als Hauptstadt und Residenz, das große prächtige Schloss beherbergte keine Bewohner von Stand und dieser Dornröschenschlaf hat den Zustand des ausgehenden Rokokos so unverändert wie kaum anderswo konserviert. Dabei steckt in dem so blockhaft wirkenden Residenzbau viel mehr Geschichte, als man auf den ersten Blick vermutet. Die Architekten des 18. Jahrhunderts hatten nämlich die Vorgabe, aus „Sparsamkeitsgründen" so viel Mauerwerk der Vorgänger aus Mittelalter und Renaissance zu verwenden wie möglich. Daraus resultiert manch schräge Wand, deswegen gibt es den zwar schönen, aber im Barock eigentlich nicht mehr üblichen auf allen Seiten geschlossenen Loggienhof. Vom Ende des 17. bis in die Mitte des 18. Jahrhunderts planten und bauten die doch recht unterschiedlichen Architektenpersönlichkeiten Gabriel de Gabrieli, Carl Friedrich von Zocha und Leopoldo Retti am erstaunlich

einheitlich wirkenden Gesamtkunstwerk Residenz. Bezeichnenderweise wendet die Residenz dem bürgerlichen Ansbach den Rücken zu und blickt mit ihrer monumentalen Hauptfassade gen Hofgarten und Orangerie. Nur in dieser Richtung war noch genügend Freiraum, um die ganze Schauseite aus gebührendem Abstand würdigen zu können. Im Inneren hielt man sich an den üblichen Kanon der barocken Raumfolge. Im Zentrum steht ein über zwei Geschosse reichender Festsaal mit

Oben: *Im Speise- oder Fliesensaal sorgen rund 2800 Fayencefliesen für eine angenehme Raumtemperatur und pflegeleichte Wände.*

Unten: *Ansbacher Fayencefliesen imitieren in Machart und Motiv Delfter Kacheln, die wiederum chinesische Vorbilder imitieren.*

einem theatralischen Deckenfresko, das den Hausherren als Musenfürst, als fränkischen Apoll feiert. Was der international gefragte Carlo Carlone damals als Lobhudelei ins Bild setzte, mag uns heute ein wenig dick aufgetragen erscheinen, war aber in einem Zeitalter ohne Facebook und Twitter durchaus die übliche Form der Kommunikation mit den Gästen und durchaus noch dezenter als manches gegenwärtige Präsidentengetwitter. Markgraf und Markgräfin bewohnten je ein eigenes Appartement, das im Kern wie beim großen Vorbild Versailles aus einem Vorzimmer, einem Empfangsraum und dem Paradeschlafzimmer bestand. Hinzu kommen noch die unerlässliche Galerie zum statussteigernden Vorzeigen der eigenen Gemäldesammlung, ein paar exotische Kabinette, um ausgefallenen Geschmack unter Beweis zu stellen, und ein paar Gästezimmer – die müssen halt auch sein. Alles in allem darf man so eine Residenz nicht mit einer Wohnung im heutigen Sinne vergleichen – hier wurde wie auf einer Bühne Wohnen inszeniert! Ansbachs Residenz hat das große Glück, dass die Wittelsbacher als neue Besitzer nach dem Auszug des letzten Markgrafen vor über 200 Jahren kein Interesse am Residieren in der mittelfränkischen Provinz hatten. Nichts wurde durch Ausstattungen im neuen Geschmack ersetzt und die weitgehende Nutzung des Komplexes für die Regierung von Mittelfranken hat das Gesamtkunstwerk des Ansbacher Rokokos unberührt gelassen. Ein guter Grund, in dieser Kulisse alljährlich seit nunmehr über siebzig Jahren die sehenswerten Ansbacher Rokokospiele zu feiern!

Oben: *Zahllose Spiegel weiten das Spiegelkabinett zum scheinbar grenzlenosen Raumerlebnis und vervielfältigen die kostbaren Porzellanfiguren zu einer kleinen Armee.*

Orangerie und Hofgarten

Es muss wohl auch an der alten Italiensehnsucht der Deutschen liegen, dass Deutschland einen Bautyp hervorgebracht hat, den es so in anderen Teilen Europas nicht gibt: die Orangerie. Oder sollte man besser sagen: das Orangerieschloss? Es gibt Orangerien, die mit ihrer architektonischen Raffinesse und ihrem reichen Schmuck so manches Schloss in den Schatten stellen. Es sei da nur an die prachtvolle Fuldaer Orangerie mit ihrem großartigen Fresko im Hauptsaal erinnert. Vielleicht hat unser Klima die Sehnsucht nach Licht und Sonne derart befeuert, dass man schon ab dem späten 17. Jahrhundert besondere Häuser zur Überwinterung empfindlicher exotischer Pflanzen bauen ließ. Meist beherbergten sie Pomeranzenbäumchen, das mit dreihundert Jahren älteste lässt sich in Pillnitz bei Dresden bestaunen. „Pomum aurantium" lautet die lateinische Bezeichnung, was man etwa mit Goldapfel übersetzen könnte. Sie wurden in Kübeln kultiviert, verbrachten die Sommer in den fürstlichen Gärten, wurden wegen ihres Blütenduftes geschätzt und waren nicht zuletzt auch Statussymbol. Natürlich musste zur Residenz eines Markgrafen ein ausgedehnter Garten zählen. Schon im späten 16. Jahrhundert gab es einen ausgedehnten Kräutergarten und an der Stelle der heutigen Orangerie stand ein „Lust- und Opernhaus", das vor allem im späten 17. Jahrhundert aufwendige Inszenierungen meist italienischer Opern erlebte. Ab 1723 ließ Markgräfin Christiane Charlotte den Hofgarten im Stil der großen französischen Barockgärten neu anlegen und schließlich musste auch das Lust- und Opernhaus dem Neuerungswillen weichen. Man ersetzte es von 1726 bis 1744 durch den heutigen Orangeriebau. Entstanden ist dabei aber kein Gewächshaus für die Wintermonate, sondern ein über hundert Meter langer Palast für exotische Gewächse und viel mehr noch für das sommerliche Plaisier großer Empfänge, Maskenfeste und allerlei anderer Ablenkungen vom stressigen Müßiggang höfischen Lebens. Auffallend sind die sehr unterschiedlichen Fassaden. Zur Rezat hin, wo man des sumpfi-

gen Baugrundes wegen ein teures Holzpfahlrost in den Boden treiben musste, entstand eine grandiose Kolonnade, die deutliche Verwandtschaft mit dem Pariser Louvre verrät. Zum Garten wendet sich dagegen eine gefällige Nachahmung des Grand Trianon in Versailles und ermöglicht mit ihren großen Fenstertüren zeitgleiche festliche Nutzung von Innenräumen und Garten. Wer sich heute in die galante Zeit der rauschenden Feste zurückversetzen möchte, wohnt am besten einem markgräflichen Masken- oder Hochzeitsfest der alljährlichen Ansbacher Rokokospiele bei.

Oben: *Die 102 Meter lange Gartenfassade der Orangerie kann ihr Vorbild, das Grand Trianon in Versailles, nicht verleugnen.*

Mitte: *Anfang Juli lassen die Rokokospiele die galante Epoche des Rokokos für ein paar Tage wiederauferstehen.*

Spalt

Hopfen für die Welt

Am Anfang war der Wein. Für das 11. Jahrhundert ist Weinbau in Spalt bezeugt, der Hopfen tauchte erst dreihundert Jahre später auf. Gott sei Dank gab man den Weinbau im Lauf der Zeit auf, denn die Hügellandschaft um Spalt ist mit ihren hervorragenden Böden für den Hopfenanbau viel besser geeignet. Kenner sagen, er habe ein ausgewogeneres Verhältnis von Bitterstoffen als Hopfen aus anderen Gegenden und darüber hinaus mehr ätherische Öle. Aromahopfen heißt das Zauberwort. Der weitaus größte Teil der Ernte wird in Pellets gepresst und zu mehr als zwei Dritteln ins Ausland exportiert. Ein bisschen Franken ist so weltweit in aller Munde. Nur zwei Prozent des deutschen Hopfens gedeihen in und um Spalt, aber die kleine Stadt ist von dieser Sonderkultur sogar in ihrem baulichen Erscheinungsbild geprägt. Die Hopfendarrenhäuser, wahre „Hopfenpagoden" wie das Mühlreisighaus an der Straße nach Wassermungenau mit seinen fünf Dachgeschossen für das Trocknen des Hopfens, finden sich nur hier und geben der malerischen Altstadt eine beinahe exotische Note. Sie schart sich um die beiden ehemaligen Stiftskirchen Sankt Emmeram und Sankt Nikolaus und ist noch an vielen Stellen von Mauern und Türmen eingefasst. Ein lohnendes Ziel nicht nur für Biertrinker.

Burg Abenberg

Eine Turnierwiese für Parzival

Das Markante an Burg Abenberg ist auch das Falsche. Der hochaufragende Schottenturm, benannt nach seinem Bauherrn, dem Kammersänger Anton Schott, mit seinem abschließenden Fachwerkgeschoss und den vier über Eck gestellten Erkern ist ein Kind der Mittelalterbegeisterung des späten 19. Jahrhunderts und nicht der Zeit des Minnesangs und Schwerterklangs. Beides hat die Burg aber erlebt. Der Minnesänger Wolfram aus dem benachbarten Eschenbach erwähnt in seinem Parzival den „anger ze abenberc" und beklagt sich über die Unbespielbarkeit des Platzes, wie man heute im Fußballjargon sagen würde. Der „anger" war nämlich eine ausgedehnte Turnierwiese südlich der Hauptburg und deren Zustand soll seinerzeit nicht den Regeln des europäischen Ritterturnierverbands entsprochen haben. Wolfram dichtete sein Epos wohl kurz nach 1200, einer Zeit, in der Burg Abenberg sicher ein sehr stolzes Erscheinungsbild bot, die Bauherrenfamilie aber gerade mit Graf Friedrich, einem allseits gelobten Förderer der Dichtkunst, im Mannesstamme ausgestorben war. Die Hohenzollern waren die glücklichen Erben, verkauften die Burg aber schon 1296 an das Fürstbistum Eichstätt, das die Burg als wichtigen Stützpfeiler fürstbischöflicher Macht im südlichen Rangau nicht wieder aus der Hand gab. Da nun keine Familie mehr in den wehrhaften Mauern über der kleinen Stadt Abenberg residierte, diente die Burg lediglich als Verwaltungsmittelpunkt Eichstätter Beamten. Ausbau und Pflege waren eher bescheiden, so dass die privaten Besitzer des 19. Jahrhunderts einiges investieren mussten, um der Burg wieder die stolze Silhouettenwirkung des Mittelalters zurückzugeben.

In der Burg gibt es das Haus der fränkischen Geschichte und das Klöppelmuseum. Geöffnet März, November, Dezember von Donnerstag bis Sonntag von 11 bis 17 Uhr und April bis Oktober von Dienstag bis Sonntag von 11 bis 17 Uhr.

Seenplatte

Seen und gesehen werden

Franken leidet nur an wenigen Dingen Mangel. Wasser gehöre dazu, hat man vor einigen Jahrzehnten beschlossen. Also wurde in Verbindung mit dem Main-Donau-Kanal das Projekt eines Wassertransfers vom Donau-Flusssystem in das des Mains in Angriff genommen. Das gebietsweise recht regenarme Einzugsgebiet des Mains mit dem wasserhungrigen Ballungsraum Nürnberg sollte mit Donauwasser subventioniert, mehr Wasser und damit verbunden auch bessere Wasserqualität erhalten. Nun lässt sich aber ein Fluss wie die Altmühl, Hauptakteurin in diesem Wasserdrama, nicht dazu überreden, die Laufrichtung zu ändern, damit es in den Schleusenkammern zwischen Bamberg und Würzburg im Sommer nicht staubt. Bis 1999 wurden daher fünf Stauseen und der Altmühlüberleiter zwecks Überlistung der europäischen Hauptwasserscheide zwischen Donau und Rhein gebaut. Seither fließen pro Jahr bis zu 25 Mio. Kubikmeter Wasser über Kanal, Rednitz und Regnitz dem Main zu. Weiterer Gewinner dieser Maßnahme sind erholungsuchende Großstädter und sogar zum Teil die Natur. Letztere profitiert hauptsächlich durch den Altmühlsee bei Gunzenhausen, denn dort wurde mit der sogenannten Vogelinsel eine 120 Hektar große Zone als Schutzgebiet ausgewiesen, damit sich vor allem seltene Vogelarten, die mit der zuvor höchst intensiv genutzten Kulturlandschaft nicht zurechtkamen, wieder einbürgern konnten. Für den Menschen sprang das „Fränkische Seenland" als Urlaubs- und Erholungslandschaft heraus. Im Süden Mittelfrankens bieten knapp 20 Quadratkilometer Wasserfläche Raum für Wassersport fast jeglicher Art. Damit gewann das beinahe seenlose Franken eine Region, die Fremdenverkehrswerber vollmundig mit der oberbayerischen Seenregion vergleichen. Herzstück dieser Seenplatte ist als größter dieser Seen der Große Brombachsee, der dank seiner Lage inmitten anmutiger Hügel auch der landschaftlich attraktivste ist. An seinen Ufern ließen ein schöner Sandstrand und eine große Marina das früher verschlafene Dörfchen Ramsberg zu einem „fränkischen Rimini" mutieren. Unbestritten sind dies entschiedene Vorzüge, umstritten ist dagegen die Frage, wie viel Nacktheit Menschen Menschen antun dürfen. FKK heißt für viele das Reizthema, nicht jeder mag den Anblick von Zeitgenossen, die bis zum Hals barfuß unterwegs sind. Im Gästebuch des Brombachsees war dazu zu lesen: „Komplett unbedecktes Fleisch darf nur in Form von Grillsteaks und -koteletts am See zum Vorschein kommen."

Oben: *Vom Yachthafen am großen Brombachsee aus erobern Frankens Freizeitkapitäne den größten See Frankens.*

Rechts: *In friedlicher Ruhe: Segelboote in romantischer Abendstimmung am Brombachsee.*

Dass es ein Fluss auf einer 227 Kilometer langen Strecke bei einem Höhenunterschied von 121 Metern von der Quelle bis zur Mündung nicht sonderlich eilig haben kann, liegt auf der Hand. Die Altmühl ist nicht nur Bayerns langsamster Fluss, er liegt auch im deutschlandweiten Vergleich sehr gut im Rennen, wenn dieses Wort in Anbetracht der Fließgeschwindigkeit gestattet ist. Dieses beschauliche Tempo ist vielleicht schon den Kelten aufgefallen, denn manche leiten den Flussnamen vom keltischen „alk", was „sehr" meint, und „mun", was „ruhig" bedeutet, ab. Die ersten urkundlichen Erwähnungen des Flussnamens im 8. und 9. Jahrhundert lauten nämlich Alcmona, Alchmona und Alcmana – die heutige Bezeichnung Altmühl, sagen einige Wissenschaftler, sei eine volksethymologische Eindeutschung dieser frühen Namensformen. Wie dem auch sei, wer das Tal der Altmühl von der Quelle auf der Frankenhöhe bis zur Mündung in Kelheim, also von Franken nach Altbayern, mit seinen romantischen Felspartien, dem großzügigen Mäandern im weiten Tal und den reizvollen alten Städtchen richtig genießen möchte, sollte sein Tempo dem des Flusses angleichen. Die Altmühl – ein Festival der Entschleunigung! Dass die Altmühl es ruhig angehen lässt, liegt unter anderem daran, dass sie ab Dollnstein bequemerweise das Tal benutzt, das sich die Donau einst schuf, bevor sie sich für den kürzeren Weg durch die Weltenburger Enge entschied, was aber auch schon wieder rund 80.000 Jahre her ist. Dieser Umstand erklärt auch, warum die Altmühl in dem für ihre Wasserführung

Rechts: *Buchtenreiche Seelandschaft unterhalb des Hauptdamms des Großen Brombachsees.*

Die Altmühl

Eine langsame Schönheit

viel zu breiten Tal so unentschlossen von einer Hangkante zur anderen mäandert. Das ändert sich erst auf den letzten 34 Kilometern ihres Laufes, dort ist sie im Zuge des Main-Donau-Kanals zur breiten Großschifffahrtsstraße ausgebaut worden, was den Charakter des Tals erheblich verändert hat und dementsprechend vor allem von Naturschützern heftig kritisiert worden ist. Für diesen Kanal muss die Altmühl auch einen Teil ihres Wassers an den Main abgeben. Dazu hat man dem Fluss oberhalb von Gunzenhausen ein neues Bett gegraben, um daneben ab 1985 einen See aufzustauen. Hochwasserspitzen der Altmühl werden seither über den maximal drei Meter tiefen Altmühlsee und die Brombachseen in den Kanal und damit in das Flusssystem des Mains umgeleitet. Und auf diese Weise liegen Frankfurt, Köln und Rotterdam auch ein bisschen an der Altmühl …

Links: *Morgenstund hat Gold im Mund – im Falle der Altmühl ist es vergoldeter Raureif.*

Schloss Ellingen

Residenz eines Deutschordenskomturs

Es gibt zwar auch eine Stadt namens Ellingen, aber die wäre ohne die Residenz des Landkomturs der Deutschordensballei Franken sicher ein unbedeutendes Dorf geblieben. Bereits Kaiser Friedrich II. hatte Ellingen dem Deutschen Orden geschenkt und damit den Grundstein zur Entwicklung zu einer der reichsten Filialen des Ritterordens gelegt. Somit war auch der Posten eines Landkomturs für die Ballei Franken bestens dotiert, was geradezu die Verpflichtung zur Repräsentation nach sich zog. Das spornte besonders die Komture der Barockzeit an und sie suchten mit ihrem Schlossbauprojekt so manchen fürstlichen Herrn der Umgebung zu übertrumpfen. Ab 1708 wuchs nach den Plänen des Ordensbaumeisters Franz Keller eine der originellsten Schlossbauten Süddeutschlands empor. Besonders heiter nehmen sich die geschwungen bedachten Eckpavillons aus, ebenso heiter war die

Besichtigung des Schlosses nur im Rahmen einer Führung. **Öffnungszeiten:** April bis September 9 bis 18 Uhr und Oktober bis März 10 bis 16 Uhr, täglich außer montags.

Oben: *Die Fassade an der Landstraße nach Stopfenheim gibt sich mit ihrer festlichen Gestaltung und der bewegten Dachlandschaft als Hauptschauseite zu erkennen.*

Mitte: *Alles, was ein barocker Festsaal braucht: Musikerempore, Kamin, Kronleuchter und viel Platz.*

ursprüngliche Innenausstattung, wie sie noch in der Schlosskirche zu erleben ist. Nachdem Ende des 18. Jahrhunderts sogar der Deutschmeister dem Schloss mit seinem Aufenthalt noch einmal den Glanz nobelster Hofhaltung verlieh, schenkte der bayerische König als neuer Landesherr den Ellinger Besitz seinem verdienten Schlachtenheld Carl Philipp von Wrede. Der hatte eine Bilderbuchkarriere hinter sich. Sein Vater war noch Landschreiber im Oberamt Heidelberg gewesen und für seine Verdienste in den erblichen Adelsstand erhoben worden. Carl Philipp brachte dann das Kunststück fertig, sich erst mit dem Kampf für Napoleon 1809 den Grafentitel und danach mit dem Kampf gegen Napoleon 1814 den Fürstentitel im wahren Wortsinn zu erkämpfen. Seine Belohnung, auch für die Vertretung der Interessen Bayerns beim Wiener Kongress, Schloss Ellingen, ließ er dann im Inneren im modernen klassizistischen Zeitgeschmack erneuern.

Das Deutschordensschloss birgt neben den Paradezimmern, die mit wertvollen Möbeln sowie Seiden- und Papiertapeten des Frühklassizismus und des Empire ausgestattet sind, auch eine Ausstellung zur Geschichte des Deutschen Ordens und der Ballei Franken

Oben: *Der Innenhof des Schlosses verrät mit seinen uneinheitlichen Fassaden, dass im barocken Neubau noch viel ältere Bausubstanz steckt. Im Zentrum steht die turmbekrönte Schlosskirche.*
Mitte: *Verglichen mit dem Überschwang der Rokokodekorationen der Deutschordenszeit wirken die klassizistischen Wohnräume des Fürsten Wrede beinahe nüchtern.*

Weißenburg in Bayern

Reichsstadt mit römischen Wurzeln

Unter Frankens Reichsstädten war Weißenburg die bestbewachte. Man konnte viele Jahrhunderte trotz Reichsfreiheit nicht sehr viel eigenständige Politik wagen, weil sich in Sichtweite der noch heute von einem türmereichen Mauerring umschlossenen Stadt der Wülzburger Berg erhebt. Solange er ein Benediktinerkloster getragen hat, war das für Weißenburg kein Problem. Als aber die Hohenzollern das Kloster durch eine mächtige Renaissancefestung ersetzten, wurde der Berg so etwas wie eine strenge Gouvernante der reichsstädtischen Politik. Die Weißenburger mussten fortan auf ein gutes Verhältnis zu den Ansbacher Markgrafen achten, da halfen auch Solidaritätsadressen aus dem großen Nürnberg wenig. Da die wirtschaftliche Entwicklung im 19. und frühen 20. Jahrhundert alles andere als stürmisch verlief, konnte Weißenburg große Teile seines historischen Stadtbildes rund um die eindrucksvolle Andreaskirche bewahren. Letztere hat ein für die Reformationszeit rares Schauspiel erlebt: 1530 stimmten in ihr die Bürger über die Einführung der Reformation ab. Das Ergebnis war eindeutig: 454 zu 7 – damit war Weißenburg eine der ersten Städte, die sich offiziell der Reformation anschlossen.

Oben: *Das Ellinger Tor gehört mit seinem schmuckreichen Vortor sicher zu den schönsten deutschen Stadttoren des ausgehenden Mittelalters.*

Römermuseum

Erst im späten 19. Jahrhundert kam ans Licht, was man schon immer vermutet hatte: Weißenburg besaß einen antiken römischen Vorgänger. Zwischen den Jahren um 90 und spätestens 254 bestand das etwa drei Hektar große Römerkastell Biriciana, angelegt zur Sicherung des obergermanisch-rätischen Limes und zur Kontrolle der benachbarten flachen Wasserscheide zwischen Main und Donau. Man hätte es vielleicht schon früher ahnen können, denn der Fundort liegt im „Kesselfeld", in dessen Name wohl das Wort Castellum ein wenig entstellt überlebt hat. Perfekt erschlossen und konserviert sind die Überreste des Kastells und der mittlerweile kühn überdachten Thermenanlage des zugehörigen Lagerdorfs nicht nur Frankens bedeutendste Zeugnisse aus der Römerzeit, sondern auch eines der wichtigsten Zentren der Limesforschung. 1979 förderten Gartenarbeiten zur Spargelbeeterweiterung römische Statuen, Rüstungsteile und dergleichen ans Tageslicht. Süddeutschlands reichster Schatzfund führte schließlich zur Errichtung des Römermuseums Weißenburg.

Das Römermuseum und die Thermenanlage sind vom 15.3.–5.11. täglich von 10 bis 17 Uhr und das Museum darüber hinaus vom 16.11. bis 30.12. von 10 bis 12.30 Uhr und von 14 bis 17 Uhr geöffnet.

Mitte: *Zum Weißenburger Schatzfund von 1979 zählen auch die Bronzefiguren des Mars und der Venus, vielleicht einst Teil einer Tempelausstattung.*
Unten: *Ein für Franken einmaliges Zeugnis antiker Wellnesskultur ist die Thermenanlage des Lagerdorfs vor den Toren des Kastells Briciana.*

Burg Pappenheim

Stammsitz der Reichsmarschälle

Seit Schillers Wallenstein die Bühnen eroberte, ist der Ausspruch „daran erkenn´ ich meine Pappenheimer" zu einem geflügelten Wort geworden. Schiller legte diesen Satz Gottfried Heinrich von Pappenheim, seines Zeichens Marschall der kaiserlichen Armee im Dreißigjährigen Krieg, in den Mund und machte damit indirekt das kleine Städtchen Pappenheim an der Altmühl weit über seine Grenzen bekannt. Der wegen seiner vielen Verwundungen und Narben von seinen Soldaten „Schrammhans" genannte Haudegen war wohl das prominenteste Mitglied der gräflichen Familie von Pappenheim, die vom Mittelalter bis zur letzten Kaiserkrönung 1792 den Rang von Erbmarschällen des Heiligen Römischen Reiches bekleideten. Ein ehrenvoller Titel! Den großartigen Stammsitz hoch über einer Altmühlschlinge demolierten Beschießungen im Dreißigjährigen Krieg und im Spanischen Erbfolgekrieg. Da Höhenburgen damals weder großer militärischer Wert noch wohnliche Qualitäten zugemessen wurden, ließ man die ausgedehnte Anlage verfallen und beschleunigte im 19. Jahrhundert sogar in romantischem Sinne noch diesen Verfall, sodass sich heute eine eindrucksvolle, in einen weiten Garten eingebettete Ruinenlandschaft darbietet. In der zu Füßen der Burg liegenden und mit dieser durch Schenkelmauern verbundenen Stadt Pappenheim ließen sich die Grafen zunächst ein Renaissanceschloss, heute das Alte Schloss, und ein neues klassizistisches Schloss nach Plänen Leo von Klenzes bauen. Als adeliger Stadtbürger wohnte es sich dann doch bequemer denn als Burgherr im klammen Gemäuer auf dem Berg.

Die Burganlage mit dem aussichtsreichen Bergfried kann von Ende März bis Anfang November von 10 bis 17 Uhr besichtigt werden. Letzter Einlass: 16.30 Uhr.

Burg Spielberg

Alte Mauern – neue Kunst

Am Rande des Nördlinger Rieses thront auf einem steilen Ausläufer des Hahnenkamms das Schloss Spielberg. Es wurde als Burg im Burgensystem der Grafen von Truhendingen errichtet, um Machtansprüche zwischen Wörnitz und Altmühl im wahren Wortsinn zu untermauern. Im 14. Jahrhundert kam die Anlage an die Grafen von Oettingen, deren im 18. Jahrhundert gefürstete Seitenlinie Oettingen-Spielberg die Burggebäude zu einem wohnlichen Schloss um- und ausbauen ließen. In den 1900er Jahren bot das kaum noch genutzte Schloss einen beklagenswerten Anblick und so muss man es als einzigartigen Glücksfall bezeichnen, dass der damalige Besitzer Fürst Albrecht zu Oettingen-Spielberg die Anlage dem Bildhauer und Maler Ernst Steinacker überließ. Er verwandelte mit tatkräftiger Unterstützung seiner ebenfalls künstlerisch tätigen Familie das Burgschloss in ein Gesamtkunstwerk, in dem das um die „Beseelung des Menschen" kreisende skulpturale Werk des 2008 verstorbenen Künstlers im Mittelpunkt steht.

Der Innenhof des Schlosses ist von März bis November von 9 bis 18 Uhr geöffnet. Die Galerie im Hauptgebäude kann ganzjährig samstags und sonntags 14 bis 17 Uhr besichtigt werden.

***Oben:** Der Winter kleidet die Landschaft um Schloss Spielberg in ein weißes Frostgewand.*

***Mitte:** Aus dem Mittelalter überdauerte vor allem die mächtige unverputzte Ringmauer.*

Solnhofen

Die „Zwölf Apostel"

Zwischen Solnhofen und Eszlingen gönnt sich die Altmühl einen langgezogenen Bogen, den man am besten von der sogenannten Teufelskanzel aus überblicken kann. Da hier in ihrem Bett einst der kraftvollere Urmain floss, sind die begleitenden Kalkschichten viel stärker angenagt, als es die kleine Altmühl vermocht hätte. Das Ergebnis sind bizarre Felstürme, die mit dem umgebenden Trockenrasenbiotop ein charakteristisches Landschaftsbild des Juras bilden und daher unter strengem Naturschutz stehen. In den markanten Felsen erkannte die Phantasie der Altmühltaler die „Zwölf Apostel". Touristen, denen das nicht so ohne weiteres gelingt, seien an den 13. Apostel verwiesen. Dieser entpuppt sich als benachbarter sympathischer Biergarten – die dort servierten alkoholhaltigen Erfrischungsgetränke können durchaus phantasiebefeuernde Wirkung haben.

Der Urvogel Archaeopteryx

Im 19. Jahrhundert fand man in den Kalkplatten des weißen Jura die ersten Exemplare des Urvogels Archaeopteryx, was man in etwa mit „Urschwinge" übersetzen kann. Für die Wissenschaft war der Fund von größter Bedeutung, gehört doch der Archaeopteryx als Wesen, das sowohl Merkmale von Reptilien als auch von Vögeln aufweist, zu den wichtigen Belegen der Evolutionstheorie. Der „Kuscheltierfaktor" dieses etwa rabengroßen Vogels wird sich daher wohl in Grenzen gehalten haben. Ob er vor etwa 150 Millionen Jahren im Gleitflug unterwegs war oder ob er möglicherweise auch ein guter Kletterer war, worauf die Krallen am Ende der Schwingen hindeuten, ist noch nicht geklärt. Ein besonders vollständiges Exemplar lässt sich am Fundort Solnhofen im Bürgermeister-Müller-Museum bestaunen.

Das Bürgermeister-Müller-Museum ist von Anfang April bis Anfang November täglich von 9 bis 17 Uhr und von Anfang November bis Ende März sonntags von 13 bis 16 Uhr geöffnet. Es gibt auch die Möglichkeit, in einem Hobbysteinbruch auf eigene Fossiliensuche zu gehen.

Oben: *Die annähernd vollständige Versteinerung des Urvogels Archaeopteryx wurde in einem Steinbruch bei Eichstätt gefunden.*

Seite 374: *Die Felsengruppe „Zwölf Apostel" dominiert einen weiten Altmühlbogen zwischen Solnhofen und Esslingen.*

Greding

Stadt der 21 Türme

Die kleine Stadt Greding im Schwarzachtal sieht, wie sie mauerumgürtet den Berg zur Martinskirche ansteigt, nicht nur interessant aus, sie kling auch interessant. Die Namensendung „ing“ verrät, dass es sich um eine altbairische Siedlung handelt, wohingegen der Patron der Kirche, der heilige Martin als Staatsheiliger des Frankenreiches, auf eine fränkische Besiedlung hindeutet. Folgerichtig mischt sich Bayerisches, Oberpfälzisches und Fränkisches auch im Dialekt. Das Altmühltal ist mit seinen Seitentälern tatsächlich eine Landschaft, in der Fränkisches und Bayerisches immer wieder eigenwillige Schnittmengen haben, auch wenn das einstige Fürstbistum Eichstätt jahrhundertelang zum Fränkischen Reichskreis gehörte. Der Eichstätter Bischof war bis 1803 Landesherr der Gredinger, sorgte für die Stadtrechte im Mittelalter und wertete die Ackerbürgerstadt durch den Sitz eines Amtmanns und des Gerichts zum Zentralort für das ganze Schwarzachtal auf. In den Marktplatz mit seinen großen historischen Gasthöfen grüßt noch heute das Schloss der Bischöfe und legt Zeugnis ab für das großzügige Bauprogramm, mit dem die geistlichen Herren nach dem Dreißigjährigen Krieg der verwüsteten Stadt wirtschaftlich auf die Beine halfen. Im 19. Jahrhundert erfüllten sich Hoffnungen auf eine Verkehrsanbindung durch den Main-Donau-Kanal nicht und so erlöste erst der Bau der Autobahn Nürnberg–München die Stadt aus ihrem verkehrstechnischen Abseits. Schade, dass das von der Autobahn aus gut sichtbare am Hang gestaffelte historische Stadtbild nicht mehr Fahrer dazu bewegt, den Fuß vom Gas zu nehmen, um die Altstadt mit ihrer komplett erhaltenen Stadtmauer aus dem Spätmittelalter entschleunigend auf sich wirken zu lassen.

Rechts: *Der Schnee lässt die Fachwerkbauten Gredings besonders zur Geltung kommen.*

REGISTER

REGISTER

REGISTER

REGISTER

REGISTER

IMPRESSUM

4. erweiterte Auflage 2022

Raiffeisenstraße 2
D-97209 Veitshöchheim
E-Mail: *kontakt@elmar-hahn-verlag.de*
Telefon: 0931 / 900 96 0

Druckerei:
Krüger Druck+Verlag GmbH & Co. KG
66663 Merzig

Texte: Thomas Huth
Gestaltung: Hahn Media

Fotos: **Elmar Hahn**

ausgenommen:
Herbert Liedel: 20/21, 22/23, 24/25, 31 Mitte, 33 unten, 37, 38, 39, 40, 42, 48 unten, 50 unten, 55 rechts, 65, 66, 67 oben, 68, 69, 70/71, 76/77, 80/81 oben, 82, 150/151, 184/185, 326/327, 361, 364, 365, 374
Thomas Widmann: 28 unten, 74, 92/93,118/119, 121, 123, 132, 157, 158, 159 unten, 172, 177 oben, 179, 180, 182 unten, 194/195
Reinhard Feldrapp: 104/105, 113 oben, 113 unten, 115, 147 unten, 160 oben links, 161, 162, 165, 181 und 182 oben,
Bildagentur Huber: 28 oben, 36, 43, 72, 75, 111 und 112, 114, 122, 174, 333 unten 350/351
Jan Schäfer: 2/3, 196, 276/277, 282/283, 290/291, 314, 320/321
Kurt Engel: 130/131, 134 unten, 140 unten, 141
Dr. Otmar Fugmann: 122/123, 128/129, 146/147, 150/151, 178, 362/363
Dr. Arnulf Müller: 214/215, 217, 218/219, 220/221 oben
Erich Schnepf: 210/211, 212/213, 226
Wolfgang Grötsch: 330/331 oben, 335 oben, 338/339, 341 oben
Klaus Bauer: 140 oben, 309, 312/313 unten
Sonja Krebs: 155, 173 oben
Foto Raab: 363 unten, 371
Thomas Endlein: 340/341
Alamy Stockfotos: 31 oben, 31 unten
Germanisches Nationalmuseum Nürnberg: 46, 47
Johannes Heuckeroth: 52, 53
Karen Köhler: 54/55, 57
Foto Stöhr: 370
Röntgenmuseum Würzburg: 17 oben
Bayerische Schlösserverwaltung BSV: 96, 260 Mitte
Kunstsammlung der Veste Coburg KSVC: 135
Matthias Lotzen: 266/267
André Markert: 270
Uwe Groß: 300/301
Foto Kroemer: 342/343 unten
Jürgen Hüfner: 110
Kurverwaltung Bad Kissingen: 231 oben, 232
Fastnachtmuseum Kitzingen: 315 links, oben und unten

ISBN 978-3-928645-30-0

elmar hahn verlag

www.elmar-hahn-verlag.de